Ihr Recht als Mieter

ECON Ratgeber
Lebenshilfe

Richard Naumann

Ihr Recht als Mieter

Ein Lexikon der wichtigsten Fragen und Antworten

ETB
ECON Taschenbuch Verlag

CIP-Kurztitelaufnahme der Deutschen Bibliothek

Naumann, Richard:
Ihr Recht als Mieter: e. Lexikon d. wichtigsten Fragen u. Antworten/Richard Naumann.
Orig.-Ausg. – Düsseldorf: ECON Taschenbuch Verlag, 1987.
(ETB 20309; ECON Ratgeber: Lebenshilfe)
ISBN 3-612-20309-6

Originalausgabe

© ECON Taschenbuch Verlag GmbH, Düsseldorf
Juli 1987
Umschlagentwurf: Ludwig Kaiser
Titelfoto: Photo-Design-Studio Gerhard Burock
Die Ratschläge in diesem Buch sind von Autor und Verlag sorgfältig erwogen und geprüft; dennoch kann eine Garantie nicht übernommen werden. Eine Haftung des Autors bzw. des Verlags und seiner Beauftragten für Personen-, Sach- und Vermögensschäden ist ausgeschlossen.
Satz: Dörlemann-Satz, Lemförde
Druck und Bindearbeiten: Ebner Ulm
Printed in Germany
ISBN 3-612-20309-6

Inhalt

Vorwort	9
Abkürzungsverzeichnis	13
Abbruch	15
Abflußrohrverstopfung	16
Abnutzung der Wohnräume	17
Abstandszahlungen	18
Abwesenheit des Mieters	20
Änderung des Mietvertrages	21
Anfechtung des Mietvertrages	22
Antennenanlagen	25
Anzeigepflicht des Mieters	27
Aufzug	29
Auszug des Mieters	30
Autowaschen	34
Baden, Duschen	35
Bagatellschäden	36
Balkon	37
Bauliche Veränderungen durch den Mieter	37
Befristetes Mietverhältnis	39
Belästigungen	40
Besichtigungsrecht des Vermieters	41
Besucher des Mieters	43
Betriebskosten (Definition)	44
Betriebskosten – Vereinbarung und Umlage	45
Betriebskostenabrechnung	48
Betriebskostenpauschale	51

6 Inhalt

Betriebskostenumlage – Verteilungsschlüssel	52
Betriebskostenvorauszahlung	54
Beweissicherung	57
Briefkasten	58
Dachlawinen	59
Dienstwohnungen	60
Dingliches Wohnrecht	61
Doppelvermietung	62
Dübellöcher	63
Duldungspflicht des Mieters	64
Eigenbedarf	66
Eigentumswohnungen	71
Familienangehörige	74
Fernsprechanschluß	76
Feuchtigkeit der Räume	77
Formularmietvertrag	79
Fristlose Kündigung	84
Garage	87
Gartenanlagen	88
Gesundheitsgefährdung	90
Gewerbliche (berufliche) Nutzung von Wohnräumen	92
Hausfriedensbruch	93
Hausordnung	95
Instandhaltung, Instandsetzung	98
Kabelfernsehen	102
Kapitalkostenerhöhung	104
Kaution	106
Kenntnis von Mängeln der Mietsache	111
Kündigungsfristen	113
Lärm	116
Leuchtreklame	120
Mängel der Mietsache	121
Mietermodernisierung	123
Mietminderung	126
Mietpreiserhöhung nach dem Vergleichsmietsystem	128
Mietpreiserhöhung nach Modernisierung	133
Mietpreisüberhöhung	137

Mietspiegel	138
Mietvertrag	142
Modernisierung von Wohnraum	146
Musikausübung	152
Nachmieter	153
Nutzungsentschädigung	157
Pfandrecht des Vermieters	159
Räumungsfrist	162
Rückgabe der Mietwohnung	164
Schadenersatzpflicht des Vermieters	167
Schlüssel	169
Schneebeseitigung	172
Schönheitsreparaturen	174
Sozialklausel	180
Staffelmiete	184
Tierhaltung	186
Tod des Mieters	190
Tod des Vermieters	192
Türspion	192
Untermiete	193
Untermietzuschlag	197
Vertragswidriger Gebrauch der Mietsache	199
Vorzeitiger Auszug	200
Waschküche	202
Waschmaschine	203
Werkmietwohnungen	205
Wohngemeinschaft	207
Zahlungsverzug	211
Zeitmietvertrag	214
Zweckentfremdung von Wohnraum	216
Sachregister	219

Vorwort

Haus und Wohnung sind für die meisten Bürger dieses Landes der räumliche Mittelpunkt ihres Lebens. Während im Jahr 1950 nur etwa ein Viertel aller Haushalte über Eigenheime verfügten oder Eigentumswohnungen nutzen konnten, betrug der vergleichbare Prozentsatz 1982 bereits nahezu 40%. Alle Regierungen seit Bestehen der Bundesrepublik Deutschland waren bemüht, diese Entwicklung – insbesondere durch steuerliche Maßnahmen – voranzutreiben. Es erstaunt daher nicht, wenn heute durch verstärkte Förderung des Erwerbs von Wohnungseigentum eine Erhöhung der Eigentumsquote auf 50% angestrebt wird.
Weitaus die meisten Alleinstehenden und Familien wohnen dennoch zur Miete. Aus sozialen Erwägungen haben die knapp 40 Millionen Mietbürger das besonders schutzwürdige Bedürfnis, ihre Interessen im Rahmen der bestehenden Rechtsordnung gegenüber den Wohnungseigentümern zu vertreten. Aber auch die Vermieter wünschen, daß der Gesetzgeber – unter Berücksichtigung des Grundsatzes der Sozialbindung von Wohnungseigentum – ihre Eigentums- und Verfügungsrechte schützt und fördert. Die Grundeinstellung der Vermieter zu ihrem Eigentum wird jedoch weniger durch soziales Engagement, als vielmehr durch wirtschaftliche Überlegungen bestimmt. Treten jedoch Anlage- und Renditedenken in den Vordergrund, können Interessengegensätze zwischen den Mietvertragsparteien entstehen, die sich mitunter zu kaum überbrückbaren Spannungen und nachhaltigen Störungen der zwischenmenschlichen Beziehungen steigern. Zweifellos spielen dabei aber auch emotional beeinflußtes Denken und Handeln eine erhebliche Rolle.
Es gehört zu den vordringlichen sozialpolitischen Aufgaben jeder

Bundesregierung, durch geeignete gesetzgeberische Maßnahmen die bei Wohnungsmietverhältnissen auftretenden Konflikte zu entschärfen und prinzipiell den Interessenausgleich zwischen Vermieter und Mieter zu fördern. Soziale Gegensätze können jedoch nur überbrückt werden, wenn die Mietvertragsparteien sich um Toleranz, gegenseitiges Verständnis der unterschiedlichen Ausgangspositionen und strikte Beachtung der Verhaltensvorschriften im Rahmen der bestehenden Rechtsordnung bemühen, so daß eine störungsfreie Abwicklung des Mietverhältnisses zumindest im Bereich der gegenseitigen Rechtsbeziehungen gewährleistet ist. Bei einem vertraglich geregelten Austausch von Leistung und Gegenleistung sind Konflikte und gestörte menschliche Beziehungen häufig das Ergebnis von Unwissenheit oder Unkenntnis der zu beachtenden Verhaltensvorschriften. Wer dagegen seine eigenen Rechte und Pflichten genau kennt und die seines Vertragspartners abzuschätzen weiß, wird sich im allgemeinen an die »Spielregeln« halten und eigene Verstöße gegen die Rechtsordnung vermeiden können. Er wird bei vorhandenem guten Willen auch in der Lage sein, die Reaktion des anderen auf eigenes Fehlverhalten zu verstehen.

Problematische Beziehungen zwischen den Vertragsparteien sind allerdings nicht immer durch Kompromißbereitschaft oder Verständnis für die Schwächen des anderen zu beseitigen. Wenn jeder unerschütterlich darauf besteht, im Widerstreit kontroverser Meinungen das Recht auf seiner Seite zu haben, können die Streitfragen letztlich nur vor den Gerichten geklärt werden. Die Chancen, einen Mietprozeß zu gewinnen, oder die Gefahr, ihn zu verlieren, sind jedoch aufgrund der Kompliziertheit des Mietrechts im allgemeinen und der oftmals unklaren Rechtslage im besonderen nicht ohne weiteres vorauszusehen. Hierdurch steigt das Prozeßkostenrisiko für beide Parteien erheblich. Bei problematischen Beziehungen zwischen Vermieter und Mieter sollten daher vor dem Gang zum Gericht alle Möglichkeiten einer gütlichen Einigung oder des außergerichtlichen Vergleichs ausgeschöpft werden.

Die etwa 100 Landgerichte in der Bundesrepublik Deutschland konnten als Berufungsinstanz bei Mietstreitigkeiten in früheren Jahren durchaus unterschiedliche Rechtsauffassungen vertreten, da kein Gericht an die Entscheidungen der anderen Instanzengerichte gebunden war. Um der fortschreitenden Zersplitterung des Mietrechts und der Regionalisierung der Rechtssprechung entgegenzuwirken, wurde im Rahmen des Mietrechtsänderungsgesetzes das Verfahren des Rechtsentscheids eingeführt. Seit dem 1. 7. 1980 können die Berufungsgerichte in schwierigen Mietrechtsfragen oder solchen von grundsätzlicher Bedeutung die übergeordneten Oberlandesgerichte anrufen. Diese erlassen sodann einen Rechtsentscheid, der für alle untergeordneten Gerichte verbindlich ist. Will das Oberlandesgericht von einem Urteil des Bundesgerichtshofs oder dem Rechtsentscheid eines anderen Oberlandesgerichts abweichen, ist es zur Anrufung des Bundesgerichtshofs verpflichtet. Inzwischen sind mehr als 300 Rechtsentscheide in Mietsachen veröffentlicht worden, und es kann rückblickend festgestellt werden, daß sich das Mittel des Rechtsentscheids für die Beseitigung von Zweifelsfragen und damit die Schaffung von mehr Rechtsklarheit bei Mietstreitigkeiten durchaus bewährt hat.

Das derzeit geltende Mietrecht wurde letztmals am 20. 12. 1982 von den Mehrheitsparteien des Deutschen Bundestages durch das Gesetz zur Erhöhung des Angebots an Mietwohnungen in wichtigen Punkten geändert. Das »neue Mietrecht« trat zum 1. 3. 1983 in Kraft und verfolgt eine Reihe unterschiedlicher Ziele. Es brachte zunächst Änderungen im System der Vergleichsmieten für Mieterhöhungen bei nicht preisgebundenen Wohnungen. Durch Vereinfachung und Straffung des Vergleichsmietenverfahrens wollte der Gesetzgeber den Vermietern einen schon aus damaliger Sicht dringend erforderlichen Anreiz für Investitionen im Mietwohnungsbau geben. Weiterhin hat das Gesetz mit der sogenannten Staffelmiete und einem Zeitmietvertrag neuer Art zwei ergänzende Vertragsvarianten in das Wohnungsmietrecht eingeführt. Während die Staffelmiete eine Vorabsprache fester Mieterhöhungen für bestimmte Zeitpunkte im Vertragsablauf zuläßt, sollen mit dem Zeitmietvertrag Hemmnisse für die Vermietung leerstehender Wohnungen abgebaut werden. Neu geregelt wurde auch die Duldungspflicht des Mieters bei Wohnungsmodernisierungen, die Mietkaution, der Mieterschutz für Studenten- und Jugendwohnheime sowie der Tatbestand einer Ordnungswidrigkeit bei überhöhten Mietpreisen. Im übrigen hat sich die Befürchtung in der Öffentlichkeit, daß durch Zulassung der Staffelmieten, die Erleichterungen des Mieterhöhungsverfahrens und die Aktualisierung der Mietspiegel in kürzeren Zeitabständen das Mietpreisniveau sprunghaft ansteigen werde, nicht bestätigt. Bundesbauminister Oscar Schneider wies darauf hin, daß es während der letzten Jahre im Wohnungsbestand Preissenkungen von durchschnittlich 20% und in Einzelfällen sogar bis zu 50% gegeben habe.

Die Kompliziertheit der Materie sowie die Besonderheiten jedes Streitfalls erlauben es nicht, im vorgegebenen Rahmen dieses Nachschlagewerkes, das sich vorwiegend an den interessierten Nichtfachmann und juristischen Laien wendet, alle Einzelfragen des Mietrechts erschöpfend darzustellen. Es mußte bei den Erläuterungen vielmehr eine Auswahl unter den wesentlichen Zweifelsfällen und Problemstellungen getroffen werden. Diese Auswahl sollte sich ferner am Alltagsgeschehen orientieren und in erster Linie Erfahrungen aus der Rechtspraxis im Vorfeld der Gerichtsprozesse berücksichtigen. Verlag und Autor sind der Meinung, daß eine alphabetisch geordnete Stoffgliederung dieser Vorgabe am ehesten gerecht wird. Die aufgenommenen Stichwörter umfassen die wichtigsten Probleme und Fragen, mit denen jeder Wohnungsmieter und Vermieter im täglichen Leben konfrontiert wird – und geben präzise Antworten. Um auch dem Fachmann die Klärung konkreter Rechtsfragen zu erleichtern, wurde zudem auf die wichtigsten, in den Text einbezogenen Gerichtsentscheidungen durch Angabe ihrer Fundstellen hingewiesen; auch werden für jedes Stichwort die entsprechenden Rechtsgrundlagen angegeben.

Der Verfasser

Abkürzungsverzeichnis

Abs.	Absatz
AG	Amtsgericht
AGB	Allgemeine Geschäftsbedingungen
AGBG	Gesetz zur Regelung des Rechts der Allgemeinen Geschäftsbedingungen
Art.	Artikel
BAG	Bundesarbeitsgericht
BayObLG	Bayerisches Oberstes Landesgericht
BB	Zeitschrift »Der Betriebsberater«, Heidelberg
BFH	Bundesfinanzhof
BGB	Bürgerliches Gesetzbuch
BGBl	Bundesgesetzblatt
BGH	Bundesgerichtshof
BlGBW	Zeitschrift »Blätter für Grundstücks-, Bau- und Wohnungsrecht«, Neuwied
BStBl	Bundessteuerblatt
BV	Berechnungsverordnung
BVerfG	Bundesverfassungsgericht
BVerwG	Bundesverwaltungsgericht
bzw.	beziehungsweise
DB	Zeitschrift »Der Betrieb«, Düsseldorf
f., ff.	folgende
GBO	Grundbuchordnung
GG	Grundgesetz für die Bundesrepublik Deutschland
HeizKVO	Verordnung über Heizkostenabrechnung
HStruktG	Haushaltsstrukturgesetz
KG	Kammergericht (= Oberlandesgericht) Berlin
LG	Landgericht
MDR	»Monatsschrift für Deutsches Recht«, Hamburg
MHG	Gesetz zur Regelung der Miethöhe
MietRVerbG	Mietrechtsverbesserungsgesetz
ModEnG	Modernisierungs- und Energieeinsparungsgesetz
n. F.	neue Fassung
NJW	»Neue Juristische Wochenschrift«, München
NMV	Neubaumietenverordnung

OLG	Oberlandesgericht
OVG, OVerwG	Oberverwaltungsgericht
RE	Rechtsentscheid
StGB	Strafgesetzbuch
v.	vom
VersR	Zeitschrift »Versicherungsrecht«, Karlsruhe
VG, VerwG	Verwaltungsgericht
VGH	Verwaltungsgerichtshof
WEG	Wohnungseigentumsgesetz
WiStG	Wirtschaftstrafgesetz
WM	Zeitschrift »Wohnungswirtschaft und Mietrecht«, Köln
WoBauG	Wohnungsbaugesetz
WoBindG	Wohnungsbindungsgesetz
ZMR	»Zeitschrift für Miet- und Raumrecht«, Düsseldorf
ZPO	Zivilprozeßordnung
ZVG	Zwangsversteigerungsgesetz

Abbruch

Rechtsgrundlagen: §§ 564b, 565 BGB

Will der Eigentümer eines Wohnhauses das Gebäude abbrechen, so braucht er hierzu die baupolizeiliche *Abbruchgenehmigung*. Besteht in der Gemeinde erhöhter Wohnbedarf, ist zusätzlich eine wohnungswirtschaftliche *Zweckentfremdungsgenehmigung* erforderlich. Sie wird von der Kommunalverwaltung regelmäßig dann erteilt, wenn sich der Grundstückseigentümer zur Erstellung von neuem Wohnraum mindestens im gleichen Umfang verpflichtet. Die Genehmigung wird ebenfalls erteilt, wenn der Vermieter nachweist, daß er an einer *angemessenen wirtschaftlichen Verwertung* des bestehenden Gebäudes gehindert ist. Der Vermieter hat als Voraussetzung für den Abbruch eines Wohnhauses insbesondere zu beachten, daß den bisherigen Hausbewohnern rechtzeitig vorher gekündigt wird. Eine wirksame *Mieterkündigung* kann mit der vorliegenden Abrißgenehmigung oder auch damit begründet werden, daß die vereinbarte Laufzeit des Mietvertrages im Zeitraum des Gebäudeabrisses endet. Das Vertragsende als Kündigungsgrund gilt auch, wenn die Genehmigung erst nach Räumung des Gebäudes erteilt wird (LG Köln WM 80, 101).

Dem Mieter kann auch ohne Vorlage der behördlichen Abrißgenehmigung rechtswirksam gekündigt werden, sofern der Vermieter beabsichtigt, ein in schlechtem Bauzustand befindliches Haus abzureißen und auf dem Grundstück einen Neubau zu errichten, da eine Instandsetzung des alten Gebäudes nicht vertretbar wäre. (LG Itzehoe WM 83, 143).

Die Errichtung eines Neubaus wurde in der Rechtsprechung jedoch nicht als Kündigungsgrund gegenüber den Mietern anerkannt, wenn der Eigentümer damit nur höhere Mieten anstrebt (AG Münster WM 82, 254).

Besteht ein *Zeitmietvertrag* nach neuem Recht, hat der Mieter keinen gesetzlichen Kündigungsschutz; er muß die Wohnung nach Ablauf der vereinbarten Mietzeit in jedem Fall räumen (§ 564c Abs. 2 BGB).

Eine Fortsetzung des Mietverhältnisses ist auch dann ausgeschlossen, wenn der Eigentümer die Mietwohnung für sich selbst oder für seine Familienangehörigen nutzen will. Gleiches gilt bei einem

Abriß des Gebäudes bei vorliegender behördlicher Genehmigung, wenn der Vermieter die Wohnung baulich in wesentlichen Teilen derart instand setzen oder verändern will, daß die Baumaßnahmen durch eine Fortsetzung des Mietverhältnisses erheblich gehindert würden.

→ Zeitmietvertrag; Zweckentfremdung von Wohnraum.

Abflußrohrverstopfung
Rechtsgrundlagen: §§ 242, 536 BGB
Der Vermieter hat die Mietsache in einem zum vertragsmäßigen Gebrauch geeigneten Zustand an den Mieter zu überlassen und während der Mietdauer dafür zu sorgen, daß dieser Zustand erhalten bleibt (§ 536 BGB).
Somit fallen auch die Reparaturkosten einer *Verstopfung des Hauptabflußrohrs* regelmäßig dem Vermieter zur Last, sofern er nicht beweisen kann, daß ein bestimmter Hausmieter die Verstopfung fahrlässig oder vorsätzlich herbeigeführt hat (AG Schöneberg MDR 77, 54). Den Nachweis eines schuldhaften Verhaltens und damit einer positiven Vertragsverletzung durch den Mieter zu erbringen, ist jedoch zumeist schwierig (AG Köln WM 76, 49). Daher kann in einem Wohnungsmietvertrag die Klausel aufgenommen werden, daß für die Reinigungskosten des Hauptabflußrohres sämtliche Mieter *anteilig* aufzukommen haben, wenn der tatsächliche Schadensverursacher nicht ermittelt werden kann (AG Düsseldorf ZMR 77, 302).

Die Rechtsprechung zur *Kostentragung* bei Rohrverstopfung in Miethäusern ist jedoch strittig. So fehlt nach anderer Auffassung die entsprechende gesetzliche Anspruchsgrundlage des Vermieters, wenn in einem Formularmietvertrag vereinbart wird, daß alle Mieter im Sinne einer »*Gefahrengemeinschaft*« die Reparaturkosten einer Rohrverstopfung anteilig zu tragen haben (AG Krefeld WM 79, 116; AG Schwetzingen WM 76, 279). Die Vereinbarung einer gesamtschuldnerischen »Kollektivhaftung« soll insbesondere nicht für Mieter gelten, die erst *nach* Eintritt der Rohrverstopfung in das Miethaus eingezogen sind (AG Köln WM 77, 28).

In einem anderen Fall war das Wasser am Abflußrohr einer neu installierten Badewanne ausgetreten und in das Mauerwerk eingedrungen, wobei in der darunterliegenden Wohnung Schäden entstanden. Der Mieter wurde durch das AG Osnabrück (WM 75, 206) von der Haftung freigesprochen, weil als Ursache des Wasseraustritts nur Installationsmängel in Betracht kamen.

Um die unterschiedlichen Rechtsauffassungen zu koordinieren, hat das OLG Hamm (WM 82, 201) in Anlehnung an das AGB-Gesetz durch Rechtsentscheid folgendes bestimmt: Die Vorschrift in einem vom Vermieter eingeführten Formularmietvertrag, wonach bei Kanal- und Rohrleitungsverstopfung *alle Mieter* anteilig für die Reparaturkosten aufzukommen haben, sofern der tatsächliche Schadensverursacher nicht festgestellt werden kann, ist *rechtsunwirksam*. Eine Klausel im Mietvertrag ist ebenfalls nichtig, die bestimmt, daß alle Mieter im Verhältnis ihrer Mieten für den durch Rohrverstopfung entstandenen Schaden haften sollen, wenn der Verursacher im Haus unbekannt bleibt (AG Siegburg WM 79, 188). Eine sogenannte *Gefahrengemeinschaft* gibt es jedenfalls unter den Mietern eines Mehrparteienhauses nicht (AG Bochum WM 81, U 3).

Auch wenn zwei Mietparteien im Mehrfamilienhaus als Verursacher der Abflußrohrverstopfung in Frage kämen, darf sich der Vermieter nicht auf eine Klausel im Mietvertrag berufen, nach der eine anteilige Kostenbelastung für alle Mieter vorgesehen ist, falls es nicht gelingt, den wirklichen Schadensverursacher festzustellen (AG Düsseldorf WM 83, 234).

→ Formularmietvertrag.

Abnutzung der Wohnräume
Rechtsgrundlage: § 548 BGB
Der Mieter hat die gemieteten Wohnräume pfleglich zu behandeln und Schäden fernzuhalten, soweit dies für ihn zumutbar ist. Die sogenannte *Obhutspflicht* des § 548 BGB bedeutet jedoch nicht, daß der Mieter bei Auszug die normalen Abnutzungsfolgen an den Wohnräumen beseitigen muß. Veränderungen oder Verschlechterungen der Mietsache braucht der Mieter also nicht zu vertreten, wenn sie durch den normalen Wohngebrauch entstanden sind. Die *Abnutzungsschäden* in der Wohnung zu beseitigen, ist vielmehr Aufgabe des Vermieters; dafür bekommt er auch den Mietzins als

finanziellen Ausgleich. *Normale Abnutzung* bedeutet beispielsweise der Verschleiß der Tapeten, Eindruckstellen im Fußbodenbelag durch Möbelfüße, Schäden beim Anstrich von Decken und Wänden, Fenster und Türen. Die Vorschrift des § 548 BGB ist jedoch *abdingbar*, das heißt, sie kann durch entsprechende Vereinbarungen im Mietvertrag geändert oder auch ganz ausgeschlossen werden. Hiervon wird in der Praxis regelmäßig Gebrauch gemacht. Es ist allgemein üblich, zumindest die sogenannten *Schönheitsreparaturen*, also die Renovierung von Anstrich und Tapeten, noch vor Rückgabe der Wohnung dem Mieter aufzuerlegen. Hat der Mieter diese Reparaturen im Mietvertrag übernommen und kommt er dieser Verpflichtung nicht nach, haftet er dem Vermieter auf Schadenersatz.
→ Schönheitsreparaturen.

Abstandszahlungen
Rechtsgrundlagen: §§ 433, 535 BGB
Unter Abstandszahlungen versteht man *einmalige Geldleistungen* des Mieters, die er für die Überlassung einer Wohnung oder Verlängerung eines Mietvertrages an den Vermieter aufwendet. Der Mieter zahlt praktisch also nur, um die Wohnung entweder zu bekommen oder behalten zu können. Abstandszahlungen liegen weiterhin vor, wenn der Mieter aus einem längerfristigen Mietverhältnis vorzeitig ausscheiden will. In diesem Fall erbringt er die Geldleistung, damit der Vermieter ihn aus dem Vertrag entläßt. Auch Vermieter finden sich mitunter zur Zahlung einer Geldabfindung bereit, um den Mieter zur vorzeitigen Aufgabe seiner Wohnung zu bewegen. Der eigentliche Geldgeber kann dabei auch ein Nachmieter sein, der die vorzeitig geräumte Wohnung beziehen möchte. Am häufigsten kommen Abstandszahlungen für Einrichtungsgegenstände in Frage, die der Vormieter in die Wohnräume eingebracht hat und beim Auszug nicht mitnehmen möchte. Eine Veräußerung der in die Wohnung eingebrachten Gegenstände (z.B. Einbauküche, Wandschränke) an den Nachfolgemieter ist dem Vormieter durch das Gesetz gestattet, sofern der Vermieter zur Duldung der Wegnahme solcher Einrichtungen verpflichtet ist, also ein Vermieterpfandrecht gegenüber dem weichenden Mieter nicht geltend machen kann.

Übernimmt der Nachfolgemieter gegen Zahlung einer Ablösungssumme beispielsweise gebrauchte Küchenmöbel von seinem Mietvorgänger, so dürfen Gewährleistungsansprüche nicht daraus abgeleitet werden, daß die gebrauchte Kücheneinrichtung an der Rückwand verschmutzt ist (AG Münster WM 86, 359).

Im übrigen kann die Höhe der zahlbaren Abstandssumme (Ablösung) zwischen Vor- und Nachmieter frei ausgehandelt werden. Soll die Abstandszahlung vereinbarungsgemäß vom Anschaffungspreis der Gegenstände abhängen, muß der Verkäufer noch vor Abschluß des Kaufvertrages darlegen, daß er selbst einen ungewöhnlich hohen Beschaffungspreis aufgewendet hat und daher auch eine entsprechend hohe Abstandszahlung verlangen kann (OLG Frankfurt WM 84, 76).

Ist der Mieter bei vorzeitigem Auszug vertragsmäßig zur Stellung eines Ersatzmieters berechtigt und darf er für Investitionen sowie in die Wohnung eingebrachte Gegenstände eine Abstandszahlung vom Nachmieter verlangen, ist der Vermieter grundsätzlich an diese Abrede gebunden (BGH MDR 63, 1000). Der Vermieter würde gegen den Grundsatz von Treu und Glauben verstoßen, wenn er einen vom Mieter benannten Nachmieter aus unzureichendem Grund ablehnte, der bereit ist, dem Vormieter eine angemessene Abfindung zu zahlen (AG Hannover WM 85, 257). Besteht jedoch keine Vertragsabrede im obigen Sinne, so hat der Vermieter das Recht, den vom Vormieter benannten Ersatzmieter abzulehnen, auch wenn dieser eine hohe Abstandssumme an seinen Mietvorgänger bezahlen würde (BGH MDR 63, 586).

Im *sozialen Wohnungsbau* sind Abstandszahlungen, die als Geldleistungen für die Überlassung einer Wohnung neben der Kostenmiete erbracht werden, nach § 9 WoBindG grundsätzlich verboten (BGH WM 81, 284). Erklärt sich der bisherige Mieter einer Sozialwohnung zur vorzeitigen Aufgabe seines Mietbesitzes zugunsten des Nachfolgemieters nur bereit, wenn dieser die vorhandene Wohnungseinrichtung käuflich übernimmt, so ist ein solcher Möbelübernahmevertrag jedoch nur insoweit unzulässig, als der verlangte Kaufpreis den Wert der Gegenstände im Zeitpunkt der Möbelübergabe übersteigen würde (BGH WM 77, 146).

→ Nachmieter; Vermieterpfandrecht.

Abwesenheit des Mieters

Rechtsgrundlage: § 552 BGB

Das Wohnungsmietverhältnis beinhaltet keine Gebrauchspflicht, sondern nur ein *Gebrauchsrecht* an der gemieteten Sache. Der Mieter macht sich daher keiner Vertragsverletzung schuldig, wenn er die gemieteten Räume längere Zeit nicht bewohnt und die Gründe hierfür in seiner Person liegen. Dieser Fall kann eintreten wegen einer längeren Urlaubs- oder Auslandsreise, bei Krankenhaus- oder Kuraufenthalt, bei auswärtiger Berufstätigkeit, durch Abbüßen einer Haftstrafe und dergleichen. Als Voraussetzung gilt einmal, daß die Miete auch bei längerer Abwesenheit *pünktlich* bezahlt wird. Ferner muß der Mieter dafür Sorge tragen, daß seine *Obhutspflichten* aus dem Mietvertrag erfüllt werden, insbesondere keine vorhersehbaren Schäden an der Wohnung auftreten und die Nachbarn nicht belästigt werden. Zu den Obhutspflichten gehört nicht nur, Wasserhähne und Außenfenster zu schließen, elektrische Geräte abzustellen, die Postzustellung zu regeln und verderbliche Lebensmittel aus dem Kühlschrank zu entfernen, sondern auch bei einer vertrauenswürdigen Person den *Wohnungsschlüssel* zu hinterlegen. Der Vermieter oder Hausverwalter ist über den Hinterlegungsort zu unterrichten, damit bei einem unvorhergesehenen Schaden (z. B. Wasserrohrbruch, Brand) der Vermieter sich Zutritt in die Wohnung verschaffen kann. In dringenden Notfällen kann der Vermieter die Wohnungstür auch selbst öffnen oder durch einen Schlosser öffnen lassen, wenn kein Schlüssel hinterlegt wurde oder das Herbeischaffen des Schlüssels zu lange dauern würde. Die Aufwendungen des Vermieters hierfür hat der Mieter nach seiner Rückkehr zu ersetzen.

Vor allem bei längerer Abwesenheit im Winter, sofern das Einfrieren der Wasserleitung möglich erscheint, ist es wichtig, daß eine Vertrauensperson gelegentlich nach dem Rechten sieht (BGH WM 72, 25). Zur *Betreuung der Wohnung* kann der Mieter auch einen Verwandten oder Bekannten für die Zeit seiner Abwesenheit in die Wohnung aufnehmen. Eine Genehmigung des Vermieters ist dabei nicht erforderlich, weil eine nur vorübergehende Beherbergung anderer Personen in der leerstehenden Wohnung kein Untermietsverhältnis begründet (LG Mannheim WM 73, 5).

Der Mieter hat weiterhin dafür zu sorgen, daß während der Dauer seiner Abwesenheit die *sonstigen Mieterpflichten* erfüllt werden, so beispielsweise die Treppenhausreinigung oder die Schneeräumarbeiten im Winter. Muß der Vermieter diese Arbeiten anderen Personen oder einem Reinigungsunternehmen übertragen, gehen die hierbei entstehenden Kosten zu Lasten des Mieters.
→ Schlüssel; Schneebeseitigung.

Allgemeine Geschäftsbedingungen
→ Formularmietverträge.

Änderung des Mietvertrages
Rechtsgrundlage: § 535 BGB
Im Bereich der privaten Wohnungsmiete besteht grundsätzlich Vertragsfreiheit. Die von Mieter und Vermieter getroffenen Vereinbarungen können daher jederzeit ergänzt oder veränderten Verhältnissen angepaßt werden, sofern sich die Vertragsparteien über die Änderung geeinigt haben. Dagegen ist die einseitige Vertragsänderung entgegen den Willen des anderen unzulässig. *Änderungen* des Mietvertrags können beispielsweise notwendig werden, wenn sich die Zahl der Mieträume und damit die Wohnungsgröße sowie der Mietpreis ändert, wenn ein Wechsel in der Person des Mieters bzw. Vermieters eintritt, wenn der Mietzins erhöht oder die Mietdauer verlängert werden soll oder wenn der Mieter beabsichtigt, einen Raum seiner Wohnung gewerblich zu nutzen.
Da ein Mietvertrag *formlos* abgeschlossen werden kann, ist auch eine *mündlich* abgesprochene Vertragsänderung rechtswirksam. Wurde dagegen von den Mietparteien festgelegt, daß Vertragsänderungen der *Schriftform* bedürfen, sind nur mündlich zwischen Mieter und Vermieter getroffene Vereinbarungen grundsätzlich ungültig. Zur wirksamen Schriftform gehört auch die Unterzeichnung des Änderungsschreibens (AG Köln WM 80, 2). Bringt der Vermieter in seinem Schreiben den Wunsch zum Ausdruck, den ursprünglich vereinbarten Mietzins zu erhöhen, kann in der vorbehaltlosen Zahlung der erhöhten Miete eine schlüssige Zustimmung des Mieters zur Abänderung des Mietvertrages gesehen werden (AG Dortmund WM 80, 206).

Ist im Mietvertrag eine Pauschalabgeltung der Heizkosten vereinbart und wird durch langjährige Übung von dieser Vereinbarung durch Kostenabrechnung nach tatsächlichem Verbrauch abgewichen, kann auf das Schriftformerfordernis auch verzichtet werden (AG Würzburg WM 80, 2). In diesem Fall ist davon auszugehen, daß die Mietparteien ihre Vertragsabsprache stillschweigend oder durch schlüssiges Handeln geändert haben (BGH NJW 68, 33).
→ Mietvertrag.

Anfechtung des Mietvertrages
Rechtsgrundlagen: §§ 119, 121, 122, 123, 142 BGB
Bei Abschluß eines Mietvertrages kann es vorkommen, daß einer der Vertragspartner einem Rechtsirrtum unterliegt, wegen falscher Willenserklärungen des anderen sich arglistig getäuscht oder einer Drohung ausgesetzt fühlt. Der Mietvertrag kann in diesen Fällen durch einseitige Erklärung wegen *Irrtums* (§ 119 BGB) bzw. wegen *arglistiger Täuschung oder Drohung* (§ 123 BGB) angefochten werden. Eine Anfechtung wegen *Irrtums* ist denkbar, wenn der Vertragspartner über den Inhalt seiner Willenserklärung im Irrtum war oder eine Erklärung dieses Inhalts überhaupt nicht abgeben wollte. Anfechtbar sind weiterhin nach § 119 Abs. 1 BGB Erklärungen, wenn anzunehmen ist, daß sie der Erklärende bei Kenntnis der Sachlage und bei verständiger Würdigung des Falls nicht abgegeben hätte. Ein Irrtum über den Erklärungsinhalt kann auch vorliegen, wenn sich die Erklärung auf *wesentliche Eigenschaften* von Personen oder Sachen bezieht (§ 119 Abs. 2 BGB). Als wesentliche Eigenschaften von Personen gelten etwa Geschlecht und Familienstand sowie Beruf des Mieters, seine Vertrauenswürdigkeit, seine Zahlungsfähigkeit, der Gesundheitszustand usw. Wesentliche Eigenschaften der Mietsache sind die Lage, Größe und Ausstattung der Wohnung, die Heizung und Belüftung, Schallisolierung, belastende Umwelteinflüsse und dergleichen. So widerspricht es beispielsweise redlichem Handeln, wenn der sachkundige Vermieter dem Mieter gegenüber bewußt oder leichtfertig falsche oder irreführende Angaben über die örtlichen Vergleichsmieten oder über diejenigen Mieter macht, die angeblich schon einer Mieterhöhung zugestimmt haben (LG Hamburg WM 78, 118).

Eine Irrtumsanfechtung ist *unverzüglich*, also ohne schuldhaftes Verzögern, nach Kenntniserlangung des Anfechtungsgrundes dem Vertragspartner gegenüber zu erklären (§ 121 BGB). Eine solche Erklärung muß jedoch sorgfältig abgewogen werden, denn der Anfechtende ist für seine Erklärung beweispflichtig und haftet dem Vermieter gegenüber eventuell für Schadenersatz (§ 122 Abs. 1 BGB).

Schadenersatzpflicht kann eintreten, wenn der Vermieter im Vertrauen auf die Gültigkeit der vertraglichen Absprachen andere Mietinteressenten weggeschickt hat und nunmehr aufgrund der Notwendigkeit, einen Nachfolgemieter zu suchen, einen Mietausfall erleidet. Für den Mietausfall hat der frühere Mieter aufzukommen. Eine Schadenersatzpflicht entfällt jedoch, wenn der Vertragspartner den Anfechtungsgrund kannte oder ihm dieser Grund wegen Fahrlässigkeit nicht bekannt war (§ 122 Abs. 2 BGB).

Eine Anfechtung des Mietvertrages wegen *arglistiger Täuschung* oder *widerrechtlicher Drohung* (§ 123 Abs. 1 BGB) kann für den Vermieter beispielsweise dann in Frage kommen, wenn die Mieter bei Abschluß des Mietvertrages bewußt vortäuschen, verheiratet zu sein, nachdem der Vermieter deutlich darauf hingewiesen hat, daß er nur an Eheleute vermieten wolle (AG Hannover WM 83, 142). Eine Anfechtung des daraufhin abgeschlossenen Mietvertrages durch den Vermieter wegen arglistiger Täuschung wäre jedoch unzulässig, wenn nicht der Vermieter selbst, sondern sein Vater einem Irrtum über die Verheiratung des Mieterpaares unterlegen war (LG Hamburg WM 79, 125).

Ein berechtigter Anfechtungsgrund kann auch vorliegen, wenn der Mietinteressent bei Vertragsabschluß trotz ausdrücklicher Befragung nicht offenbarte, daß er bereits eine eidesstattliche Versicherung nach § 807 ZPO (früher: Offenbarungseid) abgegeben hatte (AG Hagen WM 84, 296).

Täuscht der Erwerber des Mietgrundstücks dem verbleibenden Mieter vor, daß nach dem Vermieterwechsel der Abschluß eines neuen Mietvertrages notwendig sei, kann der Mieter den daraufhin (mit ungünstigeren Bedingungen) abgeschlossenen neuen Vertrag wegen arglistiger Täuschung anfechten (LG Hamburg WM 82, 2). Dasselbe Recht steht dem Mieter zu, wenn der im Auftrag des

Anfechtung des Mietvertrages

neuen Wohnungseigentümers handelnde Makler die Rechtsunkenntnis des Mieters ausnutzt und ihm wegen das vermeintlich vertraglosen Zustands einen neuen Mietvertrag aufdrängt (AG Siegburg WM 84, 226).

In einer als Formular gestalteten sogenannten *Selbstauskunft*, die der potentielle Wohnungsmieter vor Abschluß eines Mietvertrages auszufüllen hat, ist auch die Frage nach seinem derzeitigen Arbeitsverhältnis zulässig. Führt eine bewußt falsch erteilte »Selbstauskunft« des Mieters zum Vertragsschluß, kann der Vermieter zumindest so lange den Mietvertrag wegen arglistiger Täuschung anfechten, wie die Wohnung vom Mieter noch nicht bezogen wurde (LG Köln WM 84, 297).

Ein Anfechtungsrecht gemäß § 119 Abs. 2 BGB wegen Irrtums hinsichtlich der Vermögensverhältnisse des Mieters scheidet als verkehrswesentliche Eigenschaft jedoch aus. So ist der Mieter auch nicht verpflichtet, vor Vertragsabschluß und ohne Befragen den Vermieter über seine *Einkommens- und Vermögensverhältnisse* aufzuklären (LG Ravensburg WM 84, 297). Auch sonst besteht keine Offenbarungspflicht über höchstpersönliche Daten, wenn der Vermieter mit entsprechenden Fragen auf unzumutbare Weise in die Intimsphäre des Mieters eindringen will (AG Nürnberg WM 84, 295).

Die berechtigte Anfechtung eines Mietvertrages über Wohnraum wegen Irrtum, Täuschung oder Drohung bewirkt, daß der Mietvertrag *rückwirkend aufgehoben* wird (§ 142 Abs. 1 BGB); vorausgesetzt, der Mieter hat bis zum Zeitpunkt der Anfechtung die Wohnung noch nicht bezogen. Nach Beginn des Mietverhältnisses und Einzug des Mieters wird in Rechtsprechung und Schrifttum die rückwirkende Kraft der Anfechtung teilweise mit der Begründung ausgeschlossen, daß der Einzug des Mieters einen sozialen Tatbestand schafft, der sich nicht für die Vergangenheit, sondern nur für die Zukunft beseitigen läßt (AG Köln WM 81, 228). Anderer Ansicht: KG Berlin MDR 67, 404; LG Bamberg WM 72, 119; AG Zehlendorf WM 73, 93.

→ Mietvertrag.

Antennenanlagen

Rechtsgrundlagen: §§ 535, 536, 547a, 550 BGB

Zum vertragsmäßigen Gebrauch der Mietwohnung gehört ein möglichst ungestörter Empfang aller örtlich erreichbaren *Rundfunk- und Fernsehprogramme*. Um einen solchen Empfang zu gewährleisten, ist der Mieter berechtigt, entsprechende technische Vorkehrungen zu treffen. Er kann beispielsweise eine *Außenantenne* auf dem Dach des Hauses installieren, wenn nur hierdurch ein einwandfreier Empfang der Programme möglich ist und das konkrete Risiko einer Beschädigung des Hausdaches nicht besteht (LG Hamburg WM 78, 190). Um zu vermeiden, daß daraufhin auch andere Hausbewohner das Aufstellen einer Dachantenne verlangen, kann der Vermieter eine *Gemeinschaftsantenne* installieren lassen. Auf jeden Fall braucht der Vermieter das Entstehen eines »Antennenwaldes« auf seinem Haus nicht zu dulden.

Der Vermieter kann weiterhin bestimmen, daß der Mieter seine Außenantenne an eine Stelle des Hauses anbringt, die zwar eine möglichst einwandfreie Empfangsqualität gewährleistet, aber weder vorhandene Antennenanlagen anderer Hausbewohner stört noch das Haus unter ästhetischen Gesichtspunkten verunziert. *Einzelantennen* braucht der Vermieter nur zu dulden, wenn diese fachmännisch installiert sind und laufend gewartet werden. Der Mieter haftet für alle Schäden, auch durch höhere Gewalt (z.B. Sturm, Blitzeinschlag, Hagel). Behindert die Antenne *Umbau- oder Instandsetzungsarbeiten* am Gebäude, so ist der Mieter verpflichtet, auf seine Kosten die Antenne vorübergehend zu entfernen und später am selben oder einem anderen Ort wieder anzubringen. Beim *Auszug* kann der Mieter seine Außenantenne abbauen und mitnehmen (§ 547a BGB).

Besteht für die Mieter im Haus eine vom Eigentümer installierte *Gemeinschaftsantenne*, hat der Mieter regelmäßig auf die Errichtung einer eigenen Außenantenne zu verzichten. Die Verzichtserklärung kann sowohl im Mietvertrag als auch in einem besonderen *Antennenvertrag* oder in der Hausordnung festgelegt werden. Die Erklärung regelt zumeist auch die anteilmäßige Kostenumlage für die Installation, den Betriebsstrom und die regelmäßige Wartung der Gemeinschaftsantenne, vorausgesetzt, eine solche Umlage ist

26 Antennenanlagen

nach den Vorschriften über Verbesserungen der Mieträume (§ 541b BGB) oder Modernisierungsmaßnahmen (§ 3 MHG) zulässig. Hat der Vermieter einen *Wartungsvertrag* mit einem Kundendienstunternehmen abgeschlossen, sind auch die Kosten hierfür auf die Mieter umlagefähig. Muß der Wartungsdienst jedoch Reparaturen an der Antenne ausführen, kann der hierdurch entstandene Aufwand von der umlagefähigen Wartungsvergütung abgezogen werden, da der Vermieter Reparaturkosten grundsätzlich allein zu tragen hat.

Der Anschluß an das *Breitbandkabelnetz* (Kabelfernsehen) ist zwar vom Mieter zu dulden, doch fallen ihm weder die einmaligen Anschlußgebühren der Bundespost noch die Kosten der notwendigen Umrüstarbeiten (z. B. neue Zuleitungen, Steckdosen) zur Last. Dagegen sind die laufenden Betriebskosten der Hausverteileranlage und die monatliche Grundgebühr auf die Mieter umlagefähig.

Im Mietvertrag wird gelegentlich vereinbart, daß der Mieter nur mit schriftlicher Zustimmung des Vermieters eine Dachantenne montieren darf. In diesem Fall hat der Mieter keinen Anspruch auf Duldung einer ohne Zustimmung des Vermieters installierten *Dachfunkantenne*. Eine Ausnahme gilt nur, wenn aufgrund der Verhältnisse des Einzelfalls der Vermieter nach Treu und Glauben verpflichtet wäre, seine Zustimmung zu erteilen (BayObLG WM 81, 80).

Das Betreiben einer *Funksprechanlage* (CB-Funk) in der Mietwohnung als Freizeitbeschäftigung (Hobby) ist mit Radio- und Fernsehempfang nicht vergleichbar; es gehört daher auch nicht zum vertragsmäßigen Gebrauch der Wohnung, auf dessen Gewährung dem Mieter ein Rechtsanspruch zusteht. Somit kann der Vermieter sein Einverständnis zur Anbringung einer Funkantenne auf dem Hausdach verweigern, falls keine überwiegenden Gründe seitens des Mieters dem entgegenstehen (AG Dortmund WM 79, 86). Nach anderer Rechtsauffassung soll der Vermieter verpflichtet sein, dem Mieter die Erlaubnis zur Anbringung einer Funkantenne zu erteilen, wenn dadurch keine Störungen im Radio- und Fernsehempfang der anderen Mieter auftreten und die Antenne zudem von der Bundespost genehmigt ist (AG Düren WM 79, 103).

→ Betriebskosten; Instandhaltung, Instandsetzung; Kabelfernsehen.

Anzeigepflicht des Mieters
Rechtsgrundlage: § 545 BGB
Der Mieter hat die Mietsache so pfleglich zu behandeln, daß sie nicht beschädigt und nicht mehr als vertragsgemäß abgenutzt wird. Die allgemeine *Obhutspflicht* wird vom Gesetz für jedes Wohnungsmietverhältnis als selbstverständlich vorausgesetzt (§ 545 BGB). Hieraus folgt die Verpflichtung des Mieters zur Anzeige von *Mängeln und Gefahrzuständen*, soweit sie die Wohnräume, das Gebäude und sonstige Teile des Mietgrundstücks betreffen, die zur allgemeinen Benutzung dienen. Als »Mangel« versteht das Gesetz einmal die Minderung der Tauglichkeit des Mietobjekts für den Wohngebrauch (§ 537 BGB), zum anderen eine erhebliche Verschlechterung vom Zustand der Mietsache selbst (BGH WM 78, 88). Zwecks der Meldepflicht ist es, den oftmals nicht im Haus wohnenden Vermieter in die Lage zu versetzen, rechtzeitig die notwendigen Vorkehrungen gegen Mängelfolgen zu treffen oder einem der Mietsache drohenden Schaden abzuhelfen (BGH WM 76, 742).

Die Verpflichtung des Mieters zur *Mängelanzeige* erstreckt sich nicht nur auf die Miet räume, sondern ebenso auf die mitbenutzten Teile des Gebäudes und Grundstücks, so z. B. den Hauszugang, auf Treppe und Treppenhaus, Waschküche, Hof usw. Die Anzeigepflicht besteht ferner, wenn der Mietsache eine *nicht vorhersehbare Gefahr* droht und der Mieter die Notwendigkeit von Abhilfemaßnahmen objektiv erkennt, so etwa bei Wasserrohrbruch, Sturmschaden am Gebäude, bei auslaufendem Heizöl oder einem beschädigten Gartentor. Der Mieter ist weiterhin zur Anzeige verpflichtet, wenn er bemerkt, daß ein *Dritter* sich am Grundstück oder Gebäude zu schaffen macht, so beispielsweise Reklame an der Hausfront anbringt oder die Umzäunung des Gartens abreißt. In diesem Fall bleibt es dem Vermieter überlassen, die Handlungsweise des Dritten zu überprüfen und entsprechende Gegenmaßnahmen einzuleiten.

Die *Anzeigepflicht* des Mieters beginnt mit Bezug der Wohnung und endet mit seinem Wegzug, ohne Rücksicht auf das tatsächliche Ende des Mietverhältnisses. Sie besteht unabhängig davon, ob der Wohnungsmangel oder die drohende Gefahr den Gebrauch der

Wohnräume beeinträchtigt oder nicht. Die Anzeige selbst muß *unverzüglich*, das heißt ohne schuldhaftes Verzögern, an den Vermieter erfolgen. Je nach Dringlichkeitsgrad des Einzelfalls wird dem Mieter hierbei ein Zeitraum bis zu einer Woche zugebilligt. Obwohl mangels Formvorschrift eine mündliche (telefonische) Mitteilung an den Vermieter genügt, sollte der Mieter die Schriftform (mit Einbehaltung einer Briefkopie) wählen, damit er bei einem Rechtsstreit nicht in Beweisnot gerät.

Hat der Mieter den Mietsachemangel oder die drohende Gefahr *objektiv erkannt* und rechtzeitig Anzeige erstattet, so obliegt es dem Vermieter, die Mangel- oder Gefahrenursachen selbst herauszufinden und mögliche Schäden erfolgreich zu beseitigen. Das gilt insbesondere, wenn die Ursachen unklar oder umstritten sind (AG Leverkusen WM 80, 137). Um eventuell vorhandene Mietsachenmängel objektiv zu erkennen, ist der Mieter jedoch keineswegs verpflichtet, Gebäude oder Grundstück ständig zu überwachen. Auch besteht keine Nachforschungspflicht hinsichtlich der Funktionsfähigkeit bestimmter Einrichtungen, die zum Schutz der Mietwohnung vor Schäden dienen, so z. B. des Abwasserschiebers (BGH WM 76, 152).

Im übrigen *entfällt die Anzeigepflicht*, wenn der Vermieter auf andere Weise über Schäden an der Mietsache Kenntnis erlangte oder den Schaden selbst schon bemerken konnte, da er im Hause wohnt. Der Mieter braucht auch dann keine Mietsachenschäden oder drohende Gefahren anzuzeigen, wenn eine Mängelbeseitigung oder Abwendung der Gefahr unmöglich ist. Gleiches trifft zu, wenn der Mangel außerhalb vom Macht- und Einflußbereich des Mieters liegt und auch der Vermieter keine Abhilfe schaffen könnte (BGH WM 76, 537).

Unterläßt der Mieter *schuldhaft*, das heißt leichtfertig oder aus Nachlässigkeit, die rechtzeitige Anzeige, obwohl ihm der Mietsachenmangel oder die drohende Gefahr objektiv bekannt ist, so kann er sich dem Vermieter gegenüber *schadenersatzpflichtig* machen. Die Rechtsfolgen eines nach § 545 Abs. 2 BGB schuldhaften Verhaltens treten auch dann ein, wenn die Anzeige *verspätet* erfolgt (LG Köln MDR 74, 47). Die Schadenersatzhaftung des Mieters entsteht jedoch nur, wenn der Vermieter beweisen kann, daß er wegen der unterlassenen oder verspätet erfolgten Anzeige nicht imstande war, Abhilfe zu leisten. Auch verliert der Mieter bei Unterlassung oder verspäteter Anzeige aus eigenem Verschulden seine gesetzlichen Ansprüche auf Mietminderung (§ 537 BGB), auf fristlose Mietkündigung wegen Nichtgewährung des Gebrauchs (§ 542 Abs. 1 Satz 3 BGB) und auf Schadenersatz wegen Nichterfüllung der Vermieterpflicht zur Mängelbeseitigung (§ 538 BGB). Dagegen bleibt das Recht auf Schadenersatz nach § 823 BGB dem Mieter erhalten.

→ Mängel der Mietsache; Kündigungsfristen; Mietminderung.

Aufzug

Rechtsgrundlagen: § 535 BGB

Befindet sich im Mietgebäude ein *Personenaufzug*, so haben die Hausmieter das Recht, diesen Aufzug uneingeschränkt zu benutzen. Das trifft auch dann zu, wenn im Mietvertrag oder in der Hausordnung dieses Recht nicht ausdrücklich erwähnt wird. Der Aufzug gilt grundsätzlich als mitvermietet. Infolgedessen ist der Vermieter verpflichtet, für den technisch *einwandfreien Betrieb* und eine *gefahrlose Benutzung* des Lifts zu sorgen. Die *Wartung* der Aufzugsanlage kann der Vermieter auch einer Spezialfirma übertragen. Die hierbei entstehenden Ausgaben gehören zu den im Vollwartungsvertrag des Lifts enthaltenen Instandhaltungskosten (AG München WM 78, 87). Der Vermieter ist an diese Verpflichtung auch für den Fall gebunden, daß seine Mieteinnahmen die Kosten nicht decken, die für eine Aufrechterhaltung des betriebsfähigen Zustands der Anlage notwendig sind (LG Berlin WM 78, 230). Ansonsten ist es dem Vermieter zumutbar, für die Instandsetzung bzw. Erneuerung der Liftanlage seinen Gewinn aus den jährlichen Mieteinnahmen aufzuwenden (LG Hamburg NJW 76, 1320). Bei schuldhaftem *Verstoß* gegen die Gewährleistungspflicht haftet der Vermieter im Schadensfall aus den einzelnen Mietverhältnissen oder wegen Verletzung der allgemeinen Verkehrssicherungspflicht.

Die entstehenden Kosten für die Liftanlage können auf die einzelnen Mietparteien umgelegt werden. Bei *Erdgeschoßmietern* ist eine Umlageklausel im Formularmietvertrag nur dann rechtswirksam, falls der Mieter mit dem Lift Zutritt zu den Gemeinschaftsanlagen des Hauses (z. B. Trockenboden) erlangen kann und den Lift hierzu regelmäßig benutzt (AG Pinneberg WM 83, 234). Die Aufzugskosten eines Hochhauses können gleichfalls auf den Mieter eines eingeschossigen Nachbargebäudes umgelegt werden, wenn dieser Mieter den Lift durch den Hauskeller erreichen und mit diesem zum Trockenboden des Hochhauses fahren kann. Dabei ist unbeachtlich, ob er den Trockenboden als Gemeinschaftseinrichtung auch tatsächlich nutzt (AG Hamburg-Wandsbeck WM 83, 234). Anders kann es sich verhalten, wenn die Etagenwohnung des Mieters über einen Aufzug im Nebengebäude erreichbar ist. Wird dieser Aufzug vom Mieter jedoch nicht benutzt, so dürfen die anteiligen Betriebskosten des Lifts nicht auf ihn umgelegt werden (AG Göppingen WM 77, 117).

Zur Erhaltung des vertragsmäßigen Gebrauchs der Mietsache im Sinne von § 536 BGB gehört, daß der Vermieter *Lärmbelästigungen* durch die Aufzugsanlage mittels geeigneter Maßnahmen zur Schallisolierung auf das entsprechend den heutigen Schutzvorschriften zulässige Maß verringert. Der Anspruch auf Mängelbeseitigung nach § 539 BGB wird dadurch nicht ausgeschlossen (AG Schöneberg WM 82, 183).

Bei *Umzug* eines Mieters ist der Vermieter nicht berechtigt, den Hauslift außer Betrieb zu setzen, sofern gewährleistet ist, daß er nicht zum Lastentransport (z. B. schwere Möbel) verwendet wird (AG München WM 83, 30). Bleibt nach dem Mieterauszug die Wohnung zeitweise leer, muß der Vermieter die anteiligen Aufzugskosten für die geräumte Wohnung selbst tragen; er kann sie also nicht auf die übrigen Mieter im Haus abwälzen (LG Köln WM 78, 207). Bei preisgebundenem Wohnraum (*Sozialwohnung*) ist eine Umlage von Aufzugskosten nur zulässig, soweit sie im Bewilligungsbescheid als umlagefähig bezeichnet wird (AG Köln WM 76, 237).

→ Betriebskosten; Lärm.

Auszug des Mieters
Rechtsgrundlagen: §§ 547a, 548, 556 BGB
Nach Beendigung des Mietverhältnisses, sei es durch Mietaufhe-

bungsvertrag, Kündigung oder Vertragsablauf, hat der Mieter die Wohnung einschließlich der mitgemieteten Nebenräume an den Vermieter oder dessen bevollmächtigten Vertreter zurückzugeben (§ 556 Abs. 1 BGB). Zur *ordnungsgemäßen Rückgabe* gehört nicht nur, daß der Mieter die Wohnung räumt, sondern auch die Aushändigung sämtlicher zur Mietsache gehörenden Schlüssel an den Vermieter (LG Osnabrück WM 84, 2). Die Rückgabepflicht entsteht grundsätzlich am Tag nach Ablauf der Mietzeit, der Kündigungsfrist oder dem im Mietvertrag vereinbarten Auszugstag. Der Mieter ist berechtigt, die Wohnung schon *vor Ablauf* des Mietverhältnisses zurückzugeben, sofern der Vermieter einer vorzeitigen Rückgabe zustimmt.

Der Vermieter hat sich zum Auszugstermin in der Regel bei der Wohnung einzufinden oder seinen Bevollmächtigten zu entsenden, wenn er mit der Annahme der Mietsache nicht in Verzug geraten will (AG Hamburg WM 82, 73). Andererseits trifft den Mieter der Vorwurf eines *sofortigen Schuldnerverzugs*, wenn er die Rückgabe der Wohnung über den Ablauf des Mietverhältnisses hinaus verzögert (§ 284 Abs. 2 BGB). Eine Ausnahme gilt für den Fall, daß der Vermieter oder im Streitfall das Gericht dem Mieter einen *Räumungsaufschub* gewährt. Hier tritt der Verzug erst mit dem Ende der Aufschubfrist in Kraft.

Bei einer *Mehrzahl von Mietern* (z. B. Eheleute oder Wohngemeinschaft) haften sämtliche Mitmieter hinsichtlich der Erfüllung aller Rückgabepflichten als *Gesamtschuldner* (BGH WM 76, 76). Der Vermieter kann somit bei verspäteter Rückgabe der Wohnräume wegen seiner Ansprüche auf Nutzungsentschädigung oder Schadenersatz gegen jeden einzelnen gerichtlich vorgehen, also auch solche Mitmieter verklagen, die bereits ausgezogen sind.

Hat der (Haupt-)Mieter Teile seiner Wohnung an einen Dritten *untervermietet* und wird das Hauptmietverhältnis beendet, kann der Vermieter nach § 556 Abs. 3 BGB auch vom Untermieter die Herausgabe der von ihm bewohnten Räume verlangen. Der Herausgabeanspruch entsteht jedoch erst mit der Aufforderung des Vermieters an den Untermieter, die Wohnung zu räumen (AG Düsseldorf WM 76, 30). Gegebenenfalls kann der Untermieter einen Rechtsanspruch auf Schadenersatz gegen den Hauptmieter

geltend machen, weil ihm durch Beendigung des Hauptmietvertrages der Mietsachengebrauch entzogen wird.
Der Mieter hat bis zur Rückgabe der Wohnung seine vertraglichen Obhutspflichten gegenüber dem Mietobjekt zu erfüllen. Gibt er die Wohnung *vorzeitig* zurück, muß er den Mietzins bis zum tatsächlichen Ablauf des Mietverhältnisses oder dem Ende der Kündigungsfrist weiter bezahlen. Räumt der Mieter die Wohnung vorzeitig, ohne die vertraglich vereinbarte Schlußrenovierung durchzuführen, ist sein Verhalten als endgültige Erfüllungsverweigerung von Mieterpflichten zu bewerten. Der Vermieter kann folglich ohne weitere Fristsetzung oder Ablehnungsandrohung seine Ersatzansprüche durchsetzen (LG Köln WM 79, 212). Besteht bei Abwicklung des Mietverhältnisses obendrein Parteienstreit über noch unerfüllte Verpflichtungen aus dem Mietvertrag, obliegt es dem Mieter, seine *neue Anschrift* dem Vermieter zu hinterlassen. Versäumt er diese Mitteilung, muß er sich hierdurch entstehende Nachteile (Ersatzansprüche) voll anrechnen lassen (OLG Hamburg ZMR 80, 84; LG Köln WM 79, 212).
Bewohnt der Mieter ein Einfamilienhaus und hat er während der Mietzeit auf eigene Kosten Heizöl beschafft, so muß der Vermieter nach allgemeiner Rechtsauffassung die im Öltank befindliche Restmenge an Heizöl übernehmen und insoweit auch die Anschaffungskosten dem ausziehenden Mieter ersetzen (LG Mannheim ZMR 75, 304). Für die Abrechnung der Restmenge an Heizöl ist der Tagespreis am Tage des Auszugs maßgebend; der Tagespreis wird allerdings durch die Höhe des Anschaffungspreises nach oben begrenzt (LG Freiburg WM 82, 206).
Die Rückgabe der Mietwohnung hat in *ordnungsgemäßen Zustand* zu erfolgen. Grundsätzlich gilt, daß die Räume so zu hinterlassen sind, wie sie beim Einzug vom Mieter übernommen wurden. Veränderungen, Wertminderungen und Abnutzungserscheinungen durch den *normalen Gebrauch* der Mietsache hat der Mieter nicht zu vertreten; dafür erhält der Vermieter den Mietzins als Ausgleich (§ 548 BGB). Zu den normalen Abnutzungserscheinungen gehören auch die Farbunterschiede auf der Tapete durch dort hängende Bilder oder die Eindruckstellen der Möbelfüße im Teppichboden (LG Köln WM 73, 208), verschlossene Dübellöcher (AG Dort-

mund WM 78, 173) usw. Der Mieter hat beim Auszug alle Möbel und Einrichtungen wegzuschaffen sowie Namens- und Reklameschilder zu entfernen. *Praxisschilder* oder solche mit gewerblichen bzw. beruflichen Hinweisen dürfen mit Angabe der neuen Adresse noch für eine angemessene Zeit an ihrem alten Ort verbleiben. Für *zurückgelassene Gegenstände* des Mieters trifft den Vermieter eine Obhutspflicht; er kann sie nicht ohne weiteres forträumen und anderweitig unterbringen. Weiterhin muß der ausziehende Mieter grundsätzlich alle in die Wohnung verbrachten *Einrichtungen* wegnehmen und durch die Wegnahme entstandene Schäden an der Mietsache auf eigene Kosten beseitigen (§ 547a Abs. 1 BGB). Sind diese Einrichtungen für den Vermieter ebenso nützlich wie für den Mieter, können sich die Parteien auch dahingehend einigen, daß der Mieter auf sein Wegnahmerecht verzichtet und der Vermieter ihm für die Übernahme eine angemessene Entschädigung zahlt.

Für *bauliche Veränderungen* an der Mietsache gilt, daß der Vermieter ihre Beseitigung und die Wiederherstellung des ursprünglichen Zustands verlangen kann. Auch hier besteht die Möglichkeit, daß sich nach Treu und Glauben (§ 242 BGB) sogar eine *Übernahmeverpflichtung* für den Vermieter ergibt. Dieser Fall tritt ein, wenn der Mieter die bauliche Veränderung mit Zustimmung des Vermieters durchführte (AG Mannheim WM 77, 167). Eine Beseitigungspflicht für bauliche Veränderungen entfällt auch dann, wenn sich Mieter und Vermieter anderweitig auf eine Übernahme geeinigt haben oder die Wohnung überhaupt erst durch diese Baumaßnahme in einen bewohnbaren Zustand versetzt wurde (LG Mannheim ZMR 69, 282).

In Mietverträgen wird regelmäßig vereinbart, daß der Mieter bei Auszug die Wohnung zu renovieren hat. Für eine ordnungsgemäße *Schönheitsreparatur* ist der Mieter beweispflichtig. Die von Handwerkern bestätigte Behauptung einer fachgerecht durchgeführten Renovierung reicht als gerichtliches Beweismittel nicht aus (AG Hannover WM 83, 126). Der Mieter braucht beispielsweise die angestrichenen Rauhfasertapeten beim Auszug nicht zu erneuern, es sei denn, die Tapeten wären unbrauchbar geworden (AG Heidelberg WM 83, 126). Das Überstreichen solcher Tapeten ist keine schuldhafte Verletzung der Renovierungspflicht, wenn im

Mietvertrag bei Auszug ein ordnungsgemäßer und bezugsfertiger Zustand der Wohnung verlangt wird und die Räume sonst keine Abnutzungserscheinungen aufweisen (LG Landau/Pfalz WM 80, 41). Schreibt der Mietvertrag nur eine Rückgabe im »*bezugsfertigen Zustand*« vor, entfällt für den Mieter ebenso die Renovierungspflicht (LG Köln WM 75, 245; AG Bersenbrück WM 80, 17). Auch dann übernimmt der Mieter keine Verpflichtung zur Ausführung von Schönheitsreparaturen, wenn im Mietvertrag eine Klausel enthalten ist wie: »Die Mietsache ist in dem Zustand wie übernommen zurückzugeben« (LG München WM 85, 62).

→ Nachmieter; Nutzungsentschädigung; Rückgabe der Mietwohnung; Schönheitsreparaturen; Schlüssel; Untermiete.

Auto
→ Garage.

Autowaschen
Rechtsgrundlage: § 4 MHG
Bei der Umlage von Nebenkosten und Heizkosten kann es zu Ungerechtigkeiten kommen, auch wenn der individuelle Verbrauch jeder Mietpartei an Strom, Wasser und dergleichen nach Möglichkeit vom Vermieter berücksichtigt wird. Keiner Mietpartei kann vorgeschrieben werden, wie sparsam sie mit Heizenergie oder mit Wasser umzugehen hat, wieviel Wasser beispielsweise für die Körperpflege, Wohnungs- und Wäschepflege von ihrem Haushalt verbraucht werden darf. So ist auch das gelegentliche Waschen des Autos dem mietvertraglich vorgesehenen Wasserverbrauch zuzurechnen. Legt der Vermieter den gesamten Wasserverbrauch seines Hauses nach einem bestimmten Verfahren auf die Mieter um, so haben diese ebensowenig ein Recht auf Ausklammerung der für das Autowaschen erforderlichen Wassermenge wie der Wasserkosten, die für die Pflege des Hauses und der Umgebung anfallen (AG Dortmund WM 86, 262).

Im übrigen ist das Autowaschen im Hofraum des Grundstücks den Mietern ohne besondere Erlaubnis des Vermieters regelmäßig nicht erlaubt.

→ Betriebskostenumlage.

Baden, Duschen

Rechtsgrundlagen: § 548 BGB

Die meisten Neubauwohnungen sind heute mit einem Bad ausgestattet; sie enthalten also einen besonderen Raum mit einer benutzbaren Badeeinrichtung (Badewanne und Warmwasseranschluß oder Boiler). Das Vorhandensein eines Bades ist für die Ermittlung der *ortsüblichen Vergleichsmiete* wichtig und rechtfertigt beim Preisvergleich auch dann einen entsprechenden Mietzuschlag, wenn das Bad nur mit einem Kohlebadeofen als Warmwasserbereiter ausgestattet ist (LG Berlin WM 85, 134).

Die Benutzung eines Bades oder einer Dusche verursacht zwangsläufig *Geräusche*, die in Wohnungen mit ungenügender Schallisolierung zu Belästigungen des Mietnachbarn führen können. Das gilt insbesondere, wenn der Mieter am späten Abend (nach 22 Uhr) oder frühzeitig am Morgen (vor 7 Uhr) den Wasserhahn aufdreht. Stellt das nächtliche oder frühmorgendliche Baden und Duschen eine erhebliche *Belästigung* für den Nachbarn dar, kann der Vermieter in der Hausordnung ein entsprechendes Verbot anordnen. Der Vermieter ist auch befugt, den Mieter abzumahnen, auf Unterlassung zu klagen und bei wiederholter Störung nach erfolgloser Abmahnung den Mietvertrag *fristlos* zu kündigen.

Dem *Mieter* steht ein außerordentliches *Kündigungsrecht* zu, wenn der Vermieter das mitgemietete Badezimmer *abschließt* und damit dem Mieter einen vertragsmäßigen Gebrauch der Wohnung teilweise entzieht (AG Darmstadt WM 78, 29).

Eine ältere Badewanne, die schon von mehreren Mietparteien benutzt wurde, weist zwangsläufig verschiedene *Abnutzungserscheinungen* auf. Der Mieter braucht die Kosten einer Neubeschichtung der Badewanne nicht zu tragen, wenn er eine Beschädigung der Emaillierung, die über den normalen Verschleiß durch vertragsmäßigen Gebrauch hinausgeht, nicht zu vertreten hat (LG Köln WM 85, 258). In der Rechtsprechung wurde als typische Abnutzungserscheinung eine Abstumpfung der Emaille infolge eines 12jährigen Gebrauchs der Badewanne angesehen. Der Vermieter muß solche typischen Abnutzungserscheinungen hinnehmen, auch wenn sich der Mieter verpflichtet hat, bei Auszug die Wohnung in renoviertem Zustand zurückzugeben (AG Köln WM 84, 197).

Zum vertragsmäßigen Gebrauch gehört auch das *Waschen von Wäsche* in der Badewanne. Zumindest vermochte das AG Ibbenbüren hierin keine vertragswidrige Benutzung der Wanne zu erkennen (WM 81, 13). Anders entschied das LG Duisburg (WM 75, 189). Das Gericht verurteilte den Mieter, die Badewanne auswechseln zu lassen, da er über einen längeren Zeitraum hinweg stark verschmutzte Wäschestücke unter Zugabe von chemischen Reinigungsmitteln in der Badewanne eingeweicht hatte, wodurch der Emailleüberzug der Wanne im unteren Drittel zerstört wurde.
→ Lärm.

Bagatellschäden
Rechtsgrundlagen: § 536 BGB
Das Gesetz verpflichtet den Vermieter, die Wohnung dem Mieter im gebrauchsfähigen Zustand zu überlassen und diesen Zustand auch während der gesamten Mietlaufzeit zu erhalten. Die Pflicht zur Instandhaltung der Mietsache und damit zugleich der Beseitigung von Schäden ist jedoch zumindest teilweise *abdingbar*, sie wird daher im Mietvertrag häufig dem Mieter auferlegt. Im Vertragstext steht in diesem Fall eine Klausel, die den Mieter zur *Kostenübernahme* für kleinere Instandsetzungen oder die Beseitigung von Bagatellschäden verpflichtet. Über die kostenmäßige Abgrenzung solcher Bagatellschäden besteht jedoch in der Praxis keine einheitliche Rechtsauffassung. Um Streit zu vermeiden, ist daher den Parteien zu empfehlen, schon bei Vertragsschluß die Ersatzpflicht des Mieters auf einen bestimmten Festbetrag zu begrenzen, so beispielsweise DM 50,-. Der Mieter braucht sodann die Kosten von Kleinreparaturen nur bis zu einer Höhe von DM 50,- zu tragen – selbstverständlich unter der Voraussetzung, daß ihn keinerlei Verschulden an dem entstandenen Schaden trifft. Hat der Vermieter den Schaden schuldhaft verursacht, muß er selbst die Instandsetzungskosten in voller Höhe tragen. Das gilt insbesondere für größere Reparaturen, sofern den Mieter kein Verschulden trifft.
In der Rechtsprechung wurde entschieden, daß kleine Instandsetzungen bzw. Bagatellschäden vorliegen, wenn die Reparaturkosten den Betrag von DM 100,- deutlich unterschreiten (AG Hamburg-

Blankenese WM 79, 189). Das AG Dortmund (WM 78, 8) beurteilte Reparaturkosten *bis zu DM 100,-* noch als Bagatellschaden. Dagegen hat das AG Bergisch-Gladbach (WM 76, 229) eine Schadensreparatur von DM 56,- schon nicht mehr als Bagatellfall angesehen. Fehlt die summenmäßige Begrenzung der Kleinreparaturen im Mietvertrag oder sonst jede Regelung über Instandsetzungskosten, entspricht es dem Grundsatz von Treu und Glauben und der Verkehrssitte, einen ersatzpflichtigen Betrag von *DM 50,-* nicht zu überschreiten.
→ Instandhaltung, Instandsetzung.

Balkon
Der Mieter kann einen zur Wohnung gehörenden Balkon nach Belieben nutzen und nach seinem persönlichen Geschmack ausstatten, soweit hierdurch die Rechte anderer Personen nicht geschmälert werden. Insbesondere hat der Mieter dafür zu sorgen, daß durch die Nutzung des Balkons keine Gefährdung der Hausbewohner und Straßenpassanten eintritt, so etwa beim Blumengießen, durch herabstürzende Blumentöpfe usw.
In der wärmeren Jahreszeit gehört das *Grillen* auf dem Balkon unter Benutzung eines Gartengrillgerätes nicht zum vertragsmäßigen Gebrauch der Wohnung, weil die Nachbarn dabei regelmäßig durch Rauch und Qualm belästigt werden (AG Hamburg MDR 73, 853).
Aus dem Umstand, daß der Balkon in den Herbst- und Wintermonaten nicht dauernd benutzbar ist, kann der Mieter keinerlei Rechte wegen erheblicher Gebrauchsminderung der Mietsache herleiten (LG Köln WM 75, 167).
Ist in Zusammenhang mit einem Mieterhöhungsverlangen (§ 2 Abs. 1 und 2 MHG) die Wohnfläche zu berechnen, so dürfen Balkonflächen höchstens mit der Hälfte ihrer tatsächlichen Flächengröße berücksichtigt werden (BayObLG WM 83, 254 – RE).
→ Mieterhöhung.

Bauliche Veränderungen durch den Mieter
Rechtsgrundlagen: §§ 547, 547a, 556 BGB
Bauliche Veränderungen innerhalb der Mietwohnung, die zugleich eine Änderung der Bausubstanz zur Folge haben, bedürfen grund-

sätzlich einer Zustimmung des Vermieters. Das gilt beispielsweise für einen Türdurchbruch, für das Einziehen von Zwischenwänden, die Installation einer Zentralheizung und dergleichen. Fehlt die Zustimmung, so kann der Vermieter spätestens bei Auszug des Mieters verlangen, daß der ursprüngliche Zustand der Mietsache wiederhergestellt wird. Eine Weigerung des Mieters berechtigt den Vermieter zur *fristlosen Kündigung*. Auch muß der Mieter für alle Schäden haften, die von ihm eigenmächtig durchgeführte Baumaßnahmen verursachen können, selbst wenn diese Schäden erst nach Abschluß der Baumaßnahmen auftreten (AG Bremerhaven WM 85, 114). Hat der Vermieter dagegen dem Mieter vorbehaltlos gestattet, z.B. einen Türdurchbruch in eine Trennwand zu schlagen, so kann er bei Auszug des Mieters keinen Kostenersatz für die Beseitigung der Baumaßnahme verlangen (AG Mannheim WM 77, 167).

Unter bestimmten Voraussetzungen sind bauliche Änderungen durch den Mieter jedoch erlaubt, auch wenn der Vermieter dieser Maßnahme nicht zugestimmt hat. Das gilt, wenn die Veränderungen der Bausubstanz eindeutig den Wohnwert verbessern oder im berechtigten Interesse sowohl des Mieters als auch des Vermieters liegen. So ist der Mieter beispielsweise befugt, am Haupteingang des Hauses einen zweiten Klingelknopf in einer Höhe anzubringen, die von seinen Kindern erreicht werden kann (AG Münster WM 83, 176). Allerdings besteht in diesem Fall die Verpflichtung, daß der Mieter bei seinem Auszug die zusätzliche Klingel beseitigt und den ursprünglichen Zustand auf seine Kosten wiederherstellt. Der Vermieter ist nach § 547 BGB verpflichtet, *notwendige Aufwendungen* des Mieters hinsichtlich der Erhaltung oder Wiederherstellung der Mietwohnung zu ersetzen. Eine berechtigte Ersatzforderung gegen den Vermieter entsteht allerdings nicht, wenn der Mieter die bauliche Veränderung lediglich im eigenen Interesse vorgenommen hat. Ersetzt der Mieter jedoch eine vorschriftswidrige Elektroinstallation durch vorschriftsmäßiges Neuverlegen der Leitungen, so muß der Vermieter die entstandenen Auslagen für den Elektriker erstatten. In diesem Fall hat die Baumaßnahme des Mieters zwar keine Werterhöhung der Mietsache bewirkt, sie entsprach jedoch dem Interesse und mutmaßlichen Willen des Ver-

mieters. Nach § 558 Abs. 1 BGB *verjähren* die Ersatzansprüche des Mieters hinsichtlich seiner Aufwendungen für bauliche Veränderungen schon *6 Monate* nach Beendigung des Mietverhältnisses. Berechtigte Forderungen sind also spätestens innerhalb dieses Zeitraums geltend zu machen.
→ Fristlose Kündigung; Instandhaltung, Instandsetzung; Mietermodernisierung.

Befristetes Mietverhältnis

Rechtsgrundlagen: §§ 564 Abs. 1, 564b Abs. 1 und 2, 564c Abs. 1, 568 BGB

Ein auf *bestimmte Zeitdauer*, z.B. 10 Jahre, festgelegtes Mietverhältnis endet ohne weiteres mit dem Ablauf der Zeit, für welche es eingegangen wurde, ohne daß hierzu eine besondere Kündigung erforderlich ist (§ 564 Abs. 1 BGB). Grundsätzlich können weder Mieter noch Vermieter einen befristeten Mietvertrag vorzeitig kündigen. Ausnahmen gelten nur bei Eintritt von Umständen, die eine außerordentliche Kündigung rechtfertigen, oder wenn der Mieter geeignete Nachfolgemieter benennt (LG Frankfurt WM 81, 10).

Der Ablauf einer vertraglich festgelegten Mietdauer beendet allerdings nicht in jedem Fall das bestehende Mietverhältnis. So kann der Mieter nach § 564c Abs. 1 BGB spätestens *2 Monate* vor Ablauf des Mietvertrages durch schriftliche Erklärung gegenüber dem Vermieter die Fortsetzung des Mietverhältnisses *auf unbestimmte Zeit* verlangen (AG Leverkusen WM 81, U 8). Der Vermieter muß diesem Verlangen zustimmen, sofern er kein berechtigtes Interesse an einer Beendigung des Mietverhältnisses hat oder geltend machen will.

Widerspricht der Vermieter dem Fortsetzungsverlangen des Mieters, so ist entscheidend, ob der Vermieter *berechtigte Interessen* an einer Kündigung infolge von Umständen nachweisen kann, die ihn auch zur Kündigung eines unbefristeten Mietverhältnisses nach § 564b Abs. 1 und 2 BGB berechtigen würden. Das Gesetz benennt *3* solcher Umstände: die schuldhafte, nicht unerhebliche Vertragsverletzung durch den Mieter (§ 564b Abs. 2 Nr. 1 BGB), den begründeten Eigenbedarf des Vermieters (Abs. 2 Nr. 2) oder erhebliche Nachteile mangels einer angemessenen wirtschaftlichen Ver-

wertung des Grundstücks (Abs. 2 Nr. 3). Kann und will der Vermieter das Fortsetzungsverlangen des Mieters ablehnen, muß er eine entsprechende schriftliche Erklärung spätestens 14 Tage nach Ablauf der Mietzeit gegenüber dem Mieter abgeben. Andernfalls verlängert sich der Mietvertrag gemäß § 568 BGB automatisch auf unbestimmte Zeit.
→ Zeitmietvertrag.

Belästigungen
Rechtsgrundlagen: § 564b Abs. 2 Ziff. 1 BGB
Verletzt der Mieter seine Vertragspflichten schuldhaft in erheblichem Umfang, so wird dem Vermieter vom Gesetz ein berechtigtes Interesse an einer *vorzeitigen Beendigung* des Mietverhältnisses zugebilligt. Das gilt auch dann, wenn die Voraussetzungen einer fristlosen Kündigung nach § 554a BGB nicht gegeben sind, der Vermieter also nur unter Fristsetzung gemäß § 564b BGB ordentlich kündigen kann. Die Voraussetzungen einer solchen Kündigung sind beispielsweise vorhanden, wenn der Mieter den Vermieter, dessen Haushalts- und Familienangehörige oder andere Hausbewohner auf unerträgliche Weise behelligt und belästigt. Gerichtlich entschiedene Fälle einer solchen Belästigung sind üble Nachreden unter Namensnennung, Streitsucht und tätliche Angriffe, fortgesetztes nächtliches Lärmen im Treppenhaus, Aushängen politischer Plakate, Verbreitung von Gerüchen und Schmutz, Benutzung der Wohnung zur Prostitution usw.
Der Mieter ist grundsätzlich auch für das Verhalten der *Haushaltsangehörigen* und seiner *Gäste* oder *Besucher* mitverantwortlich. Bei Belästigungen der Hausbewohner durch *schuldunfähige Kinder* haften die Eltern jedoch nur, wenn ihnen eine Verletzung der Aufsichts- und Erziehungspflichten nachgewiesen werden kann. Keine Belästigung im juristischen Sinne ist das Zusammenleben nicht verheirateter Personen im Rahmen einer auf Dauer angelegten *Wohngemeinschaft*. Dasselbe gilt bei häufigen, auch nächtlichen Besuchen des/der Verlobten, sofern dadurch keine Belästigung der anderen Hausbewohner eintritt (LG Aachen ZMR 73, 330).
Verursacht der Mieter die Störungen im Zustand der Schuldunfä-

higkeit, so etwa als *Geisteskranker*, ist eine außerordentliche Kündigung durch den Vermieter nur erlaubt, wenn die Grenzen der Zumutbarkeit einer Fortsetzung des Mietverhältnisses überschritten werden. Die Beweislast für das Vorliegen einer erheblichen Vertragsverletzung obliegt dem Vermieter.

→ Besucher des Mieters; Fristlose Kündigung; Wohngemeinschaft.

Besichtigungsrecht des Vermieters
Rechtsgrundlagen: §§ 227, 536 BGB, § 123 StGB
Die allgemeine *Verkehrssicherungspflicht* und die Verpflichtung, für den vertragsmäßigen Zustand der Mieträume während der Mietzeit Sorge zu tragen, berechtigen den Vermieter, die Wohnung in angemessenen Zeitabständen zu kontrollieren oder von einem Bevollmächtigten kontrollieren zu lassen. Der Vermieter darf sein *Besichtigungsrecht* allerdings nicht willkürlich ausüben. So ist es ihm nicht gestattet, ohne Vorliegen besonderer Gründe, wie etwa der dringenden Gefahrabwehr bei einem Wasserrohrbruch, gegen den Willen des Mieters die Wohnung zu betreten. Der Mieter hat das Recht, den Zutritt notfalls mit Gewalt zu verhindern (§ 227 BGB). Die Erzwingung des Zutrittsrechts entgegen einer konkret geäußerten Willenserklärung des Mieters oder bei dessen Abwesenheit erfüllt den Straftatbestand des *Hausfriedensbruchs* nach § 123 StGB (LG Berlin WM 80, 185).

Da auch der Mieter während der gesamten Mietdauer zur *Mängelanzeige* verpflichtet ist, billigt die Rechtsprechung dem Vermieter eine allgemeine Prüfungspflicht insbesondere der technischen Geräte und Einrichtungen in Abständen von etwa *2 Jahren* zu (BGH VersR 66, 82). Außerdem muß dem Vermieter die Möglichkeit einer Wohnungsbesichtigung wenigstens im letzten Monat der ablaufenden Mietzeit eingeräumt werden (AG Köln WM 80, 85). Das gilt vor allem, wenn der Mieter gekündigt hat, erhebliche Mietrückstände vorliegen und der Vermieter sein Pfandrecht durchsetzen will (§ 559 BGB).

Auf jeden Fall muß der Vermieter bei Ausübung seines Besichtigungsrechtes auf die Interessen des Mieters Rücksicht nehmen. So ist die Wohnungsbesichtigung durch den Vermieter, durch seinen Beauftragten oder gemeinsam mit diesem dem Mieter zumindest

42 Besichtigungsrecht des Vermieters

24 Stunden vorher anzukündigen (AG Neustadt/Rbge WM 79, 143). Von berufstätigen Mietern kann das Einverständnis zu einer Terminabsprache verlangt werden, falls zwischen der Verabredung und dem Besuchstermin *mindestens 4 Tage* liegen (AG Münster WM 82, 282). Verkehrssitte und gegenseitige Rücksichtnahme verpflichten andererseits den Mieter, das Betreten der Wohnung nach Voranmeldung während der üblichen Besuchszeiten zu gestatten, also *wochentags von 10 bis 13 Uhr und von 15 bis 18 Uhr sowie an Sonn- und Feiertagen von 11 bis 13 Uhr* (AG Braunschweig WM 81, U 19). Die Vereinbarung bestimmter Besichtigungszeiten im Mietvertrag bedeutet natürlich nicht, daß der Mieter sich zu diesen Zeiten ständig in der Wohnung aufhalten muß. Dagegen ist auch der berufstätige Mieter verpflichtet, getroffene Terminabsprachen für die Besichtigung einzuhalten. Insbesondere trifft ihn nach Kündigung des Mietvertrages die Pflicht, vorangekündigten Mietinteressenten die Wohnungsbesichtigung zu gestatten (AG Freiburg WM 83, 112). Dasselbe gilt, wenn der Vermieter das Grundstück veräußern will und den Besuch von Kaufinteressenten vorher anmeldet. *Verweigert* der Mieter grundlos das Zutrittsrecht, macht er sich dem Vermieter gegenüber *schadenersatzpflichtig*, wenn der Vermieter im Streitfall nachweisen kann, daß der Mieter durch sein ablehnendes Verhalten die rechtzeitige Neuvermietung vereitelt hat oder der Hausverkauf an einen potentiellen Interessenten deshalb nicht zustande kam (AG Bergisch-Gladbach WM 77, 27).
Bei grundsätzlicher Verweigerung darf der Vermieter sein Besichtigungsrecht nicht etwa mit Gewalt erzwingen. Er kann jedoch im Klageverfahren bewirken, daß der Mieter vom Gericht zur *Duldung* dieses Rechts verurteilt wird, bei dringenden Fällen auch durch Erlaß einer *einstweiligen Verfügung* (AG Heidelberg WM 80, 236). Die gerichtliche Durchsetzung seines Zutrittsrechts wurde jedoch einem Hauseigentümer verwehrt, der die Mieträume zwecks Abstellen der Heizkörper betreten wollte, nachdem der Mieter die Heizungskosten schuldig blieb (OLG Hamburg WM 78, 169). Auch darf der Vermieter keine Wertgegenstände aus einem verschlossenen Zimmer der Wohnung ohne Wissen und Zustimmung des Mieters entfernen (AG Dortmund WM 76, 18).
→ Hausfriedensbruch; Mängel der Mietsache.

Besucher des Mieters
Rechtsgrundlagen: §§ 550, 554a BGB; § 123 StGB
Grundsätzlich kann der Mieter Besucher und Gäste zu jeder Tages- und Nachtzeit, also *ohne zeitliche Begrenzung*, in beliebiger Zahl empfangen. Der Vermieter darf ihm darüber keinerlei Vorschriften machen. Im Bereich seiner Wohnung hat allein der Mieter das Hausrecht; es erstreckt sich auch auf die *Zugänge zur Wohnung*, so beispielsweise Flur und Treppenhaus. Auf längere Zeit (etwa 6–8 Wochen) angelegte Besuche bedürfen gleichfalls keiner besonderen Genehmigung durch den Vermieter, sofern der Besucher nicht für dauernd in den Haushalt aufgenommen wird, kein Untermietverhältnis entsteht und damit auch keine fortwährende Überbelegung der Wohnung eintritt (LG Mannheim WM 73, 5). Die gelegentliche Beherbergung von Besuchern ist auch dann keine unerlaubte Gebrauchsüberlassung im Sinne von § 550 BGB, wenn dem Besucher ein Hausschlüssel zur Verfügung steht und kurzfristige Überbelegung eintritt (AG Dortmund WM 82, 86).
Wird dem Mieter verboten, *Damenbesuch* über Nacht aufzunehmen, so liegt darin eine erhebliche Beschränkung des Rechts zum ungestörten Mietgebrauch, die den Mieter zur *fristlosen Kündigung* des Mietvertrags berechtigen würde (LG Duisburg WM 75, 123). Das gilt auch, wenn der Vermieter dem Mieter untersagt, nach *22.00 Uhr* Besuch zu empfangen und der Vermieter spätere Besucher persönlich aus dem Haus verweist. Dem Mieter ist unter diesen Umständen eine Fortsetzung des Mietverhältnisses nicht länger zumutbar (AG Köln WM 83, 59). Überhaupt wird *sittlichen Bedenken* des Vermieters oder der Hausbewohner gegen häufige Besuche des Mieters durch Personen des anderen Geschlechts in der Rechtsprechung keine Bedeutung zuerkannt. Jede anderslautende Vorschrift, sei es mündlich oder im Mietvertrag, verstößt nach einmütiger Auffassung der Gerichte gegen Artikel 2 des Grundgesetzes, der jedem das Recht auf freie Entfaltung seiner Persönlichkeit garantiert (AG Köln WM 75, 191; AG Wiesbaden WM 72, 46). Das Verbot nächtlicher Damen- oder Herrenbesuche ist auch dann nichtig, wenn der Vermieter hierfür einen Mietpreisnachlaß einräumt (AG Tübingen WM 79, 77).
Besuchsbeschränkungen gelten allerdings nicht in jedem Fall als

unzulässig. Liegen besonders schwerwiegende Gründe in der Person des Besuchers vor, kann der Vermieter ein *Hausverbot* aussprechen, dem Besucher also das Betreten seines Hauses und des Grundstücks untersagen (§ 903 BGB). Hält sich der ausgesperrte Besucher nicht an das Hausverbot, steht dem Vermieter das Recht zu, Strafantrag wegen *Hausfriedensbruch* zu stellen (§ 123 StGB) oder zivilrechtlich Unterlassungsklage zu erheben. Die Gerichte lassen Einschränkungen des Besuchsrechts dann zu, wenn der Besucher oder die Besucherin die guten Sitten gefährden, die übrigen Hausbewohner ernsthaft belästigt werden und an dem Verhalten dieser Person zu Recht Anstoß nehmen, so z.B. bei häufigen Besuchen einer ortsbekannten Prostituierten, bei Abhaltung von Versammlungen verbotener politischer Parteien in der Wohnung des Mieters usw. Eine auf Störung des Hausfriedens nach § 554a BGB abzielende Klage ist jedoch unbegründet, wenn sich vor dem Miethaus abspielende Tätlichkeiten nicht gegen den Vermieter richten, sondern interne Auseinandersetzungen zwischen den Besuchern des Mieters sind (AG Hagen WM 79, 15).
Will der Mieter für längere Zeit oder auf Dauer Verwandte oder sonstige Angehörige in seinen Haushalt aufnehmen, muß der Vermieter seine Genehmigung hierzu vorher erteilen. Bei *Familienzusammenführungen* (Aufnahme der Ehefrau, der Eltern oder Kinder) kann der Vermieter seine Zustimmung in der Regel nicht verweigern.

→ Hausfriedensbruch.

Betriebskosten (Definition)
(Rechtsgrundlagen: § 536 BGB; § 27 II.BV
Als *Betriebskosten (Nebenkosten)* bezeichnet man sämtliche Aufwendungen, die dem Haus- oder Wohnungseigentümer durch sein Grundstück und in Verbindung mit der bestimmungsgemäßen Nutzung des Mietshauses sowie aller Anlagen und Einrichtungen auf dem Grundstück fortlaufend entstehen. Nach *Anlage 3* zu § 27 Abs. 1 der II. Berechnungsverordnung gehören zu den Betriebs- oder Nebenkosten die laufenden öffentlichen Lasten, insbesondere die Grundsteuer, die Wasserkosten einschließlich der Zählermiete, die Kosten der Heizung sowie Warmwasserbereitung, die

Kosten eines Personen- oder Lastenaufzugs, die Gebühren für Straßen- und Hausreinigung, Müllabfuhr sowie Ungezieferbekämpfung, die Kosten der Gartenpflege, die Schornsteinfegergebühren, ferner die Kosten der Sach- und Haftpflichtversicherungen für Haus und Grundstück, die Kosten für den Hauswart, die Gemeinschaftsantenne und für den Betrieb einer maschinellen Wascheinrichtung sowie die Stromkosten der Hausbeleuchtung.
Die fortlaufend entstehenden Betriebskosten fallen nach § 536 BGB grundsätzlich dem Vermieter zur Last. Die Vorschrift ist jedoch *abdingbar*, sie kann also durch anderslautende Vereinbarungen ersetzt werden. In der Praxis werden die Nebenkosten regelmäßig auf den Mieter umgelegt. Das geschieht entweder durch pauschale Berücksichtigung der Aufwendungen im Rahmen der Mietzinskalkulation oder durch periodische Einzelabrechnung neben dem Grundmietpreis (Kaltmiete) unter Anwendung eines bestimmten *Verteilungsschlüssels* (AG Remscheid WM 85, 255). Damit wird dem unterschiedlichen Verbrauch der Mietparteien Rechnung getragen (AG Dietz WM 81, U 3).

Betriebskosten - Vereinbarung und Umlage
Rechtsgrundlagen: § 4 MHG; § 27 II.BV; § 535 BGB
Die *Erhebung* von Betriebskosten (Nebenkosten) und ihre *Umlage* auf den Mieter ist nur aufgrund einer klaren und eindeutigen Vertragsvereinbarung zulässig (LG Stade WM 81, U 15; AG Köln WM 79, 48). Enthält der Mietvertrag keine Absprachen darüber, welche Partei die Mietnebenkosten letztlich zu tragen hat, soll nach der Rechtsprechung für die Kostenübernahme maßgebend sein, ob derartiger Aufwand – für den Mieter erkennbar – in den Mietzins einkalkuliert wurde (AG Waldshut-Tiengen WM 79, 14). Ansonsten ist davon auszugehen, daß die Nebenkosten bereits im Mietpreis enthalten sind und eine zusätzliche Kostenumlage auf den Mieter somit ausscheidet. Wurde im Mietvertrag nur die Umlage der *verbrauchsbezogenen* Betriebskosten vereinbart, sind hierunter ausschließlich die Kosten für Strom, Wasser, Kanalbenutzung und Müllabfuhr zu verstehen (AG Augsburg WM 84, 230). Im Zweifelsfall hat der Vermieter, der den Vertrag einbringt, die Nebenkosten allein zu bezahlen (AG Heidelberg WM 81, U 22).

Nach anderer Rechtsauffassung soll der Mieter bei Unklarheiten in der Nebenkostenregelung auf jeden Fall verpflichtet sein, die ortsüblichen, vom Verbrauch abhängigen Nebenkosten zu tragen (LG Braunschweig WM 82, 300).

Das gilt beispielsweise nicht für einen unentgeltlich *Wohnberechtigten*. Dieser braucht nach einer Eigentumsübertragung des Wohnhauses im Wege der Vorerbfolge – zumindest wenn entsprechende Vereinbarungen fehlen – keine Betriebskosten zu ersetzen, wenn die Bestellung des »Altenteils« (Wohnberechtigung zuzüglich Leibrente) Versorgungscharakter hat (AG Bochum WM 84, 301).

Wurde im Mietvertrag vereinbart, daß der Mieter die Betriebskosten *zusätzlich,* also neben der Grundmiete, bezahlen soll, ist nach mehrheitlicher Auffassung in der Rechtsprechung im einzelnen genau festzulegen, welche Kosten tatsächlich auf den Mieter zukommen werden (LG Stade WM 81, U 15; AG Ahrensburg WM 76, 255). So reicht etwa die bloße Bezugnahme im Formularmietvertrag auf *Anlage 3* des § 27 II.BV nicht aus, eine rechtswirksame Nebenkostenvereinbarung zu begründen (LG München I WM 84, 106). Nach der hier vertretenen Rechtsmeinung kann der Mieter normalerweise nichts mit einem Hinweis auf die Berechnungsverordnung anfangen. Er hat somit auch keine genaue Vorstellung davon, welche Kosten im einzelnen auf ihn umgelegt werden (AG Münster WM 83, 239). Einem *Formularmietvertrag* ist daher in jedem Fall die Anlage 3 von § 27 II.BV beizufügen (LG Hamburg WM 82, 86). In neuerer Zeit wurde allerdings durch Rechtsentscheid bestimmt, daß bei Vertragsschluß auf eine nähere Erläuterung oder Beifügung der Anlage 3 des Betriebskostenkatalogs von § 27 II.BV verzichtet werden könne, falls der Vermieter sich auf diese Vorschrift beruft und zugleich einen genauen Vorauszahlungsbetrag angibt, den der Mieter monatlich als Kostenumlage zu zahlen hat (BayObLG WM 84, 104 – RE).

Die vertragliche Vereinbarung »neben der Miete sind monatlich zu entrichten für allgemeine Haus- und Nebenkosten einschließlich Liftgebühr, Hausmeister, à-conto DM z. Zt. . . .« gilt, da sie nicht hinreichend klar formuliert ist, nicht als rechtswirksame Vertragsabsprache. Diese Vertragsklausel ist vielmehr dahingehend auszulegen, daß der zu zahlende Monatsbetrag als Pauschale sämtliche

Nebenkosten abgelten soll (LG Aachen WM 82, 254). Ebenso ist eine Bestimmung im Mietvertrag »sonstige Nebenkosten nach Anfall« unwirksam, denn sie überläßt es dem Belieben des Vermieters, welche Kosten er auf den Mieter umwälzen möchte und welche nicht (AG Augsburg WM 81, U 19).

Deckt bei *öffentlich gefördertem Wohnraum* der in einer Durchschnittsmiete enthaltene Ansatz für umlagefähige Betriebskosten den tatsächlichen Aufwand nicht ab, ist eine Vertragsänderung erforderlich, wenn der Vermieter die Kostendifferenz neben der Durchschnittsmiete umlegen will (AG Bergheim WM 83, 206). Hat der Mieter *irrtümlich* eine im Mietvertrag nicht genannte Betriebskostenzahlung geleistet, so stellt die Zahlung kein verpflichtendes Schuldanerkenntnis des Mieters dar, soweit nicht entsprechende ausdrückliche Erklärungen abgegeben wurden (LG Wiesbaden WM 81, 86). Der Mieter einer steuerbegünstigten, mit Aufwendungsdarlehen geförderten Wohnung kann Zahlungen, die er für nicht umlagefähige Betriebskosten aufgewendet hat, auch zurückfordern (AG Kassel WM 83, 207). Weiterhin ist der Mieter zur Anfechtung der seinen Zahlungen zugrundeliegenden Erklärungen befugt, wenn er jahrelang vertraglich nicht vereinbarte Betriebskosten nach Aufforderung durch den Vermieter erbracht hat. Im Streitfall ergab sich aus einer später erfolgten Beratung über die Rechtslage, daß er eine entsprechende Zahlungsverpflichtung irrtümlicherweise übernommen hatte (AG Eutin WM 82, 114).

Zahlt der Mieter über mehrere Jahre hinweg ohne mietvertragliche Verpflichtung anteilig die Kosten der *Gartenpflege* durch den Vermieter, so endet die stillschweigende Erweiterung des umlagefähigen Nebenkostenkatalogs, wenn der Vermieter einem Dritten (hier: Gartenbaufirma) mit der Pflege des Gartens beauftragt und ihm dadurch höhere Kosten als bisher entstehen (AG Brühl WM 85, 344).

Andererseits bildet sich bei vorbehaltloser Zahlung nicht im Mietvertrag erwähnter Betriebskosten über wenigstens *3* Abrechnungsperioden hinweg der Anschein eines *rechtsgeschäftlichen Willens*. Mit diesem Verhalten schafft der Mieter einen Vertrauenstatbestand, an den er auch für die Zukunft gebunden ist (AG Wuppertal WM 85, 343). So gilt z. B. die anteilige Umlegung der Grundgebühren des *Stromzählers* als vereinbart, wenn neben dem Mietzins »Elektro« zu zahlen ist, der Vermieter 22 Monate lang die Grundgebühren kassiert hat und der Mieter dem nicht widersprach (AG Friedberg/Hessen WM 81, U 22). Die gegenteilige Rechtsauffassung vertritt das LG Wiesbaden (WM 81, U 5). Wenn ein Mieter nicht geschuldete Nebenkosten jahrelang zahlte infolge der *irrtümlichen* Annahme, der Vermieter rechne vertragsgemäß ab, ist nach Gerichtsmeinung eine rechtswirksame Absprache über weitergehende Umlagefähigkeit von Betriebskosten durch schlüssiges Verhalten *nicht* zustandegekommen; hier fehlt es am erforderlichen Geschäftswillen. Dasselbe gilt, wenn der Mieter *rechtsirrig* glaubt, die Kosten zu schulden (OLG Hamm WM 81, 62). Akzeptiert der Mieter dagegen über einen längeren Zeitraum hinweg Betriebskostenumlagen je nach Umfang und Spezifizierung entgegen den schriftlichen Vereinbarungen im Mietvertrag, so ist eine schlüssige Vertragsänderung zustande gekommen (AG Köln WM 81, U 23). Der Vermieter kann den Aufwand der eigenen *Hausmeistertätigkeit* nicht als Betriebskosten auf den Mieter umlegen (LG Wiesbaden WM 84, 82). Auch die *Hausverwaltungskosten* sind keine echten Betriebskosten, sondern als Vermögensverwaltungskosten des Vermieters nicht umlagefähig (AG Burgwedel WM 83, 182; AG Braunschweig WM 81, U 14). Die Kosten für das Ablesen von *Wärmemeßgeräten* und die Erstellung der *Heizkostenabrechnung* hat der Mieter nur zu tragen, wenn dies ausdrücklich im Mietvertrag vorgesehen ist (AG Bergheim WM 83, 123; AG Köln WM 83, 239). Nicht zu den umlagefähigen Betriebskosten gehören die *Erbbauzinsen* (AG Frankfurt WM 83, 149). Auch die *Grundsteuer* zählt nicht zu den öffentlichen Abgaben, die allgemeiner Übung entsprechend als »übliche Hausabgaben und Nebenkosten« dem Mieter auferlegt werden können (OLG Celle WM 83, 291).

Betriebskostenabrechnung
Rechtsgrundlagen: §§ 259, 535 BGB; § 4 MHG; § 20 NMV 1970 n. F. Der Vermieter hat nach § 4 MHG bzw. § 20 Abs. 3 NMV 1970 n. F. über die Betriebskosten, den Umlegungsbetrag und die Vorauszahlungen des Mieters *jährlich* eine ordnungsgemäße schriftliche *Abrechnung* zu erstellen. Die Jahresabrechnung ist dem Mieter späte-

stens bis zum Ablauf des *9. Monats* nach Ende des Abrechnungszeitraums zuzuleiten. Willkürlich festgesetzte kürzere oder längere Abrechnungszeiträume sind als Rechtsgrundlage für Nebenkostenforderungen nicht zulässig (AG Friedberg/Hessen WM 83, 239).

Um der Abrechnungspflicht Genüge zu leisten, hat der Vermieter außerdem bestimmte *Formvorschriften* zu beachten. Die ordnungsgemäße Nebenkostenabrechnung muß insbesondere klar und verständlich sein; sie hat die einzelnen umlagefähigen Ausgabeposten zu verzeichnen und die Daten der Rechnungstellung oder -zahlung auszuweisen (AG Bensheim WM 80, 232). Dieselben Anforderungen werden auch an formblattmäßige Abrechnungen einer Wärmemeßdienstfirma gestellt (AG Velbert und AG Hanau WM 80, 136). Mit dem *Computer gefertigte Abrechnungen* sind nur dann ordnungsgemäß, wenn der Laie sie ohne fremde Hilfe selbst überprüfen kann (AG Hamburg-Wandsbeck WM 80, 236).

Eine Nebenkostenabrechnung ist *rechtsunwirksam,* wenn der Vermieter nur den Gesamtbetrag angibt und der Mieter die Einzelposten erst unter Hinzuziehung der Vertragsklauseln, Flächenberechnungen und anderer Rechenhilfsmittel feststellen kann. Vielmehr hat der Vermieter in seiner Abrechnung den verwendeten *Umlageschlüssel* für die Kosten, den Gesamtaufwand und alle zutreffenden Einzelbeträge zu benennen, aus denen sich der jeweilige Kostenanteil des Mieters ohne Überforderung der normalerweise vorauszusetzenden Kenntnisse und Fähigkeiten ermitteln läßt (AG Celle WM 81, U 6).

Die jährliche Abrechnungspflicht besteht auch dann, wenn die Abrechnungsunterlagen auf dem Postweg zum Mieter verloren gegangen sind. In diesem Fall muß der Vermieter mittels der ihm verbliebenen Belege und Durchschriften die Unterlagen erneut anfertigen (AG Kassel WM 84, 90). Hinsichtlich der Anforderungen an eine Betriebskostenabrechnung, die eine Abrechnungsfirma mit Computerhilfe für eine Wohnanlage erstellt, wird auf das Urteil des LG Freiburg vom 5. 4. 1983 (WM 83, 265) verwiesen.

Legt der Vermieter eine ordnungsgemäße und ohne weiteres nachvollziehbare Nebenkostenabrechnung vor, so genügt es, wenn er dem Mieter anbietet, die Berechnungsunterlagen und Belege *ein-*

zusehen. Eine Zusendung der Unterlagen an den Mieter ist dann nicht erforderlich (AG Köln WM 82, 114). Bei großer räumlicher Entfernung kann dabei dem Vermieter zugemutet werden, daß er die Rechenunterlagen am *Wohnort des Mieters* zur Einsichtnahme vorlegt, zumal wenn die Wohnung zu einer großen Wohnanlage gehört (LG Freiburg WM 81, U 5). Haben die Parteien für die Vorlage keinen bestimmten Ort vereinbart, hat der Mieter einen Anspruch darauf, daß die Einsichtnahme *in seiner Wohnung* erfolgt (LG Hanau WM 81, 102). Auf jeden Fall ersetzt das Angebot der Einsichtnahme keineswegs die Pflicht des Vermieters, eine prüfungsgeeignete Kostenabrechnung zu erstellen und vorzulegen (AG Mühlheim-Ruhr WM 80, 112). Für die Einsichtnahme in die Nebenkostenunterlagen kann der Mieter auch eine Person seines Vertrauens hinzuziehen, so beispielsweise einen in Mietsachen erfahrenen Rechtsanwalt (AG Bochum WM 80, 162).

Verlangt der Mieter Einsichtnahme in die Abrechnungsunterlagen des Vermieters, braucht er so lange *keine Zahlungen* zu leisten, bis ihm der Vermieter eine ordnungsgemäße Abrechnung vorlegt bzw. die Einsichtnahme in die Unterlagen gestattet (AG Dortmund WM 80, 241). Zögert der Vermieter dagegen die Nebenkostenabrechnung grundlos hinaus, oder legt er eine nicht ordnungsgemäße Abrechnung vor, kann der Mieter auch ein *Zurückbehaltungsrecht* an der Mietzinszahlung geltend machen (LG Wuppertal WM 82, 142). Eine Kostenabrechnung ist schon dann nicht mehr ordnungsgemäß, wenn verschiedene Kostenarten unter einem Deckbegriff zusammengefaßt wurden (AG Köln WM 80, 85). Andererseits braucht der Mieter nicht mit weiteren Kostenforderungen zu rechnen, wenn der Vermieter die umlagefähigen Kosten genau aufzählt (AG Springe WM 80, 40).

Der Anspruch des Vermieters auf Zahlung von Nebenkosten durch den Mieter ist *verwirkt,* wenn der Vermieter seine Kostenabrechnung längere Zeit hinausschiebt und der Mieter sich bei objektiver Betrachtung darauf einrichten darf, daß keine Zahlungen mehr von ihm gefordert werden. Ein verspätet erhobener Anspruch würde ansonsten gegen den Grundsatz von Treu und Glauben verstoßen. Ob diese Voraussetzung zutrifft, ist primär von den Umständen des Einzelfalls abhängig (OLG Karlsruhe WM 81, 271 - RE). Die

Verjährung von Nebenkostenforderungen tritt jedoch erst ein, wenn seit Ende des Jahres, in dem der Anspruch entstand, *4 Jahre* vergangen sind. Nach Ablauf dieses Zeitraums braucht der Mieter länger zurückliegende Kostenforderungen, für die keine Verwirkung eingetreten ist, nicht mehr zu bezahlen.

Betriebskostenpauschale
Rechtsgrundlagen: § 535 BGB; § 4 MHG
Anstelle laufender Vorauszahlungen zur Abgeltung von Betriebs- oder Nebenkosten können die Vertragsparteien auch monatliche *Pauschalzahlungen* vereinbaren. Die Zahlung einer Kostenpauschale bewirkt, daß hiermit alle tatsächlich entstehenden Nebenkosten abgegolten sind. Der Vermieter verzichtet auf eine Kostenerstattung nach Verbrauch mit der Folge, daß die sonst erforderliche Schlußabrechnung zum Jahresende wegfällt. Das Risiko, ob seine Aufwendungen durch die Pauschalzahlungen des Mieters in voller Höhe abgedeckt werden, trägt also der Vermieter. Der Mieter ist jedenfalls von der *Nachzahlungspflicht* befreit, wenn die Pauschale zur Kostendeckung nicht ausreicht. Andererseits hat der Mieter keinen Anspruch auf Rückerstattung schon gezahlter Beträge, wenn die Pauschalleistung die tatsächlich entstandenen, umlagefähigen Nebenkosten übersteigt (LG Hamburg WM 76, 229). Bildet sich jedoch im Laufe der Mietzeit durch nicht vorhersehbare Umstände (z. B. Ölpreissteigerung) ein krasses Mißverhältnis zwischen Leistung und Gegenleistung, kann nach Überschreiten der Zumutbarkeitsgrenze eine Vertragsanpassung vorgenommen werden (LG Darmstadt WM 81, U 23; LG Lübeck WM 80, 256).
Eine *Änderung* der vereinbarten Nebenkostenpauschale ist nicht einseitig durch den Vermieter möglich; sie kann nur erfolgen, wenn die Mietparteien zustimmen (AG Köln WM 80, 40). Wurde jedoch im Mietvertrag ausdrücklich ein *Anpassungsvorbehalt* vereinbart, kann der Vermieter die Nebenkostenpauschale auch gegen den Willen des Mieters erhöhen (AG Braunschweig WM U 2). Eine zulässige Aufstockung der Pauschale setzt nach § 4 Abs. 2 MHG voraus, daß dem Mieter anhand einer Differenzberechnung durch Gegenüberstellung der bisherigen Kosten und des erhöhten

Aufwands die zusätzliche Umlage begründet, erläutert und auch nachgewiesen wird (LG Darmstadt WM 82, 307; LG Köln WM 82, 301).
Dadurch, daß der Mieter womöglich jahrelang nicht geschuldete Betriebskosten zahlt, entsteht noch keine Vertragsanpassung im Sinne einer erhöhten Kostenumlage (AG Hamburg WM 81, 21; AG Walsrode WM 79, 12). Dasselbe gilt, wenn trotz vereinbarter Kostenpauschale der Mieter eine vom Vermieter geforderte Nachzahlung leistet. Die Pauschale wird dadurch nicht in eine Nebenkostenvorauszahlung umgewandelt. Eine solche Umwandlung kann nur erfolgen, wenn der Vermieter gleichzeitig mit der Nachzahlungsforderung auf eine entsprechende Änderung der Pauschalvereinbarung im Mietvertrag drängt und der Mieter durch schlüssiges Handeln, nämlich Zahlung des geforderten Mehrbetrages, dieser Änderung ausdrücklich zustimmt (LG Münster WM 78, 230).

Betriebskostenumlage – Verteilungsschlüssel
Rechtsgrundlagen: §§ 315, 535 BGB; § 4 MHG
Um alle für die Mietwohnung entstehenden, umlagefähigen Betriebs- und Nebenkosten nach *billigem Ermessen,* das heißt möglichst gerecht zu verteilen, hat der Vermieter bei der Kostenabrechnung einen bestimmten *Verteilungsschlüssel* anzuwenden. Dabei stehen ihm verschiedene Möglichkeiten zur Wahl. So kann der Vermieter die Kosten nach der *Quadratmeterzahl* der Gesamtwohnfläche, nach der *Personenzahl* der Haushaltsangehörigen, nach *Kubikmeterzahl* des umbauten Raumes oder nach dem *Einzelverbrauch* jedes Mieters aufteilen. Der Umlagemaßstab wird üblicherweise im Mietvertrag festgelegt. Bei den verbrauchsabhängigen Kosten der Heizung und Warmwasserversorgung aus zentralen Anlagen – einschließlich Fernwärme und Fernwarmwasser – kommt jedoch eine gesetzliche Sonderregelung zur Anwendung, nämlich die *Verordnung über Heizkostenabrechnung* vom 23. 2. 1981 (HeizKVO).
Einen im Mietvertrag festgelegten oder nach langjähriger Übung angewendeten Verteilungsschlüssel kann der Vermieter nicht einseitig *ändern* (LG Köln WM 82, 55 und WM 77, 93). Das gilt auch für den Fall, daß sämtliche Mieter einer derartigen Änderung

zustimmen würden (AG Gummersbach WM 79, 27). Ist der Vermieter jedoch laut Mietvertrag berechtigt, den Umlageschlüssel für Betriebskosten einseitig neu festzulegen, darf eine solche Änderung nur für die Zukunft erfolgen. Auch muß der Mieter vor Beginn eines Abrechnungsjahres darüber informiert werden, daß künftig ein anderer Verteilungsschlüssel angewendet wird; andernfalls bleibt es bei der vorherigen Regelung (AG Hamburg WM 83, 2).
Wurde für die verbrauchsabhängigen Nebenkosten (Wasser, Wasserentsorgung, Müll) *kein* bestimmter Verteilungsschlüssel im Mietvertrag bestimmt, so hat die Kostenumlage nach *billigem Ermessen* zu erfolgen, das heißt, sie muß sachgerecht, möglichst am Verbrauch oder anderen objektiven Merkmalen orientiert und für alle Mieter gleich sein. Diesen Anforderungen genügt im allgemeinen der *Flächenmaßstab,* also die Kostenumlage nach dem Verhältnis der verschiedenen Wohnflächengrößen (OLG Hamm WM 83, 315 – RE).»Unbillig« wäre der Verteilungsmaßstab nach der Quadratmeterzahl der Wohnfläche jedoch dann, wenn er bei Umlage von *Wasserverbrauchskosten* angewendet würde. Hier spielt zwar auch die Größe des Wohnraums eine gewisse Rolle, in erster Linie kommt es jedoch auf die Zahl der verbrauchenden Personen an (AG Gelsenkirchen WM 80, 244; LG Hannover WM 78, 123).
Auf *leerstehende Wohnungen* im Mietshaus nach der Flächengröße umgelegte Betriebskostenanteile fallen dem Vermieter selbst zur Last; er darf diese Kosten nicht auf die Mieter abwälzen (AG Hamburg WM 80, 256). Dasselbe trifft für den Kostenanteil der Wohnung zu, die der Vermieter im eigenen Haus bewohnt. Die Wohnfläche der Vermieterwohnung ist in die Gesamtquadratmeterzahl der Wohnflächen aller Mietwohnungen einzubeziehen. Entspricht die Umlage der verbrauchsabhängigen Nebenkosten nach der Wohnflächengröße billigerweise nicht den gegebenen Verhältnissen, ist nach der Personenzahl der Mieterhaushalte abzurechnen. Allerdings kann auch ein anderer Verteilungsschlüssel nach langjähriger Übung als vereinbart gelten (AG Kassel WM 80, 162).

Betriebskostenvorauszahlung

Rechtsgrundlage: §§ 242, 535 BGB; § 20 Abs. 4 NMV n.F.; § 10 WoBindG

Die Verpflichtung des Mieters, *Vorauszahlungen* auf die Betriebskosten zu leisten, ergibt sich nicht schon aus dem Gesetz oder dem Grundsatz von Treu und Glauben, sondern nur aufgrund einer ausdrücklichen Vereinbarung zwischen den Parteien im Mietvertrag (AG Köln WM 82, 307). Der Vermieter muß demnach eine möglichst kostendeckende Vorschußleistung des Mieters für die anfallenden Betriebskosten im Sinne von § 27 II.BV bei Vertragsabschluß aushandeln. Hierzu ist der Vermieter nach § 4 Abs. 1 MHG ausdrücklich berechtigt, sofern die Höhe der Vorschüsse angemessen ist. Über die Vorauszahlungen ist dann jeweils zum Jahresende eine *Schlußabrechnung* zu erstellen. Haben sich die Betriebskosten im Verlaufe des Jahres *erhöht,* kann der Vermieter die Mehrkosten durch schriftliche Erklärung mit Angabe des Grundes der Umlage auf den Mieter anteilig umlegen. Der Mieter hat sodann die Kostendifferenz nachzuzahlen. *Ermäßigen* sich jedoch die Betriebskosten, ist der Mieter nach entsprechender Information durch den Vermieter befugt, den Mietpreis und damit auch die künftigen Vorauszahlungen herabzusetzen. Die Vorauszahlungen *enden,* wenn der Mieter auszieht. Nach dem Auszug können zumindest verbrauchsabhängige Nebenkosten für den Mieter nicht mehr entstehen. Das gilt auch dann, wenn der Auszug schon vor Ablauf der Kündigungsfrist stattfindet (LG Essen WM 80, 178).

Angemessen ist eine Vorschußleistung dann, wenn sie die zu erwartenden Gesamtkosten in etwa abdeckt (AG Solingen WM 84, 195). Wird dagegen die Vorauszahlung zu niedrig bemessen, darf der Vermieter eine Nachzahlung des Unterschiedsbetrages nur verlangen, wenn der Anstieg der tatsächlichen Kosten seit dem vorangegangenen Abrechnungszeitraum eingetreten ist. Der Mieter sollte demnach bei Vertragsschluß nicht ohne weiteres darauf vertrauen, daß die vereinbarten Vorschußzahlungen in etwa die entstehenden Kosten abdecken werden. Einer Nachforderung von Nebenkosten durch den Vermieter steht jedenfalls nichts im Wege, auch wenn der Nachforderungsbetrag den Betrag der Vorauszahlungen übersteigt. Die sich aus der Schlußabrechnung erge-

bende Nachzahlungsforderung ist jedenfalls nicht auf einen bestimmten Prozentsatz der Vorauszahlungen beschränkt (OLG Stuttgart WM 82, 272 - RE).
Aus den Zahlungsvereinbarungen im Mietvertrag geht mitunter nicht hervor, wie sich der Vorauszahlungsbetrag im einzelnen zusammensetzt. Um die Angemessenheit des monatlichen Vorschußbetrages festzustellen, kann in diesem Fall der Mieter eine betragsmäßige *Aufschlüsselung* der einzelnen Nebenkosten vom Vermieter verlangen (AG Wuppertal WM 83, 239).
Nach § 4 Abs. 1 MHG hat der Vermieter über die vom Mieter geleisteten Vorauszahlungen *jährlich* abzurechnen. Die formularvertragliche Absprache eines kürzeren als des jährlichen Abrechnungszeitraums für Betriebskosten ist rechtsunwirksam (AG Waldshut-Tiengen WM 85, 349). Rechnet der Vermieter die entstandenen Kosten nicht innerhalb einer angemessenen Frist ab, besteht für den Mieter jedoch kein Anlaß zu der Annahme, daß der Vermieter auf seine Forderungen verzichtet habe, die ihm über die geleisteten Vorschußzahlungen zustehen (LG Saarbrücken WM 85, 349).
Ist der Vermieter laut Mietvertrag berechtigt, die Kostenvorschüsse des Mieters durch *einseitige Erklärung* auf ein angemessenes Niveau anzuheben, so muß über die bislang entstandenen Kosten sofort abgerechnet werden (AG Köln WM 83, 59 und WM 82, 139), falls der Vermieter die Vorauszahlungen aufstocken will. Als Vorbedingungen hierfür gilt, daß die Erhöhung der Vorschüsse dem Mieter im Detail ausführlich begründet wird. Dies geschieht durch Gegenüberstellung des Erhöhungsbetrages der einzelnen Mietwohnung mit dem Erhöhungsbetrag der gesamten Wirtschaftseinheit, z. B. eines Wohnblocks (AG Münster WM 80, 256). Die Angemessenheit der verlangten Vorauszahlungen muß für den Mieter auf jeden Fall rechnerisch nachvollziehbar und überprüfbar sein (AG Köln WM 80, 42). Hierzu kann auch die Vorlage der nachprüfbaren Nebenkostenabrechnungen aus früheren Jahren dienen (AG Köln WM 80, 64). Eine Erhöhung von Nebenkostenvorauszahlungen darf allerdings nicht auf der Grundlage einer fehlerhaften Abrechnung erfolgen (AG Köln WM 80, 185). Jedenfalls ist der Mieter berechtigt, bis zum Eingang der fälligen, ordnungsgemäß

erstellten Abrechnung die Leistung weiterer Vorauszahlungen zu verweigern (AG Bad Bramstedt WM 80, 244). Andererseits hat der Mieter einen Anspruch auf Senkung von zu hoch vereinbarten Betriebskostenvorauszahlungen (AG Köln WM 80, 65). Die rückwirkende Geltendmachung einer Nebenkostenvorauszahlung nach Ablauf des Mietverhältnisses – im Streitfall 22 Monate nach dem Auszug des Mieters – ist unzulässig (LG Tübingen WM 80, 29).

Bei *Sozialwohnungen* muß die jährliche Abrechnung der Nebenkosten unverzüglich erfolgen, sobald der Vermieter erfährt, daß sich die Gesamtkosten gegenüber den Vorauszahlungen des Abrechnungszeitraums erhöht haben und diese die tatsächlich entstehenden Kosten nicht mehr decken. Erfolgt die Erhöhung der Betriebskosten für ihn selbst *rückwirkend,* ist die Erhöhungserklärung gegenüber dem Mieter innerhalb von *3 Monaten* nach Kenntnis der Erhöhung abzugeben (§ 4 Abs. 3 MHG). Die Erhöhung kann jedoch höchstens auf den Beginn des Kalenderjahres verlangt werden, das dem Jahr der Erklärung vorausgeht (AG Bonn WM 78, 151). Gleichzeitig ist der Mieter auf die zu erwartenden *Nachzahlungen* hinzuweisen (AG Kamen WM 81, 280; AG Wuppertal WM 81, 281). Die Dreimonatsfrist bei rückwirkender Erhöhung der Betriebskosten gilt auch dann, wenn bei monatlichen Vorschußzahlungen erst zum Jahresende über die Nebenkosten endgültig abgerechnet wird. Die Höhe der Vorauszahlungen darf allerdings nicht zu Zinsgewinnen führen, die allein dem Vermieter zugute kämen (LG Köln WM 81, 282). Im übrigen braucht der Mieter so lange keine erhöhten Vorauszahlungen zu leisten, bis ihm die Abrechnung des Vermieters vorliegt. Auch darf der Vermieter längere Zeit nach Ende der Abrechnungsperiode keine Beiträge mehr einziehen, die er bei ordnungsgemäßer und rechtzeitiger Abrechnung dem Mieter womöglich zurückzahlen müßte (LG Köln WM 81, U 15).

Über die Umlegungsbeträge und die Vorschußzahlungen für Betriebskosten ist bei *Sozialwohnungen* ebenfalls jährlich abzurechnen (Abrechnungszeitraum). Die Jahresabrechnung muß dem Mieter spätestens *9 Monate* nach Ende des Abrechnungszeitraums zugestellt werden (§ 20 Abs. 3 NMV n. F.).

Beweissicherung
Rechtsgrundlagen: §§ 537, 538 BGB; §§ 485 ff. ZPO
Bestehen zwischen Mieter und Vermieter Unstimmigkeiten über Anspruchsrechte aus dem Mietvertrag, die vermutlich einer gerichtlichen Klärung bedürfen, so wird häufig die vorsorgliche Beantragung eines *Beweissicherungsverfahrens* zweckmäßig sein. Die Antragstellung muß beim zuständigen Amtsgericht erfolgen. Voraussetzung hierfür ist, daß ein Beweismittel der Antragspartei verlorengehen oder seine Nutzung im späteren Prozeß erschwert werden könnte. Ein Beweissicherungsverfahren kommt auch dann in Betracht, wenn der gegenwärtige Zustand der Mietsache oder Mietsachenmängel festzustellen sind, so etwa der Wohnungszustand bei Auszug des Mieters. Zugleich muß der Antragsteller ein rechtlich begründetes Interesse an dieser Feststellung haben. So kann beispielsweise der Mieter bei einer zu erwartenden Fenstermodernisierung ein Beweissicherungsverfahren beantragen, um den Zustand der auszuwechselnden Fenster überprüfen zu lassen (LG Frankfurt WM 82, 218).

Die *Beweissicherung* erstreckt sich – je nach den gegebenen Verhältnissen des einzelnen Falles – auf die Vernehmung von Zeugen und Sachverständigen sowie auf den gerichtlichen Augenschein. Die Kosten des Verfahrens hat zunächst der Antragsteller zu tragen. Gewinnt er im anschließenden Rechtsstreit, kann er Kostenerstattung von der unterlegenen Prozeßpartei verlangen. Für die Erstattungsfähigkeit der Verfahrenskosten ist jedoch Voraussetzung, daß die Beweissicherung für eine zweckentsprechende Rechtsverfolgung *notwendig* war. Diese Notwendigkeit kann bei einem rechtlichen Interesse des Mieters, etwa an der Feststellung des gegenwärtigen Wohnungszustands, bejaht werden, sofern das Gericht dem Antrag des Mieters auf Beweissicherung zugestimmt hat. Dagegen sind die Kosten eines vom Vermieter eingeholten *privaten* Gegengutachtens grundsätzlich nicht erstattungsfähig (LG Itzehoe WM 83, 119).

Im übrigen ist ein Beweissicherungsverfahren zur Feststellung und Begutachtung von Mietsachenmängeln unzulässig, wenn ein kostensparenderes Vorgehen möglich wäre und die erforderliche Begutachtung der Mängel keinen besonderen Sachverstand voraussetzt (LG Hannover WM 80, 221). Kommt es nach dem vorprozes-

sualen Beweissicherungsverfahren nicht zum eigentlichen Gerichtsprozeß, gilt § 538 BGB als Anspruchsgrundlage für die Kostenerstattung durch den Vermieter. Danach muß der Vermieter die Kosten des Beweissicherungsverfahrens tragen, wenn der Mieter das Verfahren schon bei Abschluß des Mietvertrages wegen eines vorhandenen Mietsachenmangels beantragte, der Vermieter jedoch die Verantwortung für diesen Mangel abgestritten hat (LG Offenburg WM 84, 300).
→ Mängel der Mietsache.

Briefkasten
Rechtsgrundlagen: §§ 535, 536 BGB
Der Vermieter hat nach § 536 BGB die vermieteten Räume dem Mieter in vertragsmäßigem Zustand zu überlassen und während der Mietzeit in diesem Zustand auch zu erhalten. Der Mieter kann demnach erwarten, daß an der im Haus üblichen Stelle ein gebrauchsfähiger (abschließbarer) *Briefkasten* für ihn angebracht ist oder mit seinem Einzug auf Kosten des Vermieters dort angebracht wird. Dasselbe Recht steht dem Mieter einer separaten Mansardenwohnung zu (LG Mannheim WM 76, 231).
Fehlt der *Briefkastendeckel,* so liegt darin ein Wohnungsmangel, der gegebenenfalls einen Schadenersatzanspruch des Mieters begründen kann. Der Vermieter hat die Anmietkosten eines Postschließfaches zu ersetzen, wenn er trotz Abmahnung durch den Mieter den Briefkasten nicht repariert. Auf die Frage des Verschuldens kommt es dabei nicht an. Ein weiterer Schadenersatzanspruch steht dem Mieter jedoch nicht zu, auch nicht wegen des täglichen Gangs zur Post (AG Friedberg/H. WM 78, 49).
Der Vermieter ist gemäß § 1004 BGB nicht berechtigt, ein *Namensschild* vom Hausbriefkasten zu entfernen, welches der Lebensgefährte des Mieters dort angebracht hat. Das gilt allerdings nur, wenn sich der Lebensgefährte berechtigterweise in der Wohnung des Mieters aufhält. Der Vermieter hat diesen geringen Eingriff in sein Eigentumsrecht hinzunehmen (AG Hamburg WM 82, 226).
Über den DIN-Normgerechten Hausbriefkasten orientiert ein Beitrag in WM, Heft 5/1984, Seite 118.
Da jeder Mieter im Haus Anspruch auf Postzustellung unter Wah-

rung des Briefgeheimnisses hat, ist auch der *Untermieter* berechtigt, bei der im Haus hierfür üblichen Stelle einen eigenen Briefkasten anzubringen. Die dabei entstehenden Kosten muß der Untermieter allerdings selbst tragen. Der Vermieter kann von ihm nicht verlangen, den Briefkasten des Hauptmieters mitzubenutzen.
→ Untermiete.

Dachlawinen
Rechtsgrundlage: § 823 BGB
Verursacht eine niedergehende Dachlawine Sachschäden, so braucht der Hauseigentümer grundsätzlich *keinen Schadenersatz* zu leisten. Eine Haftung gilt jedoch dann, wenn durch besondere Umstände eine erkennbare, konkrete Gefahrsituation begründet wird oder der Hauseigentümer es schuldhaft unterließ, geeignete und ihm zumutbare Maßnahmen für den Schutz der Verkehrsteilnehmer zu treffen (LG Mannheim ZMR 71, 326).
In einer schneereichen Gegend hat vor allem der *Kraftfahrer* beim Abstellen seines Fahrzeugs in unmittelbarer Nähe von Häusern mit schwer einsehbaren, steilen Dächern die Möglichkeit in Betracht zu ziehen, daß Schneemassen vom Dach niedergehen (AG Heidelberg VersR 72, 892). Auch den Straßenpassanten bleibt es in aller Regel selbst überlassen, sich durch entsprechende Aufmerksamkeit vor der Gefahr von herabfallendem Schnee zu schützen. Zu eigenen Absperrungsmaßnahmen ist der Anlieger weder verpflichtet noch berechtigt (OLG Stuttgart VersR 73, 356).
In schneereichen Gemeinden im metereologischen Einflußbereich der Alpenregion müssen die Hauseigentümer sogenannte *Schneefanggitter* auf den Hausdächern anbringen, wenn ihr Grundstück an verkehrsreiche Straßen grenzt (AG Altötting BlGBW 76, 4). Damit genügt der Eigentümer seiner *Verkehrssicherungspflicht,* sofern und solange keine über das gewöhnliche Maß hinausgehende Verkehrsgefährdung akut wird (LG Kempten VersR 72, 181). In *schneearmen Gegenden* sind Schneefanggitter weder ortspolizeilich vorgeschrieben noch allgemein üblich. Hier genügt es, wenn der Anlieger bei Gefahr des Niedergehens von Dachlawinen ein *Warnschild* oder *Warnstangen* aufstellt. Bei besonders erhöhter Schneegefahr kann der Hauseigentümer allerdings verpflichtet sein, auf

eine behördliche Straßensperre hinzuwirken (LG Ravensburg BlGBW 76, 4).

Nur wenn der Autofahrer seinen Wagen auf einem *Kundenparkplatz* abstellt oder vom Hotelpersonal einen Parkplatz zugewiesen erhält, muß der Grundstückseigentümer bei Beschädigung des Fahrzeugs Schadenersatz leisten. Daß der Eigentümer nach starkem Schneefall oder Föhneinbruch selbst das Hausdach besteigen und von der Schneelast befreien muß, wird jedoch in der Rechtsprechung generell verneint.

→ Schadenersatzpflicht des Vermieters.

Dienstwohnungen

Rechtsgrundlage: § 565e BGB

Beamte, die bestimmte öffentliche Ämter (z. B. als Gerichtspräsident) bekleiden und auch außerhalb der üblichen Arbeitszeit leicht erreichbar sein müssen, erhalten von ihrem Dienstherrn (Staat, Land, Gemeinde) eine *Dienstwohnung* zugewiesen. Die Benutzung solcher Wohnungen während der Aktivzeit des Beamten ist durch öffentlich-rechtliche Bestimmungen geregelt. Der Abschluß eines Mietvertrages kommt daher ebensowenig in Frage wie die Anwendung der Vorschriften des bürgerlichen Mietrechts. Die hierfür zu zahlende *Dienstwohnungsvergütung* richtet sich nach der Höhe des örtlichen Mietpreises für vergleichbare Wohnobjekte und wird regelmäßig vom Gehalt des Beamten einbehalten. Eine gesetzliche *Sonderregelung* gilt für den Fall, daß der Beamte nach Beendigung seines Dienstverhältnisses wohnen bleibt und die Wohnräume ganz oder überwiegend mit Möbeln ausgestattet hat oder in den Räumen mit seiner Familie einen eigenen Hausstand führt.

Wird das Dienstverhältnis beendet, so entfällt damit nicht die Rechtsgrundlage für das Wohnverhältnis; es besteht vielmehr über das beendete Dienstverhältnis hinaus fort, wenn keine ordentliche Wohnraumkündigung erfolgt. Für die Kündigung gelten sodann die allgemeinen mietrechtlichen Bestimmungen hinsichtlich der *Werkmietwohnungen* nach den §§ 565b – d BGB. Der Mieter kann somit die Einwilligung seines früheren Dienstherrn zur Fortsetzung des Mietverhältnisses sowie Kündigungsschutz nach der Sozialklausel (§ 556a, § 556b BGB) verlangen.

Dingliches Wohnrecht
Rechtsgrunglage: § 1093 BGB

Das *dingliche Wohnrecht* (auch »Wohnungsrecht«) unterscheidet sich von der Miete dadurch, daß dem Wohnberechtigten durch Eintragung seiner Rechte im *Grundbuch* gegenüber dem Vermieter bzw. Hauseigentümer eine wesentlich stärkere Rechtsposition eingeräumt wird als dem Mieter. Das Gesetz bewertet das dingliche Wohnrecht nach § 1093 BGB als Unterfall einer sogenannten *beschränkten persönlichen Dienstbarkeit* (§ 1090 Abs. 1 BGB). Das Wohnrecht setzt voraus, daß dem Berechtigten die Nutzung eines bestimmten Gebäudes oder Gebäudeteils unter *Ausschluß des Eigentümers* für Wohnzwecke eingeräumt wird. Wird der Ausschluß des Eigentümers nicht im Vertrag festgelegt und steht dem Berechtigten vielmehr ein Mitbenutzungsrecht zu, ist § 1093 BGB jedoch nicht anzuwenden. Ob in diesem Fall eine beschränkte persönliche Dienstbarkeit nach § 1090 BGB oder als weitere Variante von Nutzungsrechten eine *Wohnungsreallast* nach § 1105 Abs. 1 BGB anzunehmen ist, kann im Einzelfall nur durch Auslegung nach dem Wortlaut, Sinn und Zweck der Vereinbarungen zwischen dem Verpflichteten und dem Berechtigten geklärt werden (LG Aachen WM 79, 9).

Der Inhaber eines Wohnrechts nach § 1093 BGB darf seine *Familie,* das *Hauspersonal* und zur *Pflege* notwendige Personen in die Wohnung aufnehmen. Er ist ferner berechtigt, seine Wohnung oder Teile davon zu vermieten und dafür Mietzins zu verlangen. In diesem Fall bestehen das dingliche Wohnrecht und ein Mietverhältnis nebeneinander. Das Aufnahmerecht erfaßt auch den Partner einer *nichtehelichen Lebensgemeinschaft,* sofern das Verhältnis auf Dauer angelegt ist (BGH WM 82, 310).

In einem anderen Streitfall hatte der Hauseigentümer seiner *geschiedenen Ehefrau* ein unentgeltliches Wohnrecht unter der Bedingung eingeräumt, daß dieses bei Eingehen eines eheähnlichen Verhältnisses und Aufnahme des Partners in die Wohnung entfallen sollte. Zieht nun der Freund der geschiedenen Frau in deren Wohnung, bedarf es einer formgerechten Kündigung gegenüber der Ehefrau, um das Eigentümerrecht durchzusetzen. Ansonsten ist der Eigentümer verpflichtet, den Mitbesitz des Freundes der

Ehefrau an der Wohnung gemäß § 1004 Abs. 2 BGB zu dulden. Der Grundstückseigentümer kann dem Freund seiner geschiedenen Ehefrau auch kein *Hausverbot* erteilen (LG Köln WM 78, 143). Weiterhin steht dem Wohnberechtigten nach § 1093 Abs. 3 BGB der Anspruch zu, die zum gemeinschaftlichen Gebrauch der Bewohner bestimmten Anlagen und Einrichtungen mitzubenutzen, sofern sich seine Rechte nur auf eine Wohnung in einem Mehrfamilienhaus beschränken. Für die regelmäßig wiederkehrenden Schönheitsreparaturen muß der Wohnberechtigte selbst aufkommen (LG Kassel WM 75, 77); jedoch hat der Hauseigentümer ihm die Räumlichkeiten in einem zum Bewohnen geeigneten Zustand zu überlassen. Kommt dem Vertrag eines *unentgeltlich* Wohnberechtigten überwiegend Versorgungscharakter zu, braucht der Berechtigte bei fehlender entsprechender Vereinbarung dem Hauseigentümer *keine Betriebskosten* (Nebenkosten) zu erstatten. Die Gebührenanteile für Wasser, Flurlicht, Straßenreinigung, Müllabfuhr und Schornsteinfeger darf der Eigentümer nicht von der Leibrente, die zum »Altenteil« des Berechtigten gehört, in Abzug bringen (AG Bochum WM 84, 301).
→ Betriebskosten.

Doppelvermietung
Rechtsgrundlagen: §§ 538, 541, 542 BGB
Hat der Vermieter über eine Mietwohnung 2 wirksame Mietverträge mit verschiedenen Wohnungsinteressenten abgeschlossen (Doppelvermietung), so liegt ein *Rechtsmangel* der Mietsache gemäß § 541 BGB vor. Da jedoch nur ein Mieter die Mietwohnung beziehen kann, wird dem anderen berechtigten Wohnungsmieter der Anspruch auf den vertragsmäßigen Gebrauch der Mietsache entzogen bzw. von vornherein nicht gewährt. Das Gesetz schützt grundsätzlich denjenigen Mieter, der *zuerst* in die Mietwohnung eingezogen ist und sich damit rechtmäßig im Besitz der gemieteten Räume befindet. Der andere, nicht in den Besitz der Wohnung gekommene Mieter hat sodann *keinen* Anspruch auf nachträgliche Besitzeinräumung gemäß § 536 BGB. Er muß sich vielmehr mit einem gegen den Vermieter gerichteten *Schadenersatzanspruch* wegen Nichterfüllung des Vertrages begnügen. So kann der nicht-

besitzende Mieter beispielsweise Kostenerstattung für eine Ersatzwohnung, für Maklergebühren, Hotelaufenthalt, Möbelunterstellung oder den Fahrtaufwand für Wohnungsbesichtigungen verlangen. Das gilt auch dann, wenn den Vermieter kein Verschulden trifft (LG Berlin WM 75, 116; LG Mannheim WM 74, 240).
→ Mängel der Mietsache.

Dübellöcher
Rechtsgrundlagen: §§ 535, 548 BGB
Das Einbringen von *Dübellöchern* in Raumwänden oder Zimmerdecken zur Befestigung von Gegenständen wie Lampen, Gardinenstangen, Wandschränken usw. entspricht dem normalen, verkehrsüblichen Gebrauch der Mietsache; es bedarf somit keiner Genehmigung durch den Vermieter. Bei *Auszug* des Mieters besteht daher auch keine Verpflichtung zum Verschluß der Löcher, wenn die Verdübelung mit der vertragsmäßigen Wohnungsnutzung zusammenhing und der Mieter nach dem Mietvertrag keine Schönheitsreparaturen auszuführen hat (AG Augsburg WM 81, U 6). Nach Ansicht des LG Mannheim (WM 75, 50) sind bei Auszug die Dübel zu entfernen, ohne daß jedoch neu tapeziert werden muß – es sei denn, die Häufung der Dübellöcher würde den Rahmen des Üblichen überschreiten. Dieser Fall wäre einer außergewöhnlichen Abnutzung der Mietsache gleichzusetzen, so daß schon aus diesem Grunde die Durchführung von *Schönheitsreparaturen* erforderlich wird (AG Dortmund WM 78, 173).
Das Durchbohren von *Wandfliesen,* um beispielsweise die Küche mit den gewünschten Installationsgegenständen und Wandschränken oder das Badezimmer mit Handtuchhalter oder einer Wäschetrocknungsanlage auszustatten, gehört ebenfalls zum vertragsmäßigen Gebrauch (AG Ibbenbüren WM 84, 197). Die beim Auszug des Mieters in den Fliesen zurückbleibenden Spuren hat der Vermieter hinzunehmen; zum Ausgleich solcher Nachteile erhält er ja die Miete (AG Hamburg WM 83, 327). Das Anbohren der Wandfliesen muß jedoch fachmännisch erfolgen. Nicht sachgemäße Arbeit verpflichtet den Mieter zum Schadenersatz (AG Warendorf WM 83, 235; AG Solingen WM 83, 302).
→ Auszug des Mieters; Schönheitsreparaturen.

Duldungspflicht des Mieters
Rechtsgrundlage: § 541b BGB

Maßnahmen zur *Verbesserung der Mietwohnung* oder sonstiger Gebäudeteile, wie auch solche zur *Einsparung von Heizenergie,* hat der Mieter unter bestimmten Voraussetzungen zu dulden (§ 541b Abs. 1 BGB). *Unzumutbar* ist dem Mieter die Durchführung von Modernisierungsmaßnahmen grundsätzlich nur dann, wenn das Mietverhältnis bereits nach kurzer Zeit enden würde oder schon gekündigt ist. In diesen Fällen braucht der Mieter eine Modernisierung nicht zu dulden, solange das Mietverhältnis noch andauert oder die Kündigungsfrist noch nicht abgelaufen ist (LG Berlin WM 85, 261). Ob die Modernisierungsmaßnahmen und die danach zu erwartende Mietzinserhöhung für den Mieter und seine Familie *tragbar* sind oder ob sie eine *unzumutbare Härte* bedeuten, muß unter verschiedenen Gesichtspunkten gerichtlich geprüft werden. Dabei sind sowohl die berechtigten Interessen des Vermieters als auch die des Mieters und seiner Angehörigen sowie der anderen Hausmieter gegenseitig abzuwägen. Zugunsten des *Widerspruchsrechts* des betroffenen Mieters werden dabei neben Art und Umfang der Bauarbeiten, der Belästigungen durch Lärm und Schmutz oder der Unbewohnbarkeit der Räume auch die eigenen »Verwendungen« des Mieters für Einbauten und sonstige Verbesserungen der Mietsache berücksichtigt. Dieselbe Interessenabwägung gilt hinsichtlich der zu erwartenden *Miterhöhung* nach Abschluß der Modernisierungsarbeiten. Ist zur Verbesserung der Nachbarwohnung im Haus auch in der Wohnung des Mieters eine bauliche Maßnahme durchzuführen, hat der Mieter diese Maßnahme ebenfalls hinzunehmen (AG Leonberg WM 84, 216).

Eine wirkliche *Verbesserung* des Zustands der Mietwohnung tritt nicht ein, wenn das geplante Bauvorhaben nur bezweckt, bereits vorhandene und noch einwandfrei funktionierende Einrichtungen der Wohnung zu erneuern. Ergibt sich aus den Modernisierungsmaßnahmen keine Erhöhung des Gebrauchswertes der Wohnräume, braucht der Mieter diese Maßnahmen nicht zu dulden (LG Hamburg WM 84, 217). Die Herstellung des für Mietwohnungen *»allgemein üblichen Zustands«* durch sogenannte Modernisierungen ist somit auch keine Verbesserung der gemieteten Räume im

Sinne der Zweckbestimmung von § 541b BGB. Was unter dem Begriff »üblicher Zustand« zu verstehen ist, entspricht der am örtlichen Wohnungsmarkt vorhandenen normalen Gebäudeausstattung bei vergleichbaren Mietobjekten (AG Hamburg und LG Berlin WM 84, 219). Werden z. B. Doppelfenster eingesetzt, die Badewanne erneuert, ein neuer Elektroherd, Spüle oder Waschbecken montiert, der Fußboden neu belegt usw., kann nicht von einer wirklichen Verbesserung der Mietsache, sondern lediglich einer Anpassung an den allgemeinen Wohnstandard gesprochen werden.

Der Vermieter ist gesetzlich verpflichtet, dem Mieter *2 Monate* vor Beginn der Bauarbeiten über deren Art, Umfang, Beginn und voraussichtliche Dauer sowie die zu erwartende Mietzinserhöhung schriftlich *Auskunft* zu geben (§ 541b Abs. 2 BGB). Um die Zweckmäßigkeit der beabsichtigten Maßnahmen darzulegen, sind auch die erwarteten Kosten mitzuteilen, so etwa durch Vorlage des entsprechenden *Kostenvoranschlags*. Bei Einbau einer Etagen- oder Zentralheizung muß ferner eine ordnungsgemäße *Wärmebedarfsrechnung* vorgelegt werden. Der Mieter braucht nur eine solche Heizungsanlage zu dulden, die dem zu erwarteten Wärmebedarf entspricht (AG Neukölln WM 85, 262).

Nach Empfang dieser Mitteilung steht dem Mieter ein besonderes *Kündigungsrecht* zu. Die Kündigung hat schriftlich zu erfolgen, und zwar bis zum Ende des nächsten Monats, der auf den Zugang der Mitteilung folgt. Zu kündigen ist dann auf das Ende des wiederum folgenden Monats. *Beispiel:* Die Modernisierungsarbeiten sollen am 15. September beginnen. Die schriftliche Mitteilung hierüber muß dem Mieter bis spätestens 14. Juli zugehen. Daraufhin kann der Mieter das Mietverhältnis bis zum 31. August kündigen und muß dann spätestens am 30. September ausziehen. Die Bauarbeiten hat der Vermieter bis zum Ablauf der Mietzeit zurückzustellen. Der Mieter kann gemäß § 541b Abs. 3 BGB vom Vermieter angemessenen *Kostenersatz* für alle Aufwendungen verlangen, die ihm wegen der Wohnungsmodernisierung entstanden sind. Der Vermieter hat auf Verlangen des Mieters *Vorschuß* zu leisten. Alle zum Nachteil des Mieters von § 541b BGB abweichenden Vereinbarungen sind unwirksam (§ 541b Abs. 4 BGB).

→ Mietpreiserhöhung; Modernisierung von Wohnraum.

Dunstabzugshaube
→ Mietermodernisierung.

Eheleute als Mieter
→ Mietvertrag.

Eigenbedarf
Rechtsgrundlagen: §§ 249, 564b Abs. 2 Nr. 2, 823 BGB
Der Vermieter kann ein Mietverhältnis über Wohnraum nur dann vorzeitig kündigen, wenn er ein *berechtigtes Interesse* nachweisen kann, das Mietverhältnis zu beenden. Nach § 564b Abs. 2 Nr. 2 BGB liegt ein berechtigtes Interesse dann vor, wenn der Vermieter die Räume der Mietwohnung für sich, für die zu seinem Hausstand gehörenden Personen oder für seine Familienangehörigen benötigt. *Hausstandsangehörige* sind neben den Familienmitgliedern (Ehefrau, Kinder, Eltern, Geschwister) auch die nicht verwandten Personen, wenn sie schon bisher ständig im Haushalt des Vermieters leben, so etwa die Hausgehilfin oder Pflegepersonal. Als *Familienangehörige* gelten neben den in § 8 Abs. 2 II. WoBauG genannten Personen auch entferntere Verwandte (Neffen, Nichten), wenn der Vermieter ihnen gegenüber rechtlich oder wenigstens moralisch zur Unterhaltsgewährung verpflichtet ist (AG Delmenhorst WM 81, U 17).

Um die *Eigenbedarfssituation* des Vermieters zutreffend beurteilen zu können, sind im Einzelfall jeder gerichtlichen Nachprüfung auch die persönlichen Verhältnisse, Beruf, Lebensgewohnheiten und soziale Stellung des von der Kündigung betroffenen Mieters zu würdigen (AG Wolfhagen WM 83, 237). Im *Kündigungsschreiben* muß der Vermieter die Person angeben, für die die Mietwohnung freigemacht werden soll, in welchen Wohnverhältnissen der Familien- oder Hausstandsangehörige bisher lebt und auf welchen konkreten Sachverhalt sich das Interesse dieser Person stützt, gerade diese Wohnung zu erlangen (BayObLG WM 85, 50; LG Hannover WM 84, 62).

Zur wirksamen Begründung von Eigenbedarf braucht keineswegs ein akuter *Notfall* vorzuliegen. Es genügen objektive, konkrete, vernünftige und daher billigenswerte Motive, so z. B., wenn der

Vermieter eine zu kleine, besonders teure oder zu seinem Arbeitsplatz ungünstiger gelegene Wohnung hat (LG München I ZMR 74, 49), wenn er seine bisherige Wohnung räumen muß, ohne selbst gekündigt zu haben, oder wenn er eine persönliche Veränderung beabsichtigt, wie Heirat, Arbeitsplatzwechsel oder Eintritt in den Ruhestand (OLG Karlsruhe WM 76, 99). Die frühzeitig einsetzende, regelmäßige Betreuung des *pflegebedürftigen* Vermieters kann ebenfalls Eigenbedarf rechtfertigen, wenn dadurch ein Pflegefall verhindert oder zeitlich hinausgeschoben wird (LG Köln WM 82, 27). Die Entscheidung, wer bei Pflegebedürftigkeit des Vermieters die Pflege tatsächlich ausüben und daher in die gekündigte Mietwohnung einziehen soll (z. B. Sohn oder Tochter), steht im Ermessen des Vermieters (AG Solingen WM 84, 2).

Ein berechtigtes Kündigungsinteresse ist auch gegeben, sofern der Vermieter seinen *betagten Vater* aufnehmen will und nur die gekündigte Wohnung zur Aufnahme des vergrößerten Vermieterhaushalts geeignet ist, oder wenn ein 82jähriger Vermieter den Wohnraum für eine *Hilfsperson* benötigt, die den Haushalt versorgen und bei etwaigen Krankheitsfällen helfen soll (BayObLG WM 82, 125). Eine wirksame Kündigung wegen Eigenbedarf kann ferner darauf gestützt werden, daß der Vermieter die Räume seinem unverheirateten Sohn überlassen möchte, der mit einer Frau in *eheähnlicher Lebensgemeinschaft* zusammenlebt (OLG Karlsruhe WM 82, 151 - RE; LG Hamburg WM 84, 85). Im Streitfall muß allerdings der Vermieter beweisen können, daß eine auf Dauer angelegte Beziehung besteht (LG Hagen WM 81, U 4).

Berechtigter Eigenbedarf kann auch vorliegen, falls die Schwiegermutter des Vermieters in die gekündigte Mietwohnung einziehen möchte, da sie hier eine wesentlich *niedrigere Miete* als in der bisherigen Wohnung (Mietdifferenz jährlich 1800 DM) zahlt (AG Friedberg/Hessen WM 85, 116).

Grundsätzlich gilt nach einem neueren Rechtsentscheid des OLG Karlsruhe (WM 83, 9 - RE), daß die Gerichte bei Prüfung der Frage, ob anerkennenswerter Eigenbedarf vorliegt, aufgrund einer umfassenden Würdigung aller Einzelumstände zu entscheiden haben. Dabei sind nicht nur die vom Vermieter angeführten Tatsachen zu berücksichtigen, sondern auch die generellen Interessen des Mieters an der Erhaltung seiner Wohnung als bisherigem Lebensmittelpunkt.

Dem Vermieter steht grundsätzlich frei, welchem von mehreren Mietern im Haus er bei begründetem Eigenbedarf kündigt (LG Stuttgart WM 76, 56). Bei der Eigenbedarfskündigung braucht im Rahmen der Zweckbestimmung von § 564b BGB auf die sozialen Belange des Mieters keine Rücksicht genommen zu werden. Auch ist unbeachtlich, ob der Vermieter anderweitig Wohnraum erlangen könnte (AG Bochum WM 80, 226). Erst bei *Widerspruch* des Mieters gegen die Eigenbedarfskündigung unter Berufung auf die *Sozialklausel* (§ 556a Abs. 1 BGB) müssen die Gerichte in eine umfassende Prüfung der Kündigungsfolgen eintreten. Ergibt diese Prüfung, daß auf Seiten des Mieters ein besonderer *Härtefall* vorliegt, wird in der Regel das Räumungsbegehren des Vermieters abgelehnt (AG Büdingen WM 80, 225).

Will der Vermieter nur *3 Monate im Jahr* die geräumte Mietwohnung benutzen, wird hierdurch kein echter Eigenbedarf, sondern nur ein kurzfristiger Wohnbedarf begründet (AG Bad Schwartau WM 81, U 20). Ein berechtigtes Kündigungsinteresse entsteht ebenfalls nicht, wenn ein pflegebedürftiger Angehöriger in der ausreichend großen Wohnung des Vermieters Platz finden kann (AG Osnabrück WM 81, U 20). Überhaupt soll *Pflegebedürftigkeit* des Vermieters ein berechtigtes Interesse an der Kündigung eines Mietverhältnisses nur begründen können, sofern ein besonders gelagerter Ausnahmefall vorliegt (AG Dortmund WM 81, U 4).

Weiterhin ist begründeter Eigenbedarf nicht anzuerkennen, wenn der Vermieter bei Bezug der gekündigten Wohnung lediglich eine *Zeitersparnis von 5 Minuten* für die Fahrt zu seinem Arbeitsplatz gewinnen würde (LG Hamburg WM 81, U 22) oder wenn die vom Sohn des Vermieters bewohnte Mietwohnung nur etwa *8 m² kleiner* ist als die begehrte Mieterwohnung im elterlichen Haus (LG Darmstadt WM 81, U 4). Auch daß die Ehefrau des Vermieters ein *Kind* erwartet, vermag nach Ansicht des LG Braunschweig (WM 85, 266) noch kein anerkennenswertes Interesse an einer Mieterkündigung nach § 564b BGB zu rechtfertigen, zumal das Vermieterehepaar weiterhin in ihrer bislang recht geräumigen Wohnung lebt. Dasselbe gilt, falls Eigenbedarf für unterhaltsberechtigte Angehörige mit der Begründung geltend gemacht wird, der Angehörige bewohne bislang eine Mietwohnung, die *teurer* ist als die gekündigte Wohnung (AG Köln WM 85, 115).

Eine gemeinnützige Baugenossenschaft hatte einem Mitglied, das als Einzelperson ein der Genossenschaft gehörendes Einfamilienhaus bewohnte, mit dem Motiv gekündigt, das Haus werde zur Vermietung an wohnungssuchende kinderreiche Familien benötigt. Diese Begründung ist nach einem Rechtsentscheid des OLG Karlsruhe (WM 84, 43 - RE) unzulässig.

Die vom Vermieter für seinen Eigenbedarf maßgeblichen Motive dürfen nicht schon bei Abschluß des Mietvertrages vorgelegen haben. Eine Mietkündigung wegen Eigenbedarfs ist nur gerechtfertigt, wenn die vorgebrachten Gründe erst *nach Abschluß des Mietvertrages* entstanden sind (LG Bremen WM 83, 266; AG Köln WM 83, 237). Ansonsten wäre der Abschluß des Mietvertrages nur der Beweis dafür, daß der Vermieter die Mietwohnung nicht zur Befriedigung des behaupteten Eigenbedarfs benutzen will (AG Köln WM 81, U 22). Eine Ausnahme kann nur gelten, wenn der Vermieter dem Mieter bei Vertragsabschluß erläutert, daß er den Eigenbedarf erst später geltend machen will. Der Mieter darf sich andernfalls darauf verlassen, daß ihm nur bei Vorliegen neuer Bedarfsgründe gekündigt werden kann (AG Frankfurt WM 83, 123).

Kein berechtigtes Eigeninteresse an der Mietwohnung ist dem Vermieter zuzubilligen, wenn er zur Begründung seines Bedarfs eine *ärztliche Bescheinigung* vorlegt, nach der seine Mutter schon seit vielen Jahren an einer erheblichen Sehminderung leidet. Das AG Delmenhorst (WM 81, U 22) nahm an, daß die Mutter nicht erst nach Abschluß des Mietvertrages in besonderem Maße pflegebedürftig geworden ist.

In einem anderen Streitfall hatte der Vermieter zwar zum Zeitpunkt seiner Wohnungskündigung einen triftigen Grund, der sein Verhalten rechtfertigte, nämlich den beabsichtigten Einzug der Tochter ins Elternhaus. Dieser Grund war jedoch zwischenzeitlich weggefallen, da im Haus eine gleich große Wohnung frei wurde. Der Vermieter hätte diese Wohnung entweder seiner Tochter zur Verfügung stellen oder dem gekündigten Mieter zum Tausch an-

bieten können. Er tat dies jedoch nicht, sondern vermietete die leer gewordene Wohnung anderweitig. In diesem Fall eines *treuwidrigen Verhaltens* kann sich der Vermieter nicht mehr auf Eigenbedarf berufen. Damit ist zugleich die weitere Ausübung seiner Rechte aus der Vertragskündigung hinfällig geworden (LG Koblenz WM 85, 266; AG Darmstadt WM 85, 266; AG Koblenz WM 83, 27).
Auch der Umstand, daß der Vermieter mit seinem Ehegatten selbst zur Miete wohnt, kann die Annahme des Kündigungsgrundes »Eigenbedarf« nicht rechtfertigen (LG Hagen WM 85, 266). Der bloße Wunsch des Vermieters, im eigenen Haus wohnen zu können, genügt jedenfalls nicht für die Anerkennung eines berechtigten Interesses an der Mieterkündigung (KG WM 81, 82 – RE).
Ein konkretes Interesse für Eigenbedarf liegt weiterhin nicht vor, wenn der Vermieter noch *keine hinreichende Gewißheit* darüber hat, ob der angegebene Familienangehörige überhaupt in die gekündigte Wohnung einziehen will (AG Mannheim WM 77, 166). Dasselbe ist anzunehmen, wenn der benötigte Wohnraum durch Benutzung anderer, bisher *leerstehender* Zimmer gedeckt werden kann (AG Büdingen WM 81, U 6). Die Berufung auf Eigenbedarf erweist sich als rechtsmißbräuchlich, sofern der Vermieter die Bedarfssituation selbst herbeigeführt hat, indem er zum Zweck der Kündigung eine weitere ihm gehörende Eigentumswohnung verkaufte (AG Köln WM 82, 111).
Will der Vermieter die frei werdenden Wohnräume für *gewerbliche Zwecke,* z.B. die Einrichtung einer Goldschmiedewerkstatt, verwenden, so ist die Mieterkündigung wegen Eigenbedarf unzulässig. Gemäß § 564b BGB kann nur Wohnbedarf des Vermieters berücksichtigt werden (AG Köln WM 82, 195). Somit liegt auch kein Eigenbedarf vor, wenn der Vermieter oder dessen Angehöriger aus beruflichen Gründen ein *Arbeitszimmer* benötigt (AG Köln WM 82, 251).
Der Vermieter macht sich gegenüber dem Mieter aus positiver Vertragsverletzung (§ 242 BGB) sowie unerlaubter Handlung (§ 823 Abs. 2 BGB) *schadenersatzpflichtig,* wenn er Eigenbedarf an Wohnraum nur *vortäuscht* (LG Essen WM 81, 183; AG Heidelberg WM 75, 67) und der Mieter zur Räumung der Wohnung veranlaßt wird (AG Mannheim WM 77, 166). Auch das Vortäuschen eines nicht

stichhaltigen Kündigungsgrundes ist eine positive Vertragsverletzung (LG Freiburg WM 85, 116). Schadenersatzpflicht entsteht schon dann, wenn der Vermieter im Räumungsverfahren wegen der nicht gerechtfertigten Eigenbedarfskündigung die vorbehaltene Möglichkeit verschweigt, den beabsichtigten Eigenbedarf an der gekündigten Mieterwohnung nicht geltend zu machen (LG Dortmund WM 85, 226).
→ Familienangehörige; Schadenersatzpflicht des Vermieters; Sozialklausel.

Eigentumswohnungen
Rechtsgrundlagen: § 564b Abs. 2 Nr. 2 BGB; § 13 WEG
Jeder *Wohnungseigentümer* hat nach § 13 des Wohnungseigentumsgesetzes (WEG) das Recht, seine Wohnung selbst zu bewohnen oder an andere Personen zu vermieten oder zu verpachten. Bei Überlassen der Wohnung an Dritte zur Miete gelten hinsichtlich der Rechte und Pflichten der Vertragsparteien die allgemeinen Vorschriften des bürgerlichen Mietrechts. Dagegen betreffen die Vorschriften des Wohnungseigentumsgesetzes ausschließlich das Verhältnis der Wohnungseigentümer zueinander sowie die Rechte und Pflichten des Hausverwalters. Auf das Besitzverhältnis zwischen Eigentümer und Wohnungsmieter hat das WEG normalerweise keinen Einfluß. Der Wohnungseigentümer kann allerdings bestimmte, nicht personenbezogene Rechte gegenüber den Miteigentümern im Rahmen des Mietvertrages auch dem Mieter übertragen, wenn er ihm eine entsprechende Vollmacht erteilt.
Weiterhin kann im Mietvertrag vereinbart werden, daß bei bestimmten Arten von Rechtsgeschäften die Gemeinschaftsordnung und die Beschlüsse der Wohnungseigentümerversammlungen auch für den Mieter gelten sollen (OLG Hamm WM 81, 62). In diesem Fall schreibt § 2 AGBG vor, daß dem Mieter die Möglichkeit zu verschaffen ist, vom Inhalt der Gemeinschaftsordnung und den Beschlüssen in zumutbarer Weise Kenntnis zu erlangen. Soll der Inhalt derartiger Beschlüsse Bestandteil des Mietvertrages werden, sind jedoch *klare Vereinbarungen* notwendig; Zweifel gehen stets zu Lasten des Vermieters (§ 5 ABGB).
Wohnungseigentümer, die ihre Eigentumswohnung nur aus Grün-

den der Steuerersparnis oder als Kapitalanlage anschafften (»Bauherrenmodelle«) und mit Mietern »keinen Ärger« haben wollen, vermieten häufig an sogenannte *Vermietungsgesellschaften,* die eine Mietgarantie anbieten und sodann als *Zwischenmieter* (Hauptmieter) die Räume an Wohnungsinteressenten weitervermieten. Der mit einer solchen Gesellschaft abgeschlossene Vertrag begründet daher kein Mietverhältnis mit dem Wohnungseigentümer, sondern ein *Untermietverhältnis* mit dem Vermietungsunternehmen. Somit richten sich die *Kündigungsschutzbestimmungen,* die auch Untermietern zustehen, nicht gegen den Wohnungseigentümer, sondern nur gegen die Gesellschaft als Untervermieter. Wird nun das Hauptmietverhältnis vom Eigentümer gekündigt – etwa, weil die Vermietungsgesellschaft in Konkurs gegangen ist –, kann der Eigentümer vom Untermieter die sofortige Räumung der Wohnung verlangen, da zwischen ihm und dem Untermieter keine vertraglichen Rechtsbeziehungen bestehen; der Untermieter genießt dann in der Regel keinerlei Kündigungsschutz. Das gilt allerdings nur, wenn dem Mieter – etwa durch bewußte Täuschung bei Vertragsabschluß – nicht bekannt war, daß er keinen Mietvertrag, sondern nur einen Untermietvertrag abgeschlossen hatte.

Die bewußte Täuschung des Mieters einer Eigentumswohnung über seine Rechtsposition zwecks Ausschaltung des Kündigungsschutzes hat in den letzten Jahren auf eine Gesetzeslücke hingewiesen, die inzwischen vom Bundesgerichtshof mit einem Rechtsentscheid (WM 82, 178) beseitigt wurde. Danach bestehen auch für den gemäß § 556 Abs. 3 BGB zur Räumung der Eigentumswohnung aufgeforderten Untermieter die *Kündigungsschutzrechte* des § 556a BGB (Sozialklausel) und des § 564b BGB (Nachweis des berechtigten Vermieterinteresses an der Mietkündigung) – es sei denn, bei Abschluß des Untermietvertrages wurde der Untermieter nachweislich darauf hingewiesen, daß der Vermieter nicht gleichzeitig Wohnungseigentümer ist. Dasselbe gilt auch, wenn der *Käufer* der Eigentumswohnung den bestehenden Vertrag mit der Vermietungsgesellschaft nach § 57a des Zwangsversteigerungsgesetzes (ZVG) kündigt und sodann gegen den Untermieter auf der Grundlage von § 556 Abs. 3 BGB vorgeht.

Ein (Haupt-)Mietverhältnis entsteht nach einem Rechtsentscheid des OLG Karlsruhe (WM 84, 10) auch dann nicht, wenn der Zwischenmieter eine *gemeinnützige Organisation* ist, die eine Weitervermietung zur Verfolgung sozialer Zwecke (hier: Rehabilitationszentrum für psychisch Kranke) betreibt und nicht aus wirtschaftlichen Interessen handelt. Gleiches trifft zu, wenn ein gemeinnütziger Verein (hier: Untervermietung an studentische Wohngemeinschaften) als Zwischenmieter auftritt (OLG Braunschweig WM 84, 237 - RE).

Bei der in den letzten Jahren immer häufigeren *Umwandlung* von vermieteten Wohnungen in Eigentumswohnungen mit anschließendem *Verkauf* gilt für den Mieter als oberster Grundsatz:*»Kauf bricht nicht Miete«*. Das heißt: Der Mieter braucht sich um die Umwandlung zunächst nicht zu kümmern. Der Mietvertrag wird, auch bei Weiterveräußerung der Wohnung, bis zum Ende des Mietverhältnisses fortgeführt. Die Umwandlung selbst erfolgt dadurch, daß der Eigentümer gegenber dem Grundbuchamt eine Teilungserklärung zur Schaffung von Wohnungseigentum abgibt. Nach Anlage der Wohnungsgrundbücher kann der Verkauf beginnen. Werden Sozialwohnungen durch Aufteilung des Grundstücks in Eigentumswohnungen umgewandelt, darf die im Zeitpunkt der Anlegung der Wohnungsgrundbücher zulässigerweise verlangte (bisherige) Kostenmiete nicht verändert werden, bis die neue Kostenmiete von der Bewilligungsstelle genehmigt ist (KG WM 84, 319 - RE).

Hat der *Erwerber einer Eigentumswohnung* Interesse daran, die Wohnung selbst zu beziehen, so gilt folgendes: Für den Mieter besteht nicht nur der volle gesetzliche Kündigungsschutz nach den §§ 556a und 564b BGB. Darüber hinaus gilt eine zusätzliche *Sonderregelung*, die besagt, daß sich der Erwerb nicht vor *Ablauf von 3 Jahren* (§ 564b Abs. 2 Nr. 2 Satz 2 BGB) auf den Kündigungsgrund des berechtigten Eigenbedarfs nach § 564b BGB berufen darf. Die dreijährige Schonfrist zugunsten des Mieters wird allerdings davon abhängig gemacht, daß erst nach Überlassung der Wohnung an den Mieter das Wohnungseigentum begründet wird (BayObLG WM 81, 200). Die Schonfrist beginnt mit vollendetem Eigentumserwerb des ersten Käufers, also mit der Eintragung des neuen Wohnungseigentümers im Grundbuch (LG München I WM 79, 124). Sie ist auch dann zu beachten, wenn weitere Käufer in die Miteigentümerschaft eintreten; allerdings beginnt die Frist dann nicht jedesmal von neuem (BayObLG WM 82, 46 – RE). Eine vor Ablauf der gesetzlichen Dreijahresfrist ausgesprochene Kündigung des neuen Eigentümers wegen Eigenbedarf ist unwirksam, auch wenn er Härtegründe vorbringen kann (OLG Hamm WM 81, 35 – RE). Der neue Wohnungseigentümer darf sich grundsätzlich erst *nach Ablauf der Wartefrist* bei seiner Kündigung auf Eigenbedarf oder auch andere berechtigte Gründe berufen (AG Mannheim WM 79, 218; LG Bonn WM 78, 51). Im übrigen verhält sich der Mieter einer zum Verkauf anstehenden Eigentumswohnung nicht vertragswidrig, wenn er potentielle Käufer bei der Wohnungsbesichtigung von ihrer Kaufabsicht dadurch abzubringen versucht, daß er darauf hinweist, die Wohnung nicht freiwillig zu räumen (AG Gummersbach WM 81, 209).

Die *Kosten der Hausverwaltung* sind weder nach § 4 MHG noch gemäß § 27 II.BV umlagefähige Betriebskosten, auch nicht auf dem Umweg über andere Kostenaufschlüsselungen. Der Vermieter kann also die Kosten, die er an eine Hausverwaltungsgesellschaft zu zahlen hat, grundsätzlich nicht auf den Mieter abwälzen (AG Freiburg WM 82, 215; AG Hannover WM 82, 195).

→ Kündigungsfristen; Sozialklausel; Untermiete.

Energieeinsparung
→ Modernisierung von Wohnraum.

Ersatzmieter
→ Nachmieter.

Familienangehörige
Rechtsgrundlagen: §§ 564b Abs. 2 Nr. 2, 569, 569a und b BGB
In der Rechtsprechung und juristischen Literatur wird die Frage, welche Personen dem Begriff *Familienangehörige* zuzuordnen sind, nicht einheitlich beurteilt. Nach vorherrschender Meinung ist von dem in § 8 des II. Wohnungsbaugesetzes (WobauG) genannten Personenkreis auszugehen. Hierbei handelt es sich um den Ehegatten, um Verwandte (Eltern, Großeltern, Geschwister) und Ver-

schwägerte sowie um eheliche, nichteheliche, für ehelich erklärte oder adoptierte Kinder und um Pflegekinder. Zu den Familienangehörigen des Mieters zählen neben den Verwandten aber auch solche Personen, die auf Dauer mit ihm in enger häuslicher Gemeinschaft zusammenleben, so etwa die Hausgehilfin oder eine Pflegeperson. Nicht zu den Familienangehörigen gehört dagegen die *Verlobte* des Mieters (LG Köln WM 74, 242).

Der Mieter hat grundsätzlich das Recht, auch *ohne Erlaubnis* des Vermieters seine nächsten Familienangehörigen auf Dauer in die Wohnung aufzunehmen, so insbesondere den Ehegatten und die ehelichen, nichtehelichen oder adoptierten Kinder. Weiterhin kann der Mieter im Rahmen seiner Lebensgestaltung aus persönlichen Gründen den *Lebensgefährten* aufnehmen und eine auf Dauer angelegte Wohngemeinschaft mit ihm begründen (BGH WM 85, 7). Ein vertragswidriger Gebrauch der Mieträume liegt ebenfalls nicht vor, wenn die *Schwester* des Mieters in seine Wohnung zieht (AG Köln WM 85, 262). Als Voraussetzung für eine Aufnahme von Familienangehörigen ist jedoch zu beachten, daß hierdurch keine *Überbelegung* eintritt und die Räume nicht übermäßig abgenutzt werden.

Kommt ein im Hausstand des Mieters lebender Angehöriger auf dem Mietgrundstück zu Schaden, und ist ein Mangel der Mietsache hierfür verantwortlich, so muß der Vermieter nach § 823 BGB auf Schadenersatz haften, wenn er seine *Verkehrssicherungspflicht* vernachlässigt hat.

Bei *Tod des Mieters* haben dessen Erben oder auch der Vermieter das Recht zur vorzeitigen Kündigung des Mietvertrages. Der überlebende Ehegatte oder andere Familienangehörige, mit denen der verstorbene Mieter einen gemeinsamen Haushalt geführt hat, können jedoch in das Mietverhältnis eintreten und den Vertrag fortführen. Sie haften allerdings rückwirkend für die Verbindlichkeiten aus dem Mietverhältnis, so etwa bei rückständigem Mietzins.

Auch beim *Vermieter* ist die Begriffsbestimmung des Familienangehörigen in Rechtsprechung und Schrifttum streitig. Nach der vorherrschenden Auffassung des § 564b BGB sind verwandtschaftliche Beziehungen des Vermieters zu dem in § 8 des II. WobauG genannten Personenkreis allein nicht ausreichend. Danach gelten als Familienangehörige nur solche Verwandte, die dem Vermieter persönlich nahestehen und denen gegenüber der Vermieter rechtlich oder zumindest moralisch zur Gewährung von Unterhalt oder sonstiger Fürsorge verpflichtet ist.

Dem Begriff *Familienangehöriger des Vermieters* kommt in Verbindung mit § 564 b Abs. 2 Nr. 2 BGB besondere Bedeutung zu. Danach kann der Vermieter den Mietvertrag wegen berechtigten *Eigenbedarfs* aufkündigen, wenn er die vermieteten Räume für sich selbst, für seine Angehörigen oder die zu seinem Hausstand gehörenden sonstigen Personen benötigt (LG Osnabrück WM 76, 55). Welche Personen letztlich als Familienangehörige des Vermieters gelten, hat der Gesetzgeber nicht definiert. Die Rechtsauffassungen über den hierzu gehörenden Personenkreis gehen daher weit auseinander. So haben mehrere Gerichte beispielsweise den *Neffen* und *verheiratete Geschwister* des Vermieters nicht als Familienangehörige anerkannt (LG Osnabrück WM 75, 192; AG Köln WM 75, 150; AG Michelstadt WM 74, 104). Durch einen neueren Rechtsentscheid ist jedoch geklärt worden, daß zu den Familienangehörigen des Vermieters für begründeten Eigenbedarf neben den Eltern und Kindern auch die Geschwister zählen (BayObLG WM 84, 14). Ist im Mietvertrag die Anzahl der in der Mietwohnung lebenden Personen begrenzt worden, so kann die Aufnahme weiterer Familienangehöriger wegen *Überbelegung* der Räume eine schwerwiegende Vertragsverletzung darstellen; sie berechtigt den Vermieter zur Kündigung des Mietvertrages (LG Köln WM 81, 161). Dagegen ist eine nur vorübergehende Unterkunftsgewährung für die Familie eines Kindes des Mieters gestattet, auch wenn dadurch die Wohnung überbelegt wird (AG Bochum WM 80, 235).

→ Eigenbedarf, Tod des Mieters.

Familienfeiern
→ Lärm

Fernsprechanschluß
Rechtsgrundlage: § 11 Abs. 2 FernsprechO
Zum vertragsgemäßen Wohngebrauch der Mietsache gehört auch die Einrichtung und Unterhaltung eines *Telefonanschlusses*. Der

Mieter kann also, ohne daß die vorherige Zustimmung des Vermieters notwendig ist, einen Telefonanschluß in seiner Wohnung einrichten lassen. Der Vermieter ist verpflichtet, die nach der Fernsprechordnung erforderliche *Einwilligungserklärung* gegenüber der Bundespost abzugeben. Den Rechtsanspruch auf Zustimmung kann der Mieter einklagen. *Schäden,* die durch die Installation der Telefonanlage an den Mieträumen entstehen, sind dem Vermieter je nach Verschulden von der Post oder vom Mieter zu ersetzen. Bleibt der Mieter auch nach Ende der Mietzeit aufgrund eines Nutzungsverhältnisses wohnen, so kann er nur in Ausnahmefällen verlangen, daß der Vermieter einer Neueinrichtung des Telefons zustimmt, so z. B. aus humanitären Gründen, wenn ein Telefonanschluß zur Betreuung eines mehrfach behinderten Kindes notwendig ist (AG Waldshut-Tiengen WM 81, 212).

Fernwärme
→ Betriebskosten.

Feuchtigkeit der Räume
Rechtsgrundlagen: §§ 537, 544 BGB
Raumfeuchtigkeit tritt vor allem in *Neubauwohnungen* häufiger auf und stellt insoweit keinen Mangel der Mietsache gemäß § 537 BGB dar. Der Mieter einer Neubauwohnung hat in diesem Fall durch ausreichendes Heizen und richtiges Lüften dafür zu sorgen, daß keine Feuchtigkeitsschäden, wie z. B. Schimmelpilzbefall, entstehen (LG Hannover WM 85, 259). Verletzt der Mieter seine vertragliche Obhutspflicht, macht er sich schadenersatzpflichtig (LG Berlin WM 85, 22). Ansonsten sind Feuchtigkeitsschäden in der Mietwohnung ein *Mangel der Mietsache* nach § 537 Abs. 1 BGB und zugleich ein Grund zur fristlosen Kündigung wegen Gesundheitsgefährdung (§ 544 BGB) (AG Bremerhaven WM 75, 147). Auf eine Nachfristsetzung zur Mängelbeseitigung kann verzichtet werden (LG Köln WM 81, U 19). Der Mieter muß beweisen können, daß ein Feuchtigkeitsschaden und die entsprechende Beeinträchtigung der Mietsache tatsächlich vorliegen (OLG Celle WM 85, 9 – RE). Auf jeden Fall sind nach Ansicht des AG Osnabrück (WM 84, 199) Schimmelpilzbildung und zugleich auftretender Geruch objektiv

nicht geeignet, den Kündigungsgrund des § 544 BGB zu rechtfertigen.

Liegt die Hauptursache für solche Schäden in der *Beschaffenheit des Bauwerks,* trifft den Mieter nur dann ein Mitverschulden, wenn er informiert wurde, sein Wohnverhalten nach den baulichen Gegebenheiten des Hauses zu richten und etwa häufiger zu lüften (LG Stade WM 85, 23). Ansonsten spricht der Beweis des ersten Anscheins dafür, daß Feuchtigkeitsschäden ihre Ursache in der mangelhaften Bausubstanz der Mietwohnung haben und daher vom Vermieter zu vertreten sind (AG Melsungen WM 85, 22). Auch wenn sich die Ursache der Feuchtigkeitsschäden – entweder Baumängel oder mangelhaftes Lüften und Beheizen – nicht feststellen läßt, kann ein vertragswidriges Verhalten des Mieters nicht angenommen werden (AG Nidda WM 80, 64).

Eine *schuldhafte Vertragsverletzung* des Mieters muß stets der Vermieter beweisen (AG Köln WM 85, 24). Dieser Beweis ist jedoch nicht erbracht, wenn der Mieter nur durch ein ihm unzumutbares Verhalten das Entstehen von Feuchtigkeitsschäden hätte lindern können (AG Bochum WM 85, 25). Der Vermieter trägt ferner die Beweislast dafür, daß der Mieter nach Einbau von Doppelfenstern auftretende Raumfeuchtigkeit verursacht hat. Der Mieter kann sich dadurch entlasten, daß er stärker heizt und intensiver lüftet. Die Tatsache der viel besseren Abdichtung der Räume erfordert demnach ein geändertes Heizverhalten. Auf die Notwendigkeit der Verhaltensänderung muß ihn der Vermieter jedoch hinweisen (LG Hannover WM 85, 22).

Die *Haftung des Mieters* wegen nicht ausreichender Belüftung der Wohnung setzt voraus, daß der Mieter über die Notwendigkeit einer verstärkten Lüftung im Bilde war (LG Mannheim WM 85, 24). Andererseits ist es Sache des Mieters, zu beweisen, daß die Schäden trotz aller zumutbaren Maßnahmen nicht zu vermeiden waren (LG Lüneburg WM 85, 115). Der Vermieter wiederum muß aus positiver Vertragsverletzung haften, wenn infolge starker Regenfälle Wasser durch die Kanalisation in den Keller steigt und dort gelagerte Mietersachen beschädigt werden (OLG Frankfurt WM 84, 78).

Bei Durchfeuchtungsschäden an der Zimmerdecke hat der Mieter

Anspruch auf Neueindeckung des Daches, sofern keine andere Maßnahme Abhilfe schafft. Auch muß der Vermieter Dekorationsschäden in der Mietwohnung beseitigen, etwa durch einen einheitlichen Anstrich an Decken und Wänden. Entstehen Feuchtigkeitsschäden durch eine mangelhafte *Isolierung der Außenwände,* so ist die Wohnung nicht in einem zum vertragsgemäßen Gebrauch geeigneten Zustand. Die Schäden hat der Vermieter durch fachgerechte Isolierung der fraglichen Außenwände zu beseitigen (AG Köln WM 80, 51). Die Mehrkosten, die dem Mieter durch das Trockenheizen einer feuchten Neubauwohnung entstehen, hat der Vermieter zu tragen. Das LG Lübeck (WM 83, 239) billigt dem Mieter insoweit eine Kürzung der umlagefähigen Heizungskosten um 20% zu.

Der Mieter kann nach § 537 BGB bei Aufhebung oder Einschränkung des vertragsgemäßen Gebrauchs der Wohnung auch die *Mietzahlung herabsetzen.* Die Kürzungsbefugnis besteht während der Zeit, in der der Mangel noch nicht behoben ist, und sie endet, wenn der Vermieter den Wohnungsmangel beseitigt hat. So ist beispielsweise eine Mietminderung um wenigstens 50% berechtigt, wenn die Heizungsanlage der Mietwohnung in den Wintermonaten ausfällt (LG Bonn WM 82, 170). Ein Minderungsrecht besteht allerdings nicht, wenn der Mieter nach Einbau von Isolierglasfenstern entgegen dem ausdrücklichen Hinweis des Fensterbauers nicht genügend lüftet, so daß wegen erhöhter Luftfeuchtigkeit sogenannte Stockflecken auftreten (LG Hannover WM 83, 126). Dagegen ist eine Mietminderung berechtigt, wenn die Feuchtigkeitsschäden auf mangelhafte Beheizung der Wohnung zurückzuführen sind, auch wenn den Vermieter daran kein Verschulden trifft. Für die Behauptung, der Mieter habe den Mangel verursacht, muß der Vermieter den Beweis antreten (AG Münster WM 82, 185).

→ Gesundheitsgefährdung; Mietminderung.

Formularmietvertrag
Rechtsgrundlagen: §§ 1 bis 11 AGBG; § 535 BGB
Um ein Wohnungsmietverhältnis zu begründen, müssen Mieter und Vermieter einen Mietvertrag abschließen. Dieser Vertrag hat insbesondere die gegenseitigen Rechte und Pflichten der Parteien

zu regeln. Der Mietvertrag kann grundsätzlich frei gestaltet werden, wobei die einschlägigen Mietrechtsvorschriften der §§ 535–580 BGB zu beachten sind.

Heute ist es in der Praxis jedoch üblich, Wohnungsmietverträge unter Verwendung von *Formularvordrucken* mit vorformulierten Vertragsbedingungen abzuschließen. Die zumeist von den Verbänden der Haus- und Grundeigentümer herausgegebenen Mustervordrucke sind jedoch einseitig auf die Interessen der Vermieter abgestellt; sie weichen in den wichtigsten Punkten vom Gesetz zum Nachteil des Mieters ab. Da jedermann solche Formularmietverträge selbst herstellen kann, hat das Bundesjustizministerium – um den Mißbräuchen entgegenzuwirken – einen *Mustermietvertrag '76* erstellt und am 13. 1. 1976 der Öffentlichkeit übergeben. Hierbei handelt es sich um einen Textentwurf, der als Richtschnur für die Ausgestaltung von Wohnungsmietverträgen gedacht war und insbesondere geschäftsungewandten Mietparteien eine objektive Orientierungsmöglichkeit bieten sollte. Der Mustermietvertrag '76 konnte sich jedoch bis heute nicht durchsetzen.

Seit 1. 4. 1977 werden nun sämtliche neu abgeschlossenen Formularmietverträge der verstärkten Kontrolle durch das *Gesetz zur Regelung des Rechts der Allgemeinen Geschäftsbedingungen* (AGBG) unterworfen, so daß ein ausreichendes Maß an Vertragsgerechtigkeit zum Schutz des Mieters gewährleistet ist. Allerdings gilt das Schutzgesetz nur für *vorformulierte Verträge*, nicht jedoch für Mietverträge, deren Textinhalt im Einzelfall *frei ausgehandelt* wurde. Aushandeln im Sinne von § 1 Abs. 2 AGBG bedeutet, daß der Vermieter die in dem von ihm vorgelegten Vertragstext enthaltenen, nicht durch das Gesetz gedeckten Regelungen, Klauseln und ergänzenden Bestimmungen inhaltlich zur Disposition stellt (BGH WM 86, 53).

Von einem Aushandeln kann somit nicht die Rede sein, wenn in ein Leerfeld des Formularvordrucks mit der Schreibmaschine ein Textteil eingesetzt wird. Dieses Einbeziehen einer bestimmten Textergänzung ist für sich allein noch kein Indiz für eine Individualvereinbarung zwischen den Parteien (LG Koblenz WM 83, 91). Verstöße gegen *§ 3 AGBG* stellen *überraschende* oder *versteckte Vertragsklauseln* dar, die nach den Umständen – auch dem äußeren

Erscheinungsbild des Vertrages – so ungewöhnlich sind, daß der Mieter nicht mit ihnen zu rechnen braucht. So ist beispielsweise eine Berufung des Vermieters auf die formularvertragliche Vereinbarung einer Raumtemperatur von nur 18 Grad von 8.00 bis 21.00 Uhr die unzulässige Berufung auf eine überraschende Klausel, da auf Dauer bei Unterbeheizung eine Gesundheitsbeeinträchtigung des Mieters zu erwarten ist (AG Heidelberg WM 82, 2). Auch die Klausel »Für Treppenhausrenovierung pauschal DM 150,- bei Auszug« ist eine überraschende Klausel nach § 3 ABGB und daher unwirksam, zumal sie in den fortlaufenden Text ohne besondere Hervorhebung eingefügt wurde (LG Kassel WM 83, 94). Unterschreibt der Mieter auf Verlangen der Hausverwaltung eine für ihn nachteilige Zusatzerklärung zum Mietvertrag und behauptet der Verwalter, der Nachtrag diene nur einer Klarstellung schon bestehender Verpflichtungen, so werden dadurch für den Mieter keine neuen Pflichten begründet (LG Freiburg WM 82, 74).

Die im Formularmietvertrag vereinbarte Abtretung von Gehaltsansprüchen an den Vermieter widerspricht wesentlichen Grundgedanken des gesetzlichen Mietvertragsrechts und ist daher als überraschende Klausel unwirksam (AG Hamburg-Wandsbek WM 85, 144).

In *§ 4 AGBG* wird darauf hingewiesen, daß *individuelle Vertragsabreden,* auch wenn sie nur mündlich getroffen wurden, stets Vorrang gegenüber den Allgemeinen Geschäftsbedingungen haben. Das gilt auch dann, wenn im Formularmietvertrag eine Schriftformklausel enthalten ist, die vorschreibt, mündliche Verhandlungen seien ungültig.

Mehrdeutige Vertragsklauseln unterliegen der Unklarheitenregelung von *§ 5 AGBG*. Danach fallen im Zweifel alle Unklarheiten aus einem Mietvertrag demjenigen zur Last, der den Vertragstext in die Abschlußverhandlung eingebracht hat, im Regelfall also der Vermieter. Es gilt somit die jeweils für den Mieter günstigere Wertung, wenn die Formulierung mehrere Auslegungsmöglichkeiten zuläßt. So kann eine nach dem Formularmietvertrag vorgesehene anteilmäßige Übernahme der Anschaffungskosten einer Gemeinschaftsantenne im Zweifel nur für eine Antennenanlage gelten, die nach Abschluß des Mietvertrages montiert wurde (AG Köln WM 82, 226).

§ 6 *AGBG* bestimmt hinsichtlich der *Rechtsfolgen unwirksamer Vertragsklauseln,* daß ganz oder teilweise ungültige Vertragsabsprachen den Bestand des Mietvertrages als Ganzes nicht aufheben. Ferner sind Vertragsregelungen unwirksam, die gegen die guten Sitten oder gegen das Gesetz verstoßen; an ihre Stelle treten die gesetzlichen Vorschriften. Bedeuten die Rechtsfolgen der Unwirksamkeit für eine Vertragspartei eine unzumutbare Härte, so ist der gesamte Vertrag unwirksam.

Das AGB-Gesetz findet durch das *Umgehungsverbot* von *§ 7 AGBG* auch dann Anwendung, wenn seine Vorschriften durch anderweitige Vertragsgestaltungen umgangen werden sollen, so beispielsweise durch Vertragsaufspaltung in einen schriftlichen Haupt- und mündlichen Nebenvertrag (LG Frankfurt WM 84, 125).

Die *Generalklausel* des *§ 9 AGBG* gilt auch für noch bestehende Mietverträge, die bereits vor dem 1. 4. 1977 abgeschlossen wurden. Sie verbietet grundsätzlich Vertragsklauseln, die einen Vertragspartner entgegen dem Gebot von Treu und Glauben unangemessen benachteiligen. Die Rechtsprechung liefert für die praktische Anwendung der Generalklausel eine Vielzahl von Beispielen. So ist die formularvertragliche Umlage von Fahrstuhlkosten für den Erdgeschoßmieter nur dann wirksam, wenn dieser den Fahrstuhl zumindest für das Erreichen von Gemeinschaftseinrichtungen im Haus, wie Keller und Boden, regelmäßig benützen kann (AG Pinneberg WM 83, 234). Ungültig ist eine Vertragsklausel, die den Mieter verpflichtet, unverzüglich auf seine Kosten in der Wohnung auftretendes Ungeziefer zu beseitigen, wenn das ganze Haus von Ungeziefer befallen ist (AG Gelsenkirchen WM 83, 94). Auch eine Reparaturkostenbeteiligung des Mieters ist gemäß § 9 AGBG unwirksam, wenn sie dem Mieter ohne Rücksicht hinsichtlich der Verschuldensfrage aufgebürdet wird (AG Stuttgart WM 83, 94). Die Vereinbarung im Formularvertrag, wonach der Mieter Schönheitsreparaturen nur durch einen Fachmann durchführen lassen muß, weicht von wesentlichen Grundgedanken der gesetzlichen Bestimmungen des § 536 BGB ab. Damit würden dem Mieter Pflichten auferlegt, die über das hinausgehen, was nach der gesetzlichen Regelung eigentlich dem Vermieter obliegen würde (AG Köln WM 83, 91). Nach § 9 AGBG ist ferner die formularvertragliche Vereinbarung unwirksam, wonach die Abrechnungen des Vermieters als anerkannt gelten, wenn nicht innerhalb eines Monats nach Zugang vom Mieter Einspruch erhoben wird. Eine derartige Vereinbarung bedeutet, daß der Mieter gegenüber dem Grundsatz von Treu und Glauben unangemessen benachteiligt wird (AG Münster WM 85, 371).

Die *§§ 10 und 11 AGBG* enthalten einen umfangreichen Katalog von sogenannten überraschenden und versteckten Vertragsklauseln. Sie werden jeweils nach den besonderen Umständen des Einzelfalls angewendet. Verboten sind beispielsweise sogenannte *Zugangsfiktionen,* das heißt Vertragsklauseln, die vorsehen, daß eine wichtige Erklärung des Vermieters (Mahnung, Kündigung, Mieterhöhungsschreiben) als zugegangen gilt, ohne daß der Mieter den Einwand vorbringen könnte, das Schriftstück habe ihn nicht erreicht *(§ 10 Nr. 6 AGBG).* Nach *§ 11 Nr. 4 AGBG* ist eine Vertragsklausel unwirksam, durch die der Vermieter von der gesetzlichen Verpflichtung freigestellt wird, den Mieter vor Eintritt der Verzugsfolgen abzumahnen oder ihm eine Nachfrist zu setzen. Die Vereinbarung eines Aufrechnungsverbotes bleibt nach *§ 11 Nr. 3 AGBG* ungültig, wenn sie dem Mieter die Befugnis nimmt, seine Mietzahlungen mit einer unbestrittenen oder rechtskräftig festgestellten Forderung aufzurechnen.

§ 10 Nr. 7 AGBG verbietet die Absprache einer unangemessen hohen Nutzungsvergütung oder eines überhöhten Aufwandersatzes bei Kündigung des Mietverhältnisses durch den Mieter. Nach § 11 Nr. 6 AGBG sind Vereinbarungen über eine Vertragsstrafe verboten, sofern dieses Verbot nicht schon nach § 550a BGB gilt.

Das *AGB-Gesetz* ist als Schutzmaßnahme zugunsten des Mieters nur wirksam, wenn der Mietvertrag aufgrund eines vom Vermieter vorgelegten, insbesondere von einem Haus- und Grundeigentümerverein herausgegebenen Formularvordrucks abgeschlossen wurde. Der vom Vermieter eingeführte Formularmietvertrag verwandelt sich nicht dadurch in eine das AGBG ausschließende Individualabrede, daß der Mieter ein zusätzliches Schriftstück unterschreibt, worin er bestätigt, daß er vor Vertragsabschluß genügend Zeit gehabt habe, den Mietvertrag durchzulesen, die einzel-

nen Bestimmungen zu prüfen und sich mit allem einverstanden zu erklären (OLG Hamm WM 81, 77 – RE). Im Streitfall ist jedoch der Mieter beweispflichtig dafür, daß der vom Vermieter benutzte Formularmietvertrag den AGB-Bestimmungen unterliegt. Umgekehrt trägt der Verwender der Allgemeinen Geschäftsbedingungen die Beweislast dafür, daß eine Individualvereinbarung besteht. Handschriftliche Einfügungen in Formularmietverträgen sind dafür nicht in jedem Fall ausreichend (LG Frankfurt/M. WM 79, 151).
→ Mietvertrag.

Fristlose Kündigung
Rechtsgrundlage: §§ 554a, 554b BGB
Beide Parteien können einen Wohnungsmietvertrag ohne Einhaltung von Kündigungsfristen auflösen, wenn ein Vertragsteil seine Pflichten aus dem Mietverhältnis schuldhaft in solchem Ausmaß verletzt, daß dem anderen Vertragsteil eine Fortsetzung der Beziehungen nicht länger zugemutet werden kann. Eine gegenteilige Vertragsabsprache ist unwirksam (§ 554a BGB). Die Gründe, die sowohl den Vermieter (§§ 553, 554 BGB) als auch den Mieter (§§ 542, 543, 544 BGB) zu einer fristlosen Mietkündigung berechtigen, sind im Gesetz abschließend festgelegt. Eine Vereinbarung anderer Gründe als der dort genannten bleibt unbeachtlich (§ 554b BGB).
Der *Vermieter* darf insbesondere fristlos kündigen, wenn der Mieter fortwährend gegen die Hausordnung verstößt oder nachhaltig den Hausfrieden stört, den Vermieter beleidigt, bedroht oder tätlich angreift, die Mitmieter wiederholt in betrunkenem Zustand belästigt, die Wohnräume trotz Abmahnung für vertragswidrige Zwecke benutzt oder mit der Zahlung der Miete erheblich in Verzug gerät. Voraussetzung für die Wirksamkeit von § 554a BGB ist im Regelfall eine erhebliche und zugleich schuldhafte Pflichtverletzung des Mieters. An die Beurteilung derart schwerwiegender Verstöße, die eine fristlose Mietkündigung rechtfertigen, werden strenge Anforderungen gestellt (LG Köln WM 80, 137).
Einmalige Störungen der Hausordnung, geringfügige Belästigungen oder ein Streitgespräch zwischen den Mietvertragsparteien

erschüttern die Grundlage des gegenseitigen Vertrauensverhältnisses noch nicht derart, daß der Vermieter hierauf eine fristlose Kündigung stützen könnte (AG Hanau WM 80, 137).

Allein aus der Tatsache, daß die Vertragsparteien über gegenseitige Ansprüche schon mehrfach prozessiert haben, kann der Vermieter ebenfalls kein Recht zur fristlosen Kündigung des Mieters ableiten (AG Lüdinghausen WM 80, 137).

Ehekrach der Mieter rechtfertigt nur in Ausnahmefällen als schwere Störung des Hausfriedens eine fristlose Kündigung (LG Köln WM 81, U 14).

Ebenfalls entsteht kein Kündigungsgrund, wenn das Fehlverhalten des Mieters weder auf Vorsatz noch auf Fahrlässigkeit beruht oder eine Schuldfähigkeit des Mieters aus subjektiven Gründen auszuschließen ist.

Allerdings kann auch eine *nicht verschuldete Pflichtverletzung* des Mieters das Vertrauensverhältnis zwischen den Parteien so nachhaltig stören, daß eine Fortsetzung des Mietvertrages für den Vermieter unzumutbar wird. So darf der Vermieter beispielsweise einem geisteskrank gewordenen Mieter fristlos kündigen, der in krankheitsbedingten Erregungszuständen den Hausfrieden fortwährend und nachhaltig stört. Schaltet der Mieter eigenmächtig die Sicherung der Keller- und Treppenhausbeleuchtung ab, und verhält er sich anderweitig aggressiv gegen Mitbewohner und Vermieter, kann der Vermieter ebenfalls fristlos kündigen (AG Köln WM 81, U 14). Gleiches gilt, wenn der Mieter einen Hausnachbarn anonym denunziert und auch sonst ein gestörtes Verhältnis zur Umwelt an den Tag legt (LG Stuttgart WM 81, U 14).

Ein vertragswidriger Gebrauch der Wohnung berechtigt nach § 553 BGB zur fristlosen Kündigung, wenn die Räume ungeachtet einer Abmahnung des Vermieters deshalb überbelegt sind, weil der Mieter seinen Ehegatten und ein gemeinsames Kind aufgenommen hat (BayObLG WM 83, 309 – RE).

Das unmittelbare Interesse des Mieters an der Wahrung einer bestimmten Rechtsposition rechtfertigt es nicht, den Vermieter gegenüber anderen Personen herabzusetzen. Im Streitfall hatte der Mieter gegenüber einem Handwerker behauptet, der Vermieter sei zahlungsunfähig, um damit ein Modernisierungsvorhaben zu ver-

Fristlose Kündigung

hindern. Bei Prüfung der Frage, ob ein solches Verhalten eine fristlose Kündigung rechtfertigt, ist nach Meinung des LG Mannheim (WM 85, 264) auch das Verhalten des Vermieters und der von ihm Beauftragten zu berücksichtigen.

Das Recht des *Mieters* zur fristlosen Kündigung seines Wohnungsmietvertrages entsteht, wenn ihm der vertragsmäßige Gebrauch der gemieteten Räumlichkeiten ganz verweigert oder nicht rechtzeitig gewährt oder wieder entzogen wird (§ 542 BGB). So kann der Mieter beispielsweise fristlos kündigen, wenn durch umfangreiche Modernisierungsarbeiten und das zeitweilige Abstellen des Wassers die Mieträume für einige Zeit unbewohnbar werden, dem Mieter also der vertragsmäßige Gebrauch der Mietsache entzogen wird (AG Darmstadt WM 80, 131).

Eine nicht unerhebliche Behinderung des Mietsachengebrauchs liegt ebenfalls vor, wenn der Vermieter trotz Fristsetzung den zur Wohnung gehörenden Keller verschlossen hält und der Mieter den Raum nicht zur Unterstellung von Möbeln nutzen kann (AG Ahrensburg WM 84, 199).

Das fristlose Kündigungsrecht steht dem Mieter auch für den Fall zu, daß die Benutzung der Wohnung durch bauliche Mängel mit einer erheblichen Gefährdung der Gesundheit verbunden ist (§ 544 BGB). So berechtigt beispielsweise eine Durchfeuchtung der Zimmerwände mit Bildung von Schimmelpilz und Kondensat den Mieter über die Mietminderung hinaus zur fristlosen Kündigung (AG Darmstadt WM 80, 77). Es ist jedoch Sache des Vermieters, zu beweisen, daß der Anspruch des Mieters auf sein Kündigungsrecht wegen Sachmängeln deshalb nicht bestehe, weil er die Mängel angeblich selbst verschuldet habe (AG Rheine WM 83, 236).

Die fristlose Kündigung des Wohnungsmietverhältnisses hat in jedem Fall *schriftlich* zu erfolgen; auch sollen nach § 564a Abs. 1 BGB die Kündigungsgründe benannt werden. Nach einem Rechtsentscheid des OLG Karlsruhe (WM 82, 242) darf jedoch der Vermieter die fristlose Kündigung im Mietprozeß grundsätzlich auch auf Motive stützen, die er in seiner schriftlichen Kündigungserklärung noch nicht geltend gemacht hat. Insoweit findet § 564b Abs. 3 BGB keine Anwendung.

→ Feuchtigkeit der Räume; Hausfriedensbruch.

Funkantenne
→ Antennenanlagen.

Funksprechanlagen
→ Antennenanlagen.

Garage
Rechtsgrundlagen: §§ 535, 564, 565 BGB; § 2 MHG
Wird mit einer Wohnung oder einem Einfamilienhaus gleichzeitig eine Garage vermietet, entsteht ein sogenanntes *Mischmietverhältnis,* also ein Mietvertrag über Räumlichkeiten, die Wohnzwecken und zugleich anderen Zwecken dienen. Da jedoch der Hauptzweck regelmäßig bei der Vermietung von Wohnraum liegt, sind für das gesamte Mietverhältnis die Bestimmungen des Wohnungsmietrechts maßgebend. Wird also die Garage zusammen mit der Wohnung angemietet, gelten die vom Mietvertrag erfaßten Räume als eine rechtliche oder wirtschaftliche Einheit. Sie können demnach auch nur gemeinsam gekündigt werden (AG Kerpen WM 80, 56). Eine *Teilkündigung* der zur Wohnung gehörenden und mitgemieteten Garage ist somit unzulässig, auch wenn für sie ein gesonderter Mietzins gezahlt wird (LG Mannheim WM 80, 134). Eine Teilkündigung kommt selbst dann nicht in Betracht, wenn 2 Mietverträge abgeschlossen werden, einer über die Wohnung und ein anderer, jedoch nur mündlicher Vertrag über die Garage (LG Köln WM 80, 180). Ein für die Wohnung anwendbarer *Kündigungsschutz* erstreckt sich gleichzeitig auf die mitgemietete Garage, sofern diese nach der Verkehrsanschauung zur Wohnung gehört.
Die *Garage* als Autounterstellplatz ist in ihrer Funktion mit den Nebenräumen des Wohnhauses zu vergleichen; sie dient - wie Keller und Speicher - dem Abstellen von Sachen des Mieters. Ebenso ist eine Garage zu bewerten, wenn sie der Mieter unter Umständen erst Jahre nach seinem Einzug anmietet und nichts Schriftliches hierüber im Mietvertrag vereinbart wird. Eine neue selbständige Vertragsabsprache kommt nur zustande, wenn beide Parteien dies ausdrücklich wünschen (OLG Karlsruhe WM 83, 166 – RE). Bei *späterer Hinzumietung* der Garage ohne nähere Vereinbarungen handelt es sich nur um eine Erweiterung des alten Miet-

vertrags. Eine isolierte *Kündigung* der Garage wäre daher unzulässig (AG Bruchsal WM 82, 142). Den Vorwurf unzulässiger Rechtsausübung mußte ein anderer Vermieter hinnehmen, der die getrennt angemietete Garage dem Mieter gekündigt hatte, weil dieser nicht bereit war, für die Wohnung freiwillig eine höhere Miete zu bezahlen (LG Hamburg WM 82, 226).

Heizkostenabrechnungen müssen richtig und vollständig sein. Das trifft auch für die Kostenabrechnung der Garagenheizung zu. Wenn der Vermieter jedoch die Heizkosten der Garagen seines Mehrfamilienhauses anteilig auch auf Mieter umlegt, die keine Garage angemietet haben, so muß er die insoweit abgerechneten Kosten auch für die Vergangenheit zurückzahlen (AG Hamburg WM 83, 24). Gleiches gilt für die Umlage des Garagenanteils der Grundsteuer und der Feuerversicherungsprämie. Eine anteilige Umwälzung der Garagenkosten kann nur auf Mieter erfolgen, die eine Garage mitgemietet haben (AG Hamburg-Harburg WM 81, U 23).

Eine *Erhöhung der Garagenmiete* getrennt von der Wohnungsmiete wäre nur dann erlaubt, wenn der Mietvertrag eine entsprechende Vereinbarung enthielte (AG Köln WM 84, 197). Weist der Mietvertrag lediglich die Wohnungsmiete aus, und ist die Garagenmiete gesondert zu entrichten, gilt das Gesetz zur Regelung der Miethöhe (MHG) allein für die Wohnungs- und nicht für die Garagenmiete. Eine Erhöhung der Garagenmiete könnte somit nur durch eine – im übrigen unzulässige – Teilkündigung erfolgen (LG Darmstadt WM 81, 111). Diese Teilkündigung kommt auch dann nicht in Betracht, wenn Garagen- und Wohnungsmietvertrag zwar zeitlich getrennt vereinbart, die Rechtsverhältnisse jedoch über Jahre hinweg einheitlich gehandhabt wurden (AG Wuppertal WM 81, U 20). Eine isolierte Erhöhung der Garagenmiete im Wege des Zustimmungsverlangens ist ebenfalls nicht möglich, auch wenn die Garagenmiete gesondert ausgewiesen wird (AG Brühl WM 85, 338).

→ Mieterhöhung.

Gartenanlagen
Rechtsgrundlagen: §§ 636, 536, 537 BGB
Einen auf dem Mietgrundstück vorhandenen *Hausgarten* darf der Mieter nur dann benutzen, wenn das Nutzungsrecht im Mietver-

trag ausdrücklich vereinbart wurde. Das gilt jedoch nur für *Mehrfamilienhäuser*. Anders liegen die Verhältnisse bei einem gemieteten *Einfamilienhaus*. Hier ist die freie Gartenbenutzung stets eingeschlossen, sofern im Mietvertrag nichts Gegenteiliges vereinbart wurde.

Steht sämtlichen Mietern eines Mehrfamilienhauses das Nutzungsrecht zu, ist der Hausgarten eine *Gemeinschaftseinrichtung* für alle Hausbewohner. Ein Nutzungsrecht des Mieters an der Gartenfläche besteht auch dann, wenn zwar im Mietvertrag die Benutzung von Hof und Garten nicht ausdrücklich geregelt wurde, der Vermieter aber Jahre hindurch die ständige Benutzung widerspruchslos geduldet hat. In diesem Fall ist eine stillschweigende Erweiterung des Mietvertrages zustandegekommen. Dasselbe trifft zu, wenn der Wohnungsmieter seit Beginn des Mietverhältnisses ein kleines Stück der Gartenfläche unter anderem zum Wäschetrocknen benutzt. Der Vermieter hatte $2^{1/2}$ Jahre lang die Nutzung hingenommen, dann jedoch den Zugang zum Garten für den Mieter gesperrt und ihm das Betreten der Rasenfläche verboten. In diesem Fall steht dem Mieter ein *Besitzschutzanspruch* nach § 861 BGB zu. Der Mieter kann also verlangen, daß ihm der Besitz an der Gartenfläche wieder eingeräumt wird (AG Hattingen WM 83, 238).

Bei freier Gartenbenutzung darf der Vermieter auch nicht verbieten, daß die *Kinder* der Mieter fremde Kinder als Spielgefährten in den Garten mitbringen. Ein solches Verbot würde die Nutzungsmöglichkeit der Mietsache einschränken und daher eine *Mietzinsminderung* rechtfertigen (AG Solingen WM 80, 112).

In *Ziergärten* ist es üblich, geringe Gartenanteile für wirtschaftliche Zwecke zu nutzen. So muß der Vermieter beispielsweise dulden, daß der Mieter im Gartenck einen *Stoß Brennholz* aufschichtet, um damit den Kachelofen in der Wohnung während der Übergangszeit zu heizen. Dies gilt, auch wenn die Wohnung mit einer Sammelheizung ausgestattet ist und der Vermieter die Benutzung des Kachelofens wollte. Das AG Nürnberg (WM 84, 109) befand, daß die Aufstellung des Holzstoßes die Funktion des Gartens als Ziergarten in keiner Weise stört.

Die gärtnerische Pflege der *Außenanlagen* des Wohngrundstücks ist grundsätzlich Sache des Vermieters. Wird das Wohnhaus mit freier Benutzung des Hausgartens vermietet, sind dagegen die Mieter auch zur *Pflege der Gartenanlage* verpflichtet. Zumindest ist auf der zum Mietobjekt gehörenden Wiese regelmäßig das Gras zu schneiden, um eine Verunkrautung und das Ersticken des Grases zu vermeiden. Das gilt auch, wenn eine entsprechende Vertragsabsprache nicht getroffen wurde (AG Ibbenbüren WM 84, 196). Kommt der Mieter seiner Verpflichtung nicht nach, darf der Vermieter für die Beauftragung eines Gärtners *Kostenersatz* fordern, nachdem er dem Mieter vergeblich eine Frist zum Nachholen des Versäumnisses gesetzt hat. Der Vermieter kann allerdings eine Gartenpflege nicht verlangen, wenn der Mieter seinen Gartenanteil abgeben wollte, der Vermieter jedoch auf ein entsprechendes Angebot des Mieters nicht reagiert (AG Friedberg/Hessen WM 82, 226).

Ein Grund zur *Kündigung* des Mietverhältnisses ist nicht gegeben, wenn der Mieter einen mitgemieteten Ziergarten als *Naturgarten* hält und durch mangelhafte gärtnerische Leistungen gewisse Schäden am Rasen, bei Kleinpflanzen und schnellwachsenden Sträuchern eingetreten sind. Will der Vermieter einen Ziergarten in seiner äußeren Erscheinungsform erhalten, sind entsprechende Vereinbarungen im Mietvertrag notwendig (LG Darmstadt WM 83, 151; AG Darmstadt WM 82, 246).

Im übrigen können die Pflegekosten für gärtnerisch angelegte Flächen eines Mietwohngrundstücks nur bis zur Höhe der tatsächlich angefallenen und nachgewiesenen Beträge auf den Mieter anteilig umgelegt werden (AG Husum WM 76, 60).

→ Mietminderung.

Gemeinschaftsantenne
→ Antennenanlagen.

Gesundheitsgefährdung
Rechtsgrundlage: § 544 BGB
Ist der Mietwohnraum so beschaffen, daß die Benutzung durch die Bewohner zu einer erheblichen *Beeinträchtigung ihrer Gesundheit* führt, so kann der Mieter das Mietverhältnis ohne Einhaltung einer Kündigungsfrist aufkündigen (§ 544 BGB). Diese Vorschrift gilt

nicht nur für Wohnungen, sondern für alle Räume, die zum Aufenthalt von Menschen bestimmt sind, also auch für leere oder möbliert vermietete Einzelzimmer, für Büros, Werkstätten, Gaststätten und dergleichen. Das Kündigungsrecht besteht ferner, wenn der Mieter die gefahrbringende Beschaffenheit der Räume bei Abschluß des Mietvertrages kannte oder auf die Geltendmachung seiner Rechte verzichtet hat, die ihm wegen dieser Beschaffenheit grundsätzlich zustehen. Die wirksame Kündigung ist im übrigen nicht davon abhängig, daß bereits eine Schädigung der Gesundheit eingetreten ist; es genügt, wenn eine Schädigung nach objektiver Betrachtung naheliegt.

Das Gesetz verlangt für die Ausübung des Kündigungsrechts das Vorliegen einer *erheblichen Gesundheitsgefährdung* des Mieters und seiner Haushaltsangehörigen. Geringe oder nur vorübergehende Beeinträchtigungen rechtfertigen die Ausübung des Kündigungsrechts jedoch nicht. Dasselbe gilt, wenn nur ein Teil der Wohnräume in gesundheitsgefährdendem Zustand ist, die Benutzung der Wohnung in ihrer Gesamtheit aber nicht gefährdend erscheint. Das Recht zur fristlosen Mietkündigung entfällt weiterhin, sofern der Mieter den Mangelzustand selbst herbeigeführt und damit verschuldet hat, so wenn er beispielsweise einen Schimmelbefall in der Wohnung durch unzureichende Belüftung verursacht hat (AG Friedberg/Hessen WM 85, 262). Gleiches gilt, falls die Wohnung von zwei Mietern bewohnt wird und die Energieversorgung abgesperrt wurde, da der verantwortliche Mieter die Gebühren nicht zahlte (LG Mannheim DWW 78, 72).

Unerträglicher *Lärm* kann bei einer gewissen Dauerwirkung zu gesundheitlichen Schäden führen. Bei einer Beurteilung des Ausmaßes der Gesundheitsgefährdung ist jedoch ein objektiver, allgemeingültiger Maßstab anzuwenden; auf die gesundheitliche Beschaffenheit des einzelnen kommt es dabei nicht an (AG Köln WM 79, 75). Eine fristlose Wohnungskündigung und sofortiger Auszug des Mieters ist beispielsweise zulässig bei ständiger Feuchtigkeit und Nässe in der Wohnung (AG Gelsenkirchen-Buer WM 78, 27), bei Schimmelbefall im Schlafzimmer (AG Friedberg/Hessel WM 80, 113) oder bei erheblichem Auftreten von Ungeziefer (AG Kiel WM 80, 235). Weitere Beispiele aus der Rechtsprechung sind:

gesundheitsgefährdende Beschaffenheit von Fußboden und Treppen, dauerndes Eindringen übler Gerüche, Abgase aus dem Schornstein, unzureichende Heizungsanlage und dergleichen. Der Kündigung durch den Mieter braucht keine Abmahnung des Vermieters auf Mängelbeseitigung vorauszugehen.
Die Kündigung des Mietverhältnisses bedarf nach § 564a BGB grundsätzlich der *Schriftform*. Sie kann aber auch mündlich oder durch schlüssiges Verhalten (sofortiger Mieterauszug) erfolgen, wenn die Umstände dies erfordern.
→ Feuchtigkeit der Räume; Lärm.

Gewerbliche (berufliche) Nutzung von Wohnräumen
Rechtsgrundlagen: § 553 BGB
Für eine *gewerbliche Nutzung* der Wohnräume ist die ausdrückliche Zustimmung des Vermieters notwendig. Der Vermieter kann seine Zustimmung von der Zahlung einer höheren Miete (Gewerbezuschlag) abhängig machen (AG Hamburg-Altona WM 82, 254). Die Forderung eines *Gewerbezuschlags* ist allerdings nur zulässig, wenn die Wohnung tatsächlich ganz oder teilweise zu anderen als Wohnzwecken benutzt wird und hierdurch für den Vermieter eine wirtschaftliche Mehrbelastung eintritt (OVerwG Berlin WM 76, 132). Bei Verstoß gegen die Genehmigungspflicht ist der Vermieter berechtigt, nach § 443 BGB *fristlos zu kündigen*.
Unter bestimmten Voraussetzungen muß der Vermieter eine gewerbliche Tätigkeit des Mieters auch *ohne besondere Erlaubnis* hinnehmen. Das gilt, wenn keine Beschädigung der Räume und Zugänge eintritt, unzumutbare Belästigungen der übrigen Hausbewohner nicht zu befürchten sind und der Mieter keine baulichen Änderungen innerhalb seiner Wohnung vornimmt (LG Berlin WM 74, 258). Eine zulässige gewerbliche Nutzung der gemieteten Wohnräume liegt auch dann vor, wenn der Mieter als Kaufmann geringfügige Büroarbeiten in einem als Arbeitszimmer eingerichteten Wohnraum ausführt – vorausgesetzt, die übrigen Mitmieter werden dadurch nicht gestört und die Mieträume nicht zusätzlich abgenutzt (LG Mannheim WM 78, 91).
Heimarbeit des Mieters ist ebenso zu dulden wie die Ausübung eines *Kleingewerbebetriebes,* so z. B. einer Schneiderei, wenn der

Mieter keine Hilfskräfte beschäftigt, die Kundenbesuche sich in engen Grenzen halten und störende Maschinen nicht verwendet werden (AG Delmenhorst WM 81, U 20). Insbesondere stellt das Erledigen der geschäftlichen Korrespondenz, der Empfang einzelner Kunden und die Führung von Telefonaten keine vertragswidrige Zweckentfremdung der Wohnung dar (LG Düsseldorf WM 81, U 13). So werden die Mieträume durch Eintragung eines Beratungsunternehmens im Handelsregister auf die Adresse der Wohnung nicht in unzulässiger Weise gewerblich genutzt. Etwas anderes würde nur dann gelten, wenn in einem solchen Fall die Mandantenbesuche erheblich zunähmen und die Hausbewohner sich durch den regen Besuchsverkehr belästigt fühlten (AG Raitingen WM 81, U 13).

Eine haupt- oder nebenberufliche Beschäftigung des Mieters, die üblicherweise im Wohnbereich ausgeübt wird und weder starken Publikumsverkehr noch angestellte Hilfskräfte erfordert, bedarf grundsätzlich keiner Zustimmung des Vermieters. Das betrifft beispielsweise die Tätigkeit eines Schriftstellers, Kunstmalers, Wissenschaftlers oder Nachhilfelehrers. Der Mieter ist in diesem Falle auch berechtigt, an geeigneter Stelle des Hauses ein Hinweisschild anzubringen. Bei Sozialwohnungen besteht ebenfalls ein allgemeines Zweckentfremdungsverbot. Ausnahmen bedürfen der Genehmigung durch die zuständigen Behörden.

→ Belästigungen; Fristlose Kündigung; Vertragswidriger Gebrauch der Mietsache

Gleitklausel
→ Mietpreiserhöhung.

Hausbesetzung
→ Hausfriedensbruch.

Hausfriedensbruch
Rechtsgrundlagen: § 554a BGB; § 123 StGB
Als *Hausfriedensbruch* gilt zum einen der Tatbestand des unerlaubten Eindringens in die Wohnung eines anderen und das Verweilen daselbst gegen den ausdrücklichen oder mutmaßlichen Willen des

Wohnungsberechtigten (§ 123 StGB). Auf Strafantrag wird Hausfriedensbruch mit Geldstrafe oder Haft geahndet. Hausfriedensbruch ist auch das eigenmächtige, gewaltsame oder mit einem Nachschlüssel erzwungene Eindringen des Vermieters in die Wohnräume des Mieters, es sei denn, es besteht ein dringender Fall der Gefahrenabwehr oder eine aktuelle Notlage, wie z. B. Wasserrohrbruch oder Brandgefahr. So begeht ein rabiater Vermieter Hausfriedensbruch, der gegen den Mieter ein Räumungsurteil erwirkt hat und durch Aushängen der Wohnungstür und der Fenster während der Abwesenheit des Mieters dessen sofortigen Auszug erzwingen will (OLG Köln WM 77, 173).

Der Tatbestand des Hausfriedensbruchs ist ferner gegeben, wenn die erwachsenen Söhne einer Mieterin durch nächtliches Randalieren im Haus, ständige Belästigung der weiblichen Mitbewohner, Schlägereien und Messerstechereien den Hausfrieden so nachhaltig stören, daß dem Vermieter eine Fortsetzung des Mietverhältnisses nicht mehr zugemutet werden kann (LG Köln ZMR 77, 332).

Bei Streitereien im Haus unter den Mietern kann der Vermieter denjenigen Mieter zur Räumung auffordern, von dessen Auszug er sich am ehesten die Wiederherstellung von Ruhe und Frieden verspricht. Bei *fristloser Kündigung* nach § 554a BGB muß dies jedoch zugleich der Mieter sein, der für die Streitereien allein oder zumindest mitverantwortlich ist (LG Duisburg WM 75, 209).

Die Störung des Hausfriedens ist allerdings nicht so nachhaltig, daß eine fristlose Kündigung des Mieters gerechtfertigt wäre, falls die sich vor dem Miethaus abspielenden Tätlichkeiten nicht gegen den Vermieter oder seine Angehörigen gerichtet sind, sondern die Besucher des Mieters vor dem Haus interne Auseinandersetzungen handgreiflich austragen (AG Hagen WM 79, 15).

Der Vermieter kann jedoch gegen regelmäßig erscheinende Gäste des Mieters, die Ruhestörung verursachen und andere Mieter belästigen, ein *Hausverbot* verfügen, um den Störungen entgegenzuwirken (LG Mannheim ZMR 72, 22).

Auch ein lautstark geführter Ehekrach ist kein ausreichender Grund für eine fristlose Kündigung nach § 554a BGB, solange er nicht ungewöhnliche Ausmaße annimmt und sich häufig wiederholt (AG Friedberg/Hessen WM 78, 30).

Die *»Besetzung«* eines Hauses oder leerstehender Wohnungen in einem Miethaus ist im Regelfall Hausfriedensbruch und daher bei Rechtsverfolgung strafbar. Eine Ausnahme kann gelten, wenn das besetzte Gebäude abbruchreif und bereits derart verfallen ist, daß wegen Fehlens von Türen und Fenstern sowie einer geschlossenen Umzäunung Unbefugten ein beliebiges Betreten jederzeit möglich ist und auch nicht abgewehrt wird (OLG Köln WM 83, 62). Handelt es sich beim Verhalten der Hausbesetzer um klaren Rechtsbruch, ist jeder Mieter im Haus verpflichtet, sein persönliches Verhalten so einzurichten, daß es nicht als Unterstützung, Billigung oder gar Solidarisierung mit der Verhaltensweise der Hausbesetzer aufgefaßt werden kann. Ansonsten ist der Vermieter wegen *Unzumutbarkeit* einer Fortsetzung des Mietverhältnisses berechtigt, dem Sympathisanten der Hausbesetzer fristlos und ohne Gewährung einer Räumungsfrist zu kündigen (AG Wedding WM 81, 210).

Die Mitgliedschaft in einer Mieterinitiative gegen die Umwandlung von Mietwohnungen in Eigentumswohnungen ist allerdings keine derart schuldhafte Vertragsverletzung, daß der Vermieter berechtigt wäre, nach § 554a BGB fristlos zu kündigen. Das gilt auch dann, wenn der Mieter als Symbol für die Solidarisierung mit der Initiative eine grüne Fahne mit schwarzem Igel aus seinem Wohnungsfenster hängt (LG Kassel WM 81, 211).

→ Belästigungen; Besichtigungsrecht des Vermieters; Fristlose Kündigung; Lärm; Musikausübung.

Hausordnung

Rechtsgrundlage: § 535 BGB

Neben dem Mietvertrag, der die Rechtsbeziehungen zwischen Mieter und Vermieter regelt, gibt es die sogenannte *Hausordnung,* eine Sammlung von Richtlinien, Anweisungen und Vorschriften, die ein möglichst reibungsloses Zusammenleben aller Hausbewohner gewährleisten soll. Ihr Inhalt erstreckt sich vor allem auf die Benutzung der gemeinsam benutzten stehenden Gebäudeteile und der *Gemeinschaftseinrichtungen,* wie Dachboden, Kellerräume, Flure, Treppen, Garten oder Hof, Mülltonnen, Waschküche und dergleichen. Weiterhin regelt eine Hausordnung den Schutz der Mieter vor gegenseitigen *Belästigungen,* die im Rahmen einer Hausgemeinschaft von mehreren Familien nicht zu vermeiden sind, so beispielsweise die Musikausübung, die Einhaltung von Ruhezeiten, das Teppichklopfen zu bestimmten Stunden usw. Auch enthält die Hausordnung Vorschriften über die Treppenhausreinigung und das Schneeräumen, über das Abstellen von Fahrzeugen und Kinderwagen, das Absperren der Haustür oder über die Benutzungszeiten der Waschküche und des Trockenbodens.

Die Hausordnung kann *Bestandteil des Mietvertrages* sein. Wird sie einseitig durch den Vermieter und getrennt vom Mietvertrag aufgestellt, ist im Vertrag regelmäßig ein Hinweis enthalten, daß der Mieter die ihm bekannte Hausordnung zu beachten habe. Das Befolgen der Anordnungen gehört sodann zu den *vertraglichen Nebenpflichten* des Mieters. Bei *Verstößen* gegen die Hausordnung kann der Vermieter abmahnen, auf Unterlassung klagen oder in schwerwiegenden Fällen einer schuldhaften Pflichtverletzung in Zusammenhang mit der Hausordnung auch *fristlos kündigen* (§ 554a BGB).

Geringfügige Verstöße gegen die Hausordnung sind jedoch regelmäßig keine derart ins Gewicht fallende Rechtsverletzung, daß hieraus eine fristlose Kündigung abzuleiten wäre. Im übrigen darf die Hausordnung nur Bestimmungen enthalten, die für eine ordnungsgemäße Hausverwaltung und Bewirtschaftung des Mietgrundstücks sowie eine gedeihliche Entwicklung der Hausgemeinschaft erforderlich sind.

In der einseitig vom Vermieter erlassenen Hausordnung gelten ferner Bestimmungen als unzulässig, die wegen ihrer Bedeutung für den Mieter einer mietvertraglichen Absprache zwischen den Parteien bedürfen, so z. B. ein allgemeines Verbot der Tierhaltung, die Verpflichtung des Mieters zu bestimmten Dienstleistungen oder die Zahlung von Gebühren und sonstiger Nebenkosten.

Eine *Änderung* der einseitig vom Vermieter erlassenen Hausordnung darf nicht nur zu Lasten des Mieters gehen. So sind beispielsweise Änderungen der Hausordnungsvorschriften eine nicht zulässige Rechtsausübung und daher unwirksam, wenn sie dem Mieter – gemessen an den bisherigen Verpflichtungen – zusätzliche Pflichten und Beschränkungen seiner Rechtsposition auferlegen (AG Köln WM 80, 255). Solche Verpflichtungen und Beschränkungen bedürfen der Zustimmung des Mieters und können daher nur von den Vertragsparteien gemeinsam ausgehandelt und im Mietvertrag vereinbart werden. Andererseits hat auch der Mieter kein Recht, zu verlangen, daß der bislang gehandhabte Wäschetrockenplan, der eine Benutzung des Trockenbodens nur alle 14 Tage vorsah, nunmehr zugunsten kürzerer Zeiträume geändert werde (AG Hamburg WM 81, U 7).

Wurde die Hausordnung dagegen *nicht in den Mietvertrag einbezogen,* so hat der Vermieter jederzeit das Recht, die von ihm erlassenen Vorschriften auch ohne Zustimmung der Mieter einseitig zu ändern oder zu ergänzen. Die Änderung oder Ergänzung einer nicht vertragsgebundenen Hausordnung darf jedoch nicht willkürlich vorgenommen werden (AG Hamburg WM 81, 183); sie muß vielmehr im Interesse der Hausgemeinschaft aller Mieter liegen und für die ordnungsgemäße Verwaltung sowie Bewirtschaftung des Objekts notwendig erscheinen (AG Friedberg WM 80, 85). Ändert der Vermieter einseitig den Terminplan der Waschküchenbenutzung, kann der Mieter seine Mietzahlungen um 10 % kürzen (AG Koblenz WM 80, 112). Will der Vermieter dessenungeachtet neue Vorschriften im Rahmen seiner Hausordnung durchsetzen, die für seine Mieter Nachteile bringen, müssen sämtliche Hausbewohner damit einverstanden sein.

→ Fristlose Kündigung; Hausfriedensbruch.

Haustiere
→ Tierhaltung.

Hausverbot
→ Hausfriedensbruch.

Hausverkauf
→ Kündigungsfristen.

Heizkosten
→ Betriebskosten.

Instandhaltung, Instandsetzung
Rechtsgrundlagen: §§ 536, 545 BGB

Zu den gesetzlichen *Hauptpflichten des Vermieters* gehört es, die Mietwohnung in einem zum vertragsmäßigen Gebrauch geeigneten Zustand dem Mieter zu überlassen. Gleichzeitig hat der Vermieter dafür zu sorgen, daß der vertragsmäßige Zustand während der gesamten Mietzeit erhalten bleibt (§ 536 BGB). Dies bedeutet, daß der Vermieter für die Instandhaltung und Instandsetzung der Mietsache bestimmte Vorkehrungen treffen muß.

Unter einer ordnungsgemäßen *Instandhaltung* versteht man die fortlaufende Erhaltung des bestehenden Zustands hinsichtlich Alterung, Abnutzung und Witterungseinflüssen; *Instandsetzung* heißt, den ursprünglichen, ordnungsmäßigen Zustand der Mietsache wiederherzustellen. Dazu gehört auch die Erneuerung nicht mehr funktionierender Teile bzw. die notwendige Ersatzbeschaffung (BayObLG WM 81, 67; AG Dortmund WM 79, 146; AG Köln WM 79, 147). Bauarbeiten, die zur Modernisierung des Wohnraums oder zur Schaffung zusätzlichen Wohnraums vorgenommen werden, gelten dagegen nicht als Instandhaltungs- oder Instandsetzungsmaßnahmen.

Die *Erhaltung der Mietsache* im bestimmungsmäßigen Zustand umfaßt demnach alle vorbeugenden Maßnahmen, die dazu geeignet sind, daß der ordnungsgemäße Zustand der Wohnung während der gesamten Mietdauer fortbesteht. Die gesetzlichen Instandhaltungs- und Instandsetzungspflichten machen es notwendig, daß der Vermieter die Wohnungen und ihre technische Ausstattung sowie die gemeinschaftlich durch alle Mieter genutzten Einrichtungen des Mietgrundstücks in angemessenen Zeitabständen zu *überprüfen* und bei Mängeln den ordnungsgemäßen Zustand wieder herzustellen hat. Mit den vorbeugenden Kontrollen und Instandhaltungsmaßnahmen genügt der Vermieter gleichzeitig der allgemeinen *Verkehrssicherungspflicht* gegenüber fremden Personen, wie Postbote, Gästen oder Besuchern, die das Haus und Grundstück betreten. Die Prüfungs- und Überwachungspflicht des Vermieters hinsichtlich der Räume, die in alleinigem Gebrauch des Mieters stehen, ist jedoch auf ein unbedingt notwendiges Maß beschränkt, da der Mieter gemäß § 545 BGB sämtliche Mietmängel dem Vermieter anzeigen muß. Das Recht des Mieters auf den ungestörten Besitz der Mietsache hat der Vermieter auch gegenüber seinen allgemeinen Prüfungspflichten zu beachten.

Die Vorschrift des § 536 BGB zur Regelung der Überlassungs- und Unterhaltungspflichten des Vermieters ist *abdingbar,* das heißt, die Pflichten können durch Parteienvereinbarung auf den Mieter abgewälzt werden – was auch in der Praxis regelmäßig geschieht. Eine Klausel im Mietvertrag, nach der Instandhaltungsarbeiten dem Mieter zur Last fallen, bedeutet allerdings nur, daß der Mieter sämtliche *Schönheitsreparaturen* zu übernehmen hat, die im Rahmen des vertragsmäßigen Wohngebrauchs der Mietsache, also des normalen Abwohnens, in bestimmten Zeitabständen erforderlich sind (AG Hamburg WM 84, 197). Die Pflicht zur Instandhaltung umfaßt grundsätzlich keine Instandsetzungsarbeiten oder gar die Neuherstellung eines Gebäudeteils (LG Hamburg MDR 78, 318).

Voraussetzung für eine wirksame Vereinbarung, in welchem Umfang der Mieter Erhaltungs- und Instandsetzungskosten selbst zu tragen hat, ist die *Begrenzung seiner Zahlungspflicht.* So ist beispielsweise eine Vereinbarung unwirksam, wonach sich der Mieter in jedem Einzelfall einer Reparatur in der Wohnung mit einem Betrag von 20% der Monatsmiete an den Kosten zu beteiligen hat (AG Köln WM 80, 245 und WM 81, 101).

Ebenso bleibt die Vereinbarung in einem Formularmietvertrag unwirksam, nach der sämtliche anfallenden Reparaturen in der Wohnung ohne Kostenbegrenzung und Prüfung des Verschuldens zu Lasten des Mieters gehen (AG Bad Homburg v.d.H. WM 84, 243; AG Friedberg/Hessen WM 80, 220). Werden dem Mieter die Kosten bis zu einer bestimmten Obergrenze für alle Reparaturen auferlegt, muß dieser Überbürdung ein deutlich niedrigerer Mietzins als eine Art Kostenausgleich gegenüberstehen (AG Köln WM 80, 50).

Auch die Reparatur eines Durchlauferhitzers gehört trotz anderslautender Vereinbarungen im Formularmietvertrag nicht zu den Pflichten des Mieters, wenn er nur für die Instandhaltung eines funktionierenden Geräts verantwortlich ist (AG Hagen WM 83, 234). Tritt ein Defekt am Gerät auf, muß der Vermieter darlegen, daß zwischen dem Defekt und mangelhafter Wartung ein ursächlicher Zusammenhang besteht (AG Köln WM 85, 287).

Bei der Erneuerung untauglich gewordener Teile entstehen keine Instandhaltungs-, sondern Instandsetzungskosten (AG Bremerhaven WM 80, 63). Sind die Kosten, beispielsweise für eine Umwälzpumpe, infolge natürlichen Verschleißes entstanden, fallen sie dem Vermieter zur Last (AG Hannover WM 78, 26). Im Rahmen seiner Instandsetzungspflicht braucht der Vermieter Einrichtungsgegenstände, wie etwa eine Gemeinschaftsantenne, nicht auf dem neuesten Stand der Technik zu halten (AG Köln WM 80, 125). Die Kosten der Öltankreinigung können nicht dem Mieter als Instandhaltungskosten aufgebürdet werden; sie sind vielmehr Wartungskosten (AG Gummersbach WM 81, U 7).

Hat sich der Mieter zur Übernahme der Kosten für *kleinere Instandsetzungsarbeiten* (Bagatellschäden) im Mietvertrag verpflichtet, so ist eine Kostentragung für sämtliche Reparaturen bis zur Höhe von DM 50,- maximal bis DM 100,- - für den Einzelfall zulässig (AG Dortmund WM 78, 8). Auch das AG Hamburg-Blankenese (WM 79, 189) beziffert »kleine« Reparaturen als solche, deren Kosten deutlich unter DM 100,- liegen. Allerdings darf der Vermieter eine Vertragsklausel über die summenmäßige Begrenzung der Kleinreparaturen nicht dadurch zu Lasten des Mieters ausnutzen, daß er eine größere Reparaturarbeit an ein und derselben Sache in mehrere Rechnungen über jeweils geringere Beträge aufteilt bzw. in Teilreparaturen ausführen läßt (AG Oberndorf ZMR 79, 44).

Bei *Sozialwohnungen* kann der Vermieter als *Instandhaltungspauschale* nach § 28 Abs. 2 der II. Berechnungsverordnung (II. BV) für jeden Quadratmeter Wohnfläche jährlich folgende Beträge auf den Mieter umlegen:

für Wohnungen bis zum Baujahr 1952 höchstens	*DM 12,50,*
für Wohnungen bis zum Baujahr 1969 höchstens	*DM 12,00,*
für Wohnungen bis zum Baujahr 1979 höchstens	*DM 10,00,*
für Wohnungen ab dem Baujahr 1980 höchstens	*DM 8,00.*

Diese Pauschalen verringern sich um jeweils *DM 1,10,* wenn die Wohnung weder Bad noch Dusche hat; die Pauschsätze steigen bei Wohnungen mit Sammelheizung um *DM 0,95* und bei Miethäusern mit Personenaufzug um *DM 0,80.* Trägt der Mieter die Kosten für kleinere Erhaltungsarbeiten in der Wohnung selbst, verringern sich die genannten Beträge um *DM 1,60*. Die kleinen Instandsetzungsarbeiten umfassen nur das Beheben von Bagatellschäden an den Elektro-, Gas- und Wasserinstallationen, den Heiz- und Kocheinrichtungen, den Fenster- und Türverschlüssen sowie den Verschlußvorrichtungen von Fensterläden (§ 28 Abs. 3 II.BV).

Die Kosten der *Schönheitsreparaturen* bei Sozialwohnungen sind in den Instandhaltungspauschalen nicht enthalten. Übernimmt der Vermieter diese Kosten, so dürfen sie höchstens mit *DM 8,30* je Quadratmeter Wohnfläche im Jahr angesetzt werden. Bei Wohnungen, die überwiegend nicht tapeziert sind, mindert sich dieser Satz um *DM 0,80*. Für Wohnungen mit Heizkörpern kommt eine Erhöhung des Betrages um *DM 0,65* in Frage. Ist die Wohnung mit Doppel- oder Verbundfenstern ausgestattet, steigt die Pauschale um *DM 0,70* (§ 28 Abs. 4 II.BV). Für eine *Garage* oder einen ähnlichen Einstellplatz darf der Vermieter als Instandhaltungskostenpauschale einschließlich der Kosten für Schönheitsreparaturen höchstens *DM 75,-* jährlich je Garagen- oder Einstellplatz verlangen (§ 28 Abs. 5 II.BV).

Soweit bei *Sozialwohnungen* in der Kostenmiete eine Instandhaltungspauschale gemäß § 28 Abs. 2 II.BV enthalten ist, darf vom Mieter kein Abschluß eines Wartungsvertrages für einen Durchlauferhitzer auf dessen Kosten verlangt werden (AG Köln WM 82, 86; AG Lübeck WM 80, 268). Der Vermieter ist grundsätzlich nicht befugt, über den Rahmen der Berechnungsverordnung hinaus Reparaturkosten auf den Mieter umzulegen (LG Hannover WM 79, 17). Überschreiten die tatsächlichen Aufwendungen im Einzelfall die Geldrücklagen, die der Vermieter durch Inanspruchnahme der Pauschalen gebildet hat, so muß der Mehrbetrag aus anderen Quellen gedeckt werden (LG Bonn WM 80, 280). Im übrigen kann der Mieter einer Sozialwohnung nicht verlangen, daß ihm die mit der Kostenmiete gezahlten Instandhaltungspauschalen zurückgezahlt werden, weil der Vermieter während der Mietdauer überhaupt keine Instandhaltungsarbeiten durchgeführt hat (LG Münster WM 85, 402).

→ Bagatellschäden; Schönheitsreparaturen.

Kabelfernsehen

Rechtsgrundlagen: § 541b BGB

Der Anschluß von Mietwohnungen an das *Breitbandkabelnetz* der Deutschen Bundespost wird trotz der relativ hohen Kosten allerorts zügig vorangetrieben. Die mit der »Verkabelung« verbundenen Rechtsprobleme erlangen damit zusätzliches Gewicht. Im Mittelpunkt der bisherigen Erörterungen steht die Frage, ob der Mieter einen Kabelanschluß seiner Wohnung in jedem Fall *dulden* muß, sofern er den Anschluß nicht selbst beantragt hat bzw. nicht wünscht. Diese Frage wird von der Rechtsprechung unter der Voraussetzung bejaht, daß der Kabelanschluß ganz allgemein zur *Verbesserung des Wohnwertes* im Sinne von § 541b BGB beiträgt, also eine zulässige Modernisierungsmaßnahme der Wohnung darstellt. Nach Auffassung des Kammergerichts Berlin (WM 85, 248 – RE) soll diese Voraussetzung auch dann bestehen, wenn in der Mietwohnung durch Anschluß an die vertraglich zur Verfügung stehende Gemeinschaftsantenne 5 deutschsprachige Fernsehprogramme und sämtliche am Ort hörbaren Rundfunkprogramme empfangen werden können. Auch das LG Berlin (WM 83, 341) vertrat schon früher den Standpunkt, daß der Mieter einen Kabelanschluß zu dulden habe. Zur Begründung wies das Gericht auf die optimale, störungsfreie Empfangsqualität und die technische Möglichkeit hin, daß in Zukunft ein wesentlich erhöhtes Programmangebot zur Verfügung stehen werde. *Duldungspflicht* soll für den Mieter auch dann bestehen, wenn die Fernsehgemeinschaftsantenne altersbedingt zu ersetzen wäre und der Vermieter sich entschließt, statt der Neuinstallierung einer Dachantennenanlage den Anschluß an das Kabelfernsehnetz vorzunehmen. Dem Vermieter ist nicht zu verwehren, bei Sicherstellung des Empfangs der Radio- und Fernsehprogramme unter den verschiedenen technischen Möglichkeiten zu wählen und sich für den fortschrittlichen Kabelfernsehanschluß zu entscheiden (AG Offenbach/Main WM 84, 216).

Ob der Kabelanschluß objektiv eine *Verbesserung des Gebrauchswertes* der Mietwohnung im Sinne von § 541b BGB darstellt, wird allerdings nach überwiegender Meinung in der Rechtsprechung (noch) *angezweifelt.* So hat das AG Siegburg (WM 84, 245) die

Berechtigung des Vermieters verneint, eine den Mietern vertraglich zugesicherte Gemeinschaftsantenne abzubauen und die Mietwohnungen an das Kabelnetz anzuschließen. Unter diesen Voraussetzungen ist der Kabelanschluß nach Ansicht des AG Neukölln (WM 84, 81) nur mit Zustimmung der Mieter möglich. Vom LG Berlin (WM 84, 82) wurde entschieden, daß der Kabelanschluß bei schon vorhandener Gemeinschaftsantenne überhaupt keine Wohnwertverbesserung darstellt und daher vom Mieter nicht geduldet werden muß (AG Tempelhof-Kreuzberg WM 83, 260). Im übrigen bedarf die Frage, ob der Mieter den Anschluß an das Kabelnetz zu dulden hat, der *Interessenabwägung*. Hat das Miethaus keine Gemeinschaftsantenne, und steht der Vermieter vor der Entscheidung, eine derartige Antenne herkömmlicher Art oder das von der Post angebotene Breitbandkabel installieren zu lassen, so ist eine Duldungspflicht nur gegeben, wenn die Mehrheit der Hausbewohner mit dem Kabelanschluß einverstanden ist (AG Tempelhof-Kreuzberg WM 83, 53).

Der Anschluß einer *Eigentumswohnungsanlage* an das Breitbandkabelnetz bedarf als Verwaltungsmaßnahme der Zustimmung der Eigentümerversammlung mit *einfacher Mehrheit*. Das gilt auch, wenn der Fernsehempfang über eine bereits vorhandene Gemeinschaftsantenne gewährleistet war (AG Hannover WM 86, 23). Die Beseitigung der Gemeinschaftsantennenanlage als bauliche Veränderung mit den Folgen, daß der Rundfunkempfang eingeschränkt und eine Gebührenerhöhung verlangt wird, stellt jedoch eine erhebliche Beeinträchtigung der Eigentümerrechte dar, so daß hierfür die Zustimmung *aller* Wohnungseigentümer erforderlich ist. Dasselbe gilt, wenn der Kabelanschluß letztlich teurer kommt als die Erhaltung der vorhandenen Gemeinschaftsantennenanlage (LG Würzburg WM 86, 22). Eine *defekte* Gemeinschaftsantenne ist auch dann vom Vermieter instandzusetzen, wenn er bereits beantragt hat, das Mietwohnhaus an das Kabelnetz anzuschließen (AG Bad Oldesloe WM 86, 16).

Die Gebühren für den Anschluß der Wohnung an das Breitbandkabelnetz der Bundespost gilt derzeit ein etwas kompliziertes Staffelsystem, das mit *DM 675,-* für die 1. Wohnung beginnt und mit *DM 10,-* für die 101. und jede weitere Wohnung, z. B. innerhalb einer Großwohnanlage, endet. Auch die monatlichen Grundgebühren richten sich nach einer Gebührenstaffel; sie beginnt mit *DM 6,-* für die 1. Wohnung und endet mit *DM 2,80* für die 101.-200. Wohnung einer Großwohnanlage. Hinzu kommen noch die Installationskosten für das Verteilernetz im Haus bis zur Antennensteckdose für das Kabelfernsehen im Wohnzimmer. Die Anschlußkosten sind ähnlich den Erschließungskosten für das Grundstück eine *öffentliche* Gebühr, die vom Vermieter allein zu tragen ist, also nicht auf den Mieter abgewälzt werden kann. Dagegen gehört die monatliche *Grundgebühr* zu den umlagefähigen *Betriebskosten,* wenn sie unabhängig vom Willen des Vermieters erstmals neu entstanden ist oder zur ordnungsgemäßen Erhaltung des Grundstücks zwingend aufgewendet werden muß (LG Hamburg WM 80, 50).

→ Antennenanlagen; Betriebskosten; Duldungspflicht des Mieters; Eigentumswohnungen.

Kapitalkostenerhöhung
Rechtsgrundlagen: § 5 MHG
Der Vermieter ist nach § 5 Absatz 1 des Miethöhengesetzes (MHG) berechtigt, *erhöhte Fremdkapitalkosten* unter bestimmten Voraussetzungen durch schriftliche Erklärung anteilig auf den Mieter umzulegen. Diese Erhöhung ist nachvollziehbar gegenüber dem Mieter im einzelnen zu berechnen und auch zu begründen (LG Köln WM 83, 324). Unter *Kapitalkosten* im Sinne des Gesetzes versteht man die Zinsen einschließlich des Disagios (Kursverluste) (OLG Stuttgart WM 84, 191 - RE) für dinglich gesicherte Darlehen, insbesondere Hypotheken und Grundschulden, soweit diese zum Bau oder Kauf, zum Wiederaufbau und Ausbau oder zur Erweiterung des Gebäudes vom Vermieter aufgenommen wurden (LG Lüneburg WM 85, 352). *Tilgungsleistungen* gehören dagegen nicht zu den Kapitalkosten gemäß § 5 Absatz 1 MHG (OLG Hamburg WM 84, 190 - RE). Führt eine Erhöhung des Zinssatzes nicht zu einer Erhöhung der Gesamtkapitalkosten, da der Vermieter zwischenzeitlich einen Teil des Darlehens getilgt hat, tritt demzufolge auch keine umlagefähige Mehrbelastung des Vermieters ein (AG Hamburg WM 82, 301). Die Vorschrift des § 5 MHG ist außerdem am *Kapitalmarkt* orientiert. Dies bedeutet, daß sie nur bei Zinser-

höhungen in Betracht kommt, auf die der Vermieter keinen Einfluß hat, weil sie ausschließlich mit den Gegebenheiten des Kapitalmarktes zusammenhängen (LG Freiburg WM 83, 115).
Eine Erhöhung der Kapitalkosten tritt nicht ein, wenn sich der Effektivzins dabei nicht erhöht (AG Braunschweig WM 85, 352). Die Mieterumlage von erhöhten Zinsen ist bei einem Mietvertrag, der *vor dem 1. 1. 1973* abgeschlossen wurde, dann zulässig, wenn die gegenwärtigen Zinskosten höher sind als zu diesem Stichtag. Bei Mietverträgen mit Abschluß *nach dem 31. 12. 1972* ist der bei Vertragsabschluß bzw. Beginn des Mietverhältnisses geltende Zinssatz als Vergleichsgrundlage maßgebend (OLG Hamm WM 82, 47 – RE). Im Erhöhungsverlangen muß bei beiden Fällen nachprüfbar dargelegt werden, ob die erhöhten Zinsen vom Restkapital die Zinsen vom Anfangskapital übersteigen (AG Köln WM 83, 182). Weiterhin ist die Berechtigung der Kapitalkostenumlage davon abhängig, daß die Zinserhöhung auf Umständen beruht, die der Vermieter nicht zu vertreten hat; auch muß das Darlehen im oben genannten Sinne verwendet worden sein. Im übrigen ist der Vermieter von sich aus nicht verpflichtet, bei Vertragsabschluß den Mieter darauf hinzuweisen, daß er die Baufinanzierung mit Hilfe dinglich abgesicherter Darlehen vorgenommen hat. Das Recht zur Kapitalkostenumlage verliert er nur dann, wenn er bei ausdrücklicher Nachfrage des Mieters die Höhe der aufgenommenen Fremdmittel nicht offenlegt (LG Itzehoe WM 85, 351). Im übrigen ist der Mieter bei Begründung des Mieterhöhungsverlangens mit gestiegenen Kapitalkosten berechtigt, Einsicht in das *Grundbuch* zu verlangen (§ 12 GBO). Der Wohnungseigentümer hat hiergegen kein Beschwerderecht (BGH ZMR 82, 78).
Ermäßigen sich die Zinsen nach einer Mietsteigerung wegen Kapitalkostenerhöhung später wieder, so muß auch die erhöhte Miete vom Zeitpunkt der Zinsermäßigung an entsprechend herabgesetzt werden, höchstens jedoch um den Betrag der vorherigen Mietsteigerung. Dasselbe gilt, wenn das Darlehen getilgt ist. Der Mieter muß von der Zinssenkung unverzüglich benachrichtigt werden (§ 5 Abs. 3 MHG). Bei Versäumnis der Mitteilungspflicht verliert der Vermieter seinen Anspruch auf die Kapitalkostenumlage. Das trifft auch dann zu, wenn Kapitalmehrkosten dadurch entstehen, daß

schon bei Abschluß des Darlehensvertrages eine nach Umfang und Laufzeit fest vereinbarte *Zinsverbilligung* später wieder wegfällt (OLG Karlsruhe WM 82, 68 – RE).

Wird das Mietshaus *verkauft,* und tritt der Erwerber anstelle des bisherigen Vermieters in das Mietverhältnis ein, so darf der Mieter gemäß § 5 Absatz 5 MHG nur bis zu der Höhe mit Kreditkosten des neuen Grundstückseigentümers belastet werden, die auch der bisherige Vermieter umlegen konnte (OLG Hamm WM 82, 47 – RE). Der neue Hauseigentümer hat also eine Erhöhung eigener Kapitalkosten aus später von ihm aufgenommenen Darlehen selbst zu vertreten, soweit damit nicht lediglich die schon bei Kauf des Objekts vorhandene Belastung abgelöst wurde (AG Hamburg-Wandsbeck WM 82, 80).

Eine Mieterhöhung durch Umlage gestiegener Kapitalkosten (§ 5 MHG) wird nicht durch die Vorschrift des § 5 WiStG begrenzt, nach der Überschreitungen der sogenannten *Wesentlichkeitsgrenze* als Ordnungswidrigkeit mit Bußgeld geahndet werden. Diese Grenze wird erreicht, wenn die geforderte Gesamtmiete die ortsübliche Vergleichsmiete um 20–25% überschreitet. Der Vermieter kann somit eine Mietpreiserhöhung infolge gestiegener Kapitalkosten nach Ansicht des OLG Hamm (WM 83, 18 – RE) auch dann verlangen, wenn seine Forderung die örtliche Vergleichsmiete nicht nur unwesentlich übersteigt (AG Essen-Borbeck WM 82, 215).

→ Mietpreisüberhöhung.

Kaution

Rechtsgrundlagen: §§ 550b, 572 BGB

Zur Absicherung der Mietzinsforderungen und sonstiger Ansprüche, so z.B. aus Schäden an der Mietsache oder unterlassenen Schönheitsreparaturen, verlangt der Vermieter bei Vertragsabschluß häufig die Zahlung einer *Kaution*. Der Vermieter kann eine Sicherheitsleistung vom Mieter allerdings nur fordern, wenn sie zwischen den Vertragsparteien ausdrücklich vereinbart wurde, der Mieter also damit einverstanden ist. In der Regel wird die Leistung dadurch erbracht, daß der Mieter einen bestimmten Geldbetrag an den Vermieter zahlt *(Barkaution).* Zulässig sind aber auch andere

Sicherungsformen, so beispielsweise die Bürgschaft eines Dritten, die Verpfändung von Sachen oder eines Wertpapierdepots, die Bestellung einer Hypothek oder Hinterlegung des Betrags beim Amtsgericht. Stellt der Mieter die Kaution in Form eines Sparguthabens, kann der Vermieter die Eintragung eines Sperrvermerks zu seinen Gunsten verlangen (LG Wiesbaden WM 84, 82).

Kommt der Mieter mit der Mietforderung in Zahlungsverzug, braucht der Vermieter den rückständigen Mietzins nicht mit der Kaution zu verrechnen. Andernfalls ist der Mieter zur Auffüllung verpflichtet, wenn sich der Vermieter aus der Sicherheitsleistung bedient und damit den Rückstand ausgleicht (BGH WM 72, 57). Im übrigen hat der Mieter kein Recht, seine Kaution gegen Forderungen des in Zahlungsschwierigkeiten geratenen Wohnungseigentümers aufzurechnen (BGH WM 79, 101).

Mit Einführung des § 550b BGB zum 1. 1. 1983 hat der Gesetzgeber wichtige Einzelheiten der Mietkaution für Wohnräume neu geregelt, so die Höhe der Kaution, ihre Verzinsung und Fälligkeit sowie die Anlage der Kautionssumme. Danach darf die Sicherheitsleistung des Mieters *3 Monatsmieten* bzw. den Wert dieses Betrags nicht übersteigen. Maßgebend ist die Grundmiete zuzüglich der festen Nebenkosten. Dagegen bleiben gesondert und in ihrer tatsächlichen Höhe abzurechnende Nebenkosten – insbesondere die Heizungskosten – bei Festlegung der anrechenbaren Miethöhe unberücksichtigt. *Beispiel:* Der Mieter zahlt eine monatliche Grundmiete von DM 600,- und zusätzlich eine Nebenkostenpauschale von DM 175,- als Vorschuß, über den zum Jahresende genau abgerechnet wird. Diese Pauschale bleibt bei Festlegung der Miethöhe unberücksichtigt. Zulässig ist somit die Vereinbarung einer Mietkaution von höchstens $600 \times 3 = DM\ 1800,-$.

Leistet der Mieter die verlangte Kautionssumme *in bar,* so ist er berechtigt, den Gesamtbetrag in *drei* gleichen *monatlichen Raten* zu bezahlen. Der 1. Teilbetrag wird zu Beginn des Mietverhältnisses fällig; das Datum des Vertragsabschlusses bleibt somit unmaßgeblich. Der 2. und 3. Teilbetrag muß dann jeweils zum Beginn des 2. und 3. Vertragsmonats gezahlt werden (§ 550b Abs. 1 BGB). Verlangt der Vermieter eine höhere Kaution als 3 Monatsmieten, ist die getroffene Vertragsabsprache hinsichtlich der übersteigenden

Summe unwirksam. Der Mieter hat in diesem Fall das Recht, den vom Vermieter zuviel empfangenen Betrag wegen »ungerechtfertigter Bereicherung« (§ 812 Abs. 1 BGB) zurückzufordern.

Wurde die Zahlung einer *Barkaution* vereinbart, hat der Vermieter den empfangenen Betrag von seinem Vermögen getrennt bei einer öffentlichen Sparkasse oder im Postsparkassendienst auf einem treuhänderischen Sonderkonto *verzinslich* anzulegen. Die neue, ab 1. 1. 1983 gesetzlich geregelte Verzinsungspflicht des Vermieters gilt rückwirkend auch für Kautionsvereinbarungen, die schon vor Inkrafttreten des Gesetzes abgeschlossen wurden. Die *vermögensmäßige Trennung* bewirkt, daß die Kaution einem möglichen Zugriff der Gläubiger des Vermieters entzogen wird und das Pfandrecht des Kreditinstituts bei einer Kennzeichnung als Sonderkonto nicht angewendet werden kann. Verschlechtert sich die Vermögenslage des Vermieters, wird dem Mieter in der juristischen Literatur teilweise das Recht zugestanden, vom Vermieter *Sicherheit* für den Anspruch auf Rückzahlung der Kaution zu verlangen. Da außerdem ein vom Vermieter selbst eröffnetes Konto jederzeit wieder aufgelöst werden kann, hat der Mieter Anspruch darauf, daß ihm in der Kautionsvereinbarung ein gemeinsames Verfügungsrecht mit dem Vermieter über das Sonderkonto eingeräumt wird. Weiterhin verpflichtet § 550b Abs. 2 BGB den Vermieter zur *Anlage der Kaution* mit einem Zinssatz, der für Spareinlagen mit gesetzlicher Kündigungsfrist marktüblich ist. Daß der tatsächliche Zinsfuß unter diesem Prozentsatz liegt, muß der Vermieter darlegen (AG Gelsenkirchen WM 83, 151).

Die Zinsen müssen der Kautionssumme zugeschlagen werden und dem Mieter zugute kommen. Der Mieter kann allerdings nicht jederzeit über die Zinsen verfügen. Vielmehr werden die Zinserträge erst bei Ablauf des Mietverhältnisses gemeinsam mit der fälligen Kaution zurückgezahlt. Vertragsklauseln, die eine geringere Verzinsung vorsehen oder ganz ausschließen, verstoßen gegen die Generalklausel des § 9 Abs. 2 Nr. 1 AGBG und sind daher unwirksam. Das Gesetz schließt abweichende Vereinbarungen zum Nachteil des Mieters grundsätzlich aus (§ 550b Abs. 3 BGB).

Nach höchstrichterlicher Rechtssprechung muß der Vermieter den Kautionsbetrag *vom Empfang an* auch dann verzinsen, wenn im

Mietvertrag keine ausdrückliche Vereinbarung über die Zinspflicht enthalten ist. Das gilt zumindest für alle Mietverträge, die 1972 und später abgeschlossen wurden (BGH WM 82, 240 - RE). Nach allgemeiner Rechtsauffassung kann jedoch davon ausgegangen werden, daß dem Mieter auch bei Mietverträgen, die zu einem noch früheren Zeitpunkt abgeschlossen wurden, eine marktübliche Verzinsung der Kaution zusteht, selbst wenn der Mietvertrag keine ausdrückliche Zinsabsprache enthält (AG Augsburg WM 84, 213; BayObLG NJW 81, 994).

Die Verzinsung der Kaution entfällt nur dann, wenn die Mietvertragsparteien die Verpflichtung des Vermieters, Zinsen aus der Kautionsanlage zu ziehen, ausdrücklich ausgeschlossen haben (AG Pinneberg WM 81, 21). Der Anspruch des Vermieters auf die Kautionsleistung kann verwirkt sein, wenn dieser erst 3 Jahre nach Beginn des Mietverhältnisses ernsthaft geltend gemacht wird und der Mieter darauf vertrauen durfte, daß ein solcher Anspruch nicht mehr erhoben wird (AG Celle WM 82, 86).

Die Neuregelung des § 550b Abs. 4 BGB befreit die Träger von *Studenten- und Jugendwohnheimen* seit dem 1. 1. 1983 von der Verpflichtung, die Sicherheitsleistungen von Studenten, Schülern und Lehrlingen, die Wohnheimplätze innehaben, zu verzinsen. Ansonsten bleiben die Vorschriften des § 550b BGB hinsichtlich der Behandlung von Mietkautionen unberührt. Für Studenten- und Jugendwohnheime gelten daher die gesetzlichen Regelungen über die Höhe, die Ratenzahlungen und die Anlage der Kaution.

Bei *Sozialwohnungen* sind die bereits vor Inkrafttreten des § 550b BGB festgelegten Vorschriften von § 9 Abs. 5 WoBindG maßgebend. Sie bestimmen, daß die Vereinbarung einer Sicherheitsleistung des Mieters zulässig ist, sofern sie die Ansprüche des Vermieters aus Schäden an der Wohnung oder unterlassene Schönheitsreparaturen absichern soll. Im übrigen gilt auch hier § 550b BGB. Bei preisgebundenen Wohnungen, die mit öffentlichen *Wohnungsfürsorgemitteln* gefördert wurden, so z. B. Bundesbedienstetenwohnungen, ist die Vereinbarung einer Kaution unzulässig (LG München I WM 85, 399).

Nach *Beendigung des Mietverhältnisses* ist der Vermieter verpflichtet, die Kaution einschließlich der angesammelten Zinsen innerhalb einer angemessenen Frist abzurechnen, sofern gerechtfertigte Gegenforderungen bestehen, und dem Mieter zurückzuerstatten. Die Frist beginnt mit dem Zeitpunkt der Wohnungsrückgabe an den Vermieter. Innerhalb dieser Karenzzeit soll dem Vermieter Gelegenheit gegeben werden, sich über rückständige Forderungen aus dem Mietverhältnis Klarheit zu verschaffen. Dem Mieter wird jedoch ein schutzwürdiges Interesse an einer *alsbaldigen Abwicklung* zugestanden. Der Vermieter darf daher die Abrechnung und die Auszahlung eines eventuellen Restbetrages der Kaution ohne triftigen Grund nicht mutwillig hinauszögern. Diesem Gedanken hat auch der Gesetzgeber dadurch Rechnung getragen, daß er für Ansprüche aus Mietverhältnissen die kurzfristige *Verjährungsfrist* von 6 Monaten (§ 558 BGB) bestimmt hat. Ansonsten wird die Zeitspanne der Prüffrist vom Gesetz nicht genau festgelegt.

Entsprechend uneinheitlich ist auch die einschlägige Rechtsprechung. Während einige Gerichte dem Vermieter eine an § 558 BGB orientierte Abrechnungsfrist von *6 Monaten* (AG Kulmbach WM 83, 54; LG Saarbrücken WM 79, 140) zubilligen, halten andere Gerichte eine Frist von *3 Monaten* (LG Köln WM 84, 109; AG Kassel WM 84, 226; LG Bad Kreuznach WM 81, 235) oder sogar von *2 Monaten* (AG Dortmund WM 81, 235; LG Köln WM 78, 105) für ausreichend. Eine längere Frist kann im Einzelfall gerechtfertigt sein, wenn der Vermieter etwa erst zum Jahresende übersehen kann, in welcher Höhe noch Heizkosten oder sonstige Nebenauslagen offenstehen, über die er nur einmal jährlich abrechnet (LG Köln WM 78, 105).

Die Rückzahlung der Kaution muß jedenfalls dann erfolgen, wenn der Vermieter Klarheit darüber gewonnen hat, ob und in welcher Höhe ihm noch Ansprüche gegen den Mieter zustehen. Konnte mit Ablauf der vereinbarten Frist die endgültige Abrechnung der Heizungs- und sonstigen Nebenkosten noch nicht erstellt werden, muß die Rückzahlung der Kaution gegebenenfalls auf der Grundlage einer *Schätzung* erfolgen (AG Kassel WM 84, 226). Hat der Vermieter nach Abnahme der geräumten Wohnung die Kautionssumme an den Mieter ohne Vorbehalt zurückgezahlt, können Schadenersatzansprüche wegen nicht ordnungsgemäßer Schönheitsreparaturen nachträglich nicht mehr geltend gemacht werden, vorausgesetzt, die Mängel waren schon bei der Wohnungsabnahme erkennbar (LG Köln WM 81, 163).

Nach einem *Wechsel des Vermieters* ist der bisherige Wohnungseigentümer zur Erstattung der an ihn bezahlten Mietkaution verpflichtet. Der neue Eigentümer braucht die Kautionssumme nur dann auszuzahlen, wenn der Veräußerer den Geldbetrag an den Erwerber herausgegeben oder dieser sich ausdrücklich zur Rückerstattung an den Mieter verpflichtet hat (AG Heidelberg WM 84, 83). Der frühere Vermieter haftet auch für die Zinsen, soweit die Kaution um diese noch nicht erhöht wurde (AG Ebersberg WM 84, 83). Nach Verkauf der Wohnung kann der bisherige Eigentümer weiterhin nicht mehr verlangen, daß der Mieter bei fortgesetztem Mietverhältnis die vertraglich abgesprochene Kaution an ihn oder an den neuen Vermieter zahlt (AG Köln WM 81, 18). Hat der Verkäufer beim Eigentumsübergang dem Erwerber lediglich die Kautionssumme – jedoch ohne Zinsen – übertragen, kann der Mieter verlangen, daß der frühere Eigentümer auch die angefallenen Zinsen an den Erwerber herausgibt (AG Pinneberg WM 81, 21).

→ Betriebskostenabrechnung; Schönheitsreparaturen; Zahlungsverzug.

Kenntnis von Mängeln der Mietsache
Rechtsgrundlagen: §§ 537 Abs. 1 und 2, 538, 539 BGB
Der Rechtsanspruch des Mieters auf Mietkürzung wegen Wohnungsmängeln und auf Ersatz des entstandenen Schadens kann unter bestimmten Voraussetzungen entfallen. Hierzu gehört einmal, daß dem Mieter schon bei Abschluß des Mietvertrages vorhandene Mängel der Mietsache *bekannt* sind (§ 539 Satz 1 BGB). Die Kenntnis darf sich allerdings nicht nur auf bloße Vermutungen des Mieters stützen; vielmehr muß der Fehler dem Mieter tatsächlich bekannt sein. Hieraus erwächst die Verpflichtung für den Mieter, grundsätzlich vor Abschluß des Mietvertrages die Wohnräume zu besichtigen und sich über den Allgemeinzustand der Räumlichkeiten sowie ihrer Einrichtungen zu vergewissern. Auf eine *gründliche Überprüfung* hinsichtlich eventuell vorhandener Mängel kann der Mieter jedoch verzichten, wenn ihm der Vermie-

ter den mangelfreien Zustand der Mietsache ausdrücklich zusichert. Bei *Rechtsmängeln* oder dem Fehlen einer *zugesicherten Eigenschaft* der Mietsache (§ 537 Abs. 2 BGB) spielt die Unkenntnis des Mieters allerdings keine Rolle, selbst wenn hierfür den Mieter ein grob fahrlässiges Verschulden treffen sollte.

Das Recht auf Mietminderung wegen Sachmängeln der Wohnung gemäß § 537 Abs. 1 BGB wird auch für den Fall ausgeschlossen, daß ein solcher Fehler dem Mieter infolge *grober Fahrlässigkeit* unbekannt bleibt (§ 539 Satz 2 BGB). Dieser Fall kann eintreten, wenn der Mieter eine Überprüfung der Mieträume vor oder bei Vertragsabschluß ohne triftigen Grund versäumt. Begutachtet der Mieter beispielsweise mitvermietete Küchenmöbel nicht hinreichend, obwohl ihm dies möglich gewesen wäre, handelt er grob fahrlässig. Bei einem später entdeckten Fehler der Kücheneinrichtung steht ihm folglich ein Mietminderungsrecht nicht zu (AG Hamburg WM 76, 53).

Ohne besonderen Anlaß ist der Mieter jedoch nicht verpflichtet, die Mietsache auf ihre Eignung hin gründlich zu untersuchen. Die nach den gegebenen Umständen notwendige Sorgfalt muß in erheblichem Umfang verletzt worden sein, ehe dem Mieter eine Nachlässigkeit als Unkenntnis aus grober Fahrlässigkeit mit den genannten Folgen zugerechnet werden kann. Der Ersatzanspruch des Mieters bei Sachmängeln bleibt jedoch ungeschmälert bestehen, wenn der Vermieter das *Nichtvorhandensein* von Mängeln ausdrücklich zugesichert oder den Fehler arglistig verschwiegen hat (§ 460 Satz 2 BGB). Grob fahrlässig verschuldete Unkenntnis des Mieters über das Bestehen von Mietmängeln bei Vertragsabschluß hat der Vermieter zu beweisen. Arglistiges Verschweigen des Vermieters muß dagegen der Mieter nachweisen.

Der Mieter kann seine Ansprüche auf Mietkürzung nach § 537 Abs. 1 BGB auch dann verlieren, wenn er den Sachmangel kennt und die Wohnung dessenungeachtet *ohne Vorbehalt* bezieht (§ 539 Satz 2 BGB). In der Rechtsprechung wird bei kritiklosem Verhalten des Mieters auf einen *stillschweigenden Verzicht* seiner Rechte geschlossen. Ein Rechtsverzicht wird auch dann angenommen, wenn der Mieter wegen angeblicher Mängel dem Vermieter eine Mietkürzung ankündigt und die Rückerstattung angeblich zuviel gezahlter Beträge verlangt, in der Folgezeit jedoch kommentarlos den ungekürzten Mietzins entrichtet (LG Köln WM 77, 5). Der Mieter kann in diesem Fall einen Verlust seiner Minderungsansprüche nur vermeiden, wenn er den Vermieter ausdrücklich zur Beseitigung des Mangels auffordert und sich bei den Mietzahlungen seine Rechte auf Minderung oder Rückforderung vorbehält. Dieser Vorbehalt ist nach § 566 BGB schriftlich zu formulieren und mit den beanstandeten Mängeln zu begründen. Hierfür trägt der Mieter im Streitfall die Beweislast.

Die *Kenntnis eines Fehlers* der Mietsache oder Unkenntnis aus grober Fahrlässigkeit im Sinne von § 539 BGB sowie vorbehaltlose Weiterzahlung der vollen Miete nach Bezug der Wohnung trotz Kenntnis des Mangels schließen die Mieterrechte nach § 537 und § 538 BGB grundsätzlich aus. Das gilt auch, wenn der Mieter den Fehler der Mietsache *schuldhaft* verursacht oder seine Anzeigepflicht gegenüber dem Vermieter verletzt hat. Ansonsten können bei Wohnungsmietverträgen die Mieteransprüche aus der Haftung des Vermieters für Sachmängel nicht vertraglich ausgeschlossen werden. Das heißt: Jede Mietvertragsklausel, die von der gesetzlichen Regelung zum Nachteil des Wohnungsmieters abweicht, ist gemäß § 537 Abs. 3 BGB rechtsunwirksam.

→ Anzeigepflicht des Mieters; Mängel der Mietsache; Mietminderung.

Krankheit des Mieters
→ Abwesenheit des Mieters.

Kündigungsschutz
→ Kündigungsfristen; Sozialklausel.

Kündigungsfristen
Rechtsgrundlagen: § 565 BGB
Bei der ordentlichen oder außerordentlichen befristeten (nicht fristlosen!) Kündigung eines Wohnraum-Mietverhältnisses sind die Vertragsparteien zur Einhaltung bestimmter *Kündigungsfristen* gesetzlich verpflichtet. Eine vorzeitige Entlassung des Mieters aus dem Mietverhältnis ohne Einhaltung der Kündigungsfrist kommt

nur in Betracht, wenn der Mieter einen schwerwiegenden Grund hierfür hat und einen geeigneten Ersatzmieter beibringen kann (AG Dortmund WM 77, 117).

Als Kündigungsfrist gilt der Zeitraum zwischen dem Zugang des Kündigungsschreibens beim Empfänger und dem Zeitpunkt, auf den das Mietverhältnis gekündigt wurde. Mit Zugang der Kündigungserklärung beginnt die Kündigungsfrist auch dann, wenn ein noch *nicht vollzogener* Mietvertrag gekündigt wird, es sei denn, für diesen Fall wurden im Mietvertrag anderslautende Absprachen getroffen (BGH WM 79, 139).

Für die *Länge der Kündigungsfristen* ist nach § 565 Abs. 2 BGB die bisherige Dauer des Mietverhältnisses maßgebend. Die Kündigungsfristen sollen einmal den Mieter davor schützen, daß er kurzfristig seinen bisherigen Lebensmittelpunkt aufgeben muß; auch soll ihm damit die Suche nach einer neuen Wohnung erleichtert werden. Dem Vermieter wiederum bietet die Frist Zeit, sich in Ruhe nach einem Ersatzmieter umzuschauen.

Bei einem Wohnraummietverhältnis muß die schriftliche Kündigung spätestens am *3. Werktag eines Kalendermonats* dem Empfänger vorliegen. Der Samstag zählt nicht als 3. Werktag. Fällt jedoch der 3. Werktag im Sinne dieser Vorschrift auf einen Samstag, so endet die Dreitagefrist erst am nächstfolgenden Werktag, in der Regel also am Montag (§ 193 BGB). Dagegen ist der Samstag als Werktag mitzuzählen, wenn er auf den 1. oder 2. Werktag der Dreitagefrist fällt. Die Kündigungsfrist selbst beträgt *3 Monate*, wenn das Mietverhältnis *bis zu 5 Jahre* angedauert hat. Sie verlängert sich bei einer Mietdauer von *über 5 Jahren* auf *6 Monate*, von *über 8 Jahren* auf *9 Monate* und von *über 10 Jahren* auf *12 Monate*.

Die Laufzeit der anrechenbaren Mietdauer beginnt nicht am Tage des Vertragsabschlusses, sondern mit dem Überlassungszeitpunkt der Wohnung an den Mieter, also der Besitzeinräumung etwa durch Aushändigung der Wohnungsschlüssel. Hat der jetzige Mieter auf Grund des Mietvertrages seines früheren Ehegatten die Wohnung berechtigt mitgenutzt, so ist auch diese Zeit bei Ermittlung der Kündigungsfrist nach § 565 Abs. 2 Satz 2 BGB entsprechend zu berücksichtigen (OLG Stuttgart WM 84, 45 – RE).

Die effektive Wohndauer eines Mieters zählt auch dann, wenn der

Mieter innerhalb desselben Hauses seine Wohnung gewechselt hat. Nach Auffassung des LG Mannheim (WM 76, 207) werden die Rechtsbeziehungen zwischen Mieter und Vermieter von einem derartigen Wohnungstausch in der Regel nicht berührt. Geht das Kündigungsschreiben dem Empfänger *verspätet* zu, wird die Kündigung zwar nicht unwirksam, doch verschiebt sich der Ablauf des Mietverhältnisses um jeweils einen Monat.

Beispiel: Der Mieter erhält die Vermieterkündigung rechtzeitig am 3. Juli 1986 (3. Werktag). Das Mietverhältnis bestand 5 Jahre, so daß bei Anwendung der gesetzlichen Dreimonatsfrist der Mietvertrag am 30. September 1986 ausläuft. Hätte der Mieter das Kündigungsschreiben am 4. Juli 1986 (4. Werktag) erhalten, würde das Mietverhältnis erst am 31. Oktober 1986 enden.

Es steht den Mietvertragsparteien frei, auch längere, kürzere oder für Vermieter und Mieter ungleiche Kündigungsfristen zu vereinbaren. Insoweit ist die gesetzliche Regelung des § 565 Abs. 2 Satz 3 BGB »abdingbar«.

Eine Sonderregelung gilt bei Mietverhältnissen über sogenannte *Einliegerwohnungen.* Das sind Wohnungen in einem vom Vermieter selbst bewohnten Zweifamilienhaus bzw. leere oder möblierte Zimmer innerhalb der Vermieterwohnung, auch in einem Mehrfamilienhaus (§ 564b Abs. 4 BGB). Hier verlängert sich die gesetzliche Kündigungsfrist gegenüber den oben angegebenen Fristen jeweils *um 3 Monate,* sofern sich der Vermieter nicht auf ein berechtigtes Kündigungsinteresse beruft.

Die Vereinbarung *kürzerer* Kündigungsfristen als der gesetzlich vorgeschriebenen gilt nur bei *vorübergehend* vermieteten Wohnräumen. Andernfalls darf ausschließlich der Mieter (nicht der Vermieter!) mit der vereinbarten kürzeren Frist kündigen, so etwa im Falle einer Mieterhöhung oder bei Durchführung von Modernisierungsarbeiten. Die Vereinbarung einer kürzeren als der gesetzlichen Kündigungsfrist ist nichtig, soweit sie zu Lasten des Mieters geht (LG Hannover WM 80, 138; AG Marburg ZMR 79, 46).

Der Vermieter muß sich dagegen an die längeren gesetzlichen Kündigungsfristen halten, auch wenn im Mietvertrag davon abweichende Absprachen getroffen wurden. Erklärt allerdings der Vermieter gegenüber dem Mieter, daß er auf die Einhaltung der gesetzlichen Kündigungsfrist verzichtet und der Mieter unverzüglich ausziehen soll, ist der Mieter berechtigt, auch ohne Wahrung einer solchen Frist die Wohnung zu räumen (LG Braunschweig WM 83, 138; AG Bensheim WM 83, 235). Eine Absprache der Vertragsparteien dahingehend, daß die Mietkündigung nur für den Schluß bestimmter Kalendermonate zulässig sein soll, ist unwirksam (§ 565 Abs. 2 Satz 4 BGB).

Hat der Vermieter den innerhalb seiner eigenen Wohnung vermieteten Wohnraum ganz oder teilweise mit Einrichtungsgegenständen ausgestattet und wird das *möblierte Zimmer* nicht auf Dauer von einer Familie bewohnt, so gelten nach § 565 Abs. 3 BGB folgende Kündigungsfristen:

1. Bei Bemessung der Miete *nach Tagen* kann an jedem Tag zum Ablauf des folgenden Tages gekündigt werden;
2. bei Bemessung der Miete *nach Wochen* ist das Mietverhältnis spätestens am 1. Werktag einer Woche zum Ablauf des folgenden Samstags kündbar;
3. bei Bemessung der Miete *nach Monaten* oder längeren Zeiträumen kann spätestens am 15. des Monats zum Ablauf dieses Monats gekündigt werden.

Auch hier ist die Vereinbarung längerer Kündigungsfristen im Mietvertrag ohne weiteres möglich.

→ Fristlose Kündigung; Räumungsfrist; Rückgabe der Mietsache.

Lärm

Rechtsgrundlagen: §§ 536 Abs. 1, 539, 544, 554a, 564b Abs. 2 Nr. 1, 906 Abs. 2 BGB

Eine unerträgliche *Lärmbelästigung* im Wohnbereich kann das menschliche Wohlbefinden derart stören, daß auf Dauer die Gesundheit gefährdet wird bzw. gesundheitliche Schäden auftreten. Bei Prüfung des *Grades von Lärmimmissionen* ist ein objektiver, allgemein gültiger Maßstab anzuwenden, ohne daß es dabei auf die gesundheitliche Verfassung des einzelnen Hausbewohners ankommt (AG Köln WM 79, 75). Der Mieter hat jedoch Anspruch auf ein möglichst ungestörtes Leben in seiner Wohnung. So kann der lärmgestörte Mieter beispielsweise nach § 536 BGB einen Abwehranspruch gegen den Vermieter geltend machen, ihn vor unzulässi-

gen Lärmeinwirkungen im Sinne von § 906 BGB zu schützen. Mieter und Vermieter brauchen also keinen vermeidbaren Lärm im Haus oder in der Nachbarschaft zu dulden, sofern er einen normal empfindlichen Menschen unerträglich belastet.
Wird die Lärmbelästigung durch *Hausbewohner* verursacht, ist bei nur vereinzelt auftretenden Störfällen eine *Unterlassungsklage* (§ 550 BGB) gegen den Störer zulässig. Bei vergeblicher Abmahnung und fortgesetzter Störung kann der Vermieter das Mietverhältnis auch *fristlos* kündigen und nach der Kündigung auf Räumung der Wohnung klagen (§ 554a BGB). Der belästigte Mieter ist ebenfalls berechtigt, gegen störende Hausbewohner gerichtlich vorzugehen (§§ 859, 862 BGB) oder seinen Mietvertrag im Falle der Unabänderlichkeit fristlos aufzulösen. Eine *fristlose Kündigung* setzt jedoch voraus, daß sowohl dem Mieter als auch dem Vermieter eine Fortsetzung des Mietverhältnisses nicht mehr zugemutet werden kann. Dabei haften *Ehegatten* nach den meisten Formularmietverträgen als Mitmieter gesamtschuldnerisch auch für alle Vertragsverstöße ihres Ehepartners.
Von einer unter der Etagenwohnung gelegenen *Gaststätte*, *Tanzbar* oder *Diskothek* ausgehenden starken Lärmbelästigungen, die den übrigen Hausbewohnern nachts den Schlaf rauben, rechtfertigen eine *Kürzung der Monatsmiete* um mindestens 10% (AG Köln WM 78, 173). In besonders schwerwiegenden Fällen, insbesondere bei drohenden Gesundheitsschäden (§ 544 BGB), kann der Mieter sein Vertragsverhältnis auch fristlos kündigen (AG Kerpen WM 78, 68). Sind außerdem die baulichen und technischen Mindestvoraussetzungen der *Schallschutzisolierung* solcher Lokalitäten zu den darüberliegenden Wohnungen nicht erfüllt und wird der Mieter hierdurch zusätzlichen Lärmbelästigungen ausgesetzt, so ist die Wohnung allein schon dadurch mit einem erheblichen Mangel behaftet (AG Rheine WM 85, 260). Da gerade in der heutigen lärmerfüllten Zeit dem Schutz des privaten Wohnbereichs und einer ungestörten Nachtruhe besondere Bedeutung zukommt, wird der Mieter einer derart lärmgestörten Wohnung das Recht zur Mietkürzung um 20% zugebilligt, sofern die Ruhestörungen nicht abgestellt werden können (AG Gelsenkirchen WM 78, 66). Das Kürzungsrecht hinsichtlich der vereinbarten Wohnungsmiete ent-

fällt nicht, wenn der Mieter bei Einzug zwar Kenntnis von einer *Schuhmacherwerkstatt* im Hause hatte, aber nicht wußte, daß von der Werkstatt übermäßige Lärmbelästigungen ausgehen.

Auch der *normale Lebensablauf* in Mietwohnungen von Mehrfamilienhäusern erzeugt eine unvermeidbare Geräuschkulisse, die der Mieter üblicherweise hinnehmen muß, solange ein vertretbares Maß nicht überschritten wird. Solche normalen *Alltagsgeräusche* sind etwa das Füllen oder Entleeren der Badewanne, das Betätigen der WC-Spülung, Geschirrklappern, Kindergeschrei, Radiomusik und dergleichen (AG Steinfurt WM 77, 256; AG Friedberg/H. WM 78, 30).

Ein lautstark geführter *Ehekrach* kann die fristlose Kündigung durch den Vermieter nur rechtfertigen, wenn der Streit ungewöhnliche Ausmaße annimmt und sich häufig wiederholt (LG Gießen WM 76, 12). Das gilt auch für ruhestörenden Lärm in der *Nacht*. Durch die Betätigung einer *elektrischen Jalousie* verursachter Lärm von etwa 1/2 Minuten Dauer belästigt den Nachbarn auch während der Nachtzeit nicht unzumutbar, solange der Spitzenwert von 50 Dezibel nicht wesentlich überschritten wird (OVG Berlin WM 83, 209).

Bei Zusammenleben mehrerer Familien in einem Mietshaus müssen die üblicherweise damit verbundenen Geräusche bis 22.00 Uhr am Abend und ab 7.00 Uhr morgens geduldet werden. Doch sollte man während der allgemeinen (ortsüblichen) Mittagsruhezeit von 13.00 Uhr bis 15.00 Uhr lärmerzeugende Arbeiten möglichst vermeiden. Bei größeren Mehrfamilienhäusern gilt das gelegentliche *Bellen eines Hundes* oder Vogelgezwitscher von einem Balkon in der Nachbarschaft als hausübliche Geräuschkulisse. Diese Geräusche sind im Normalfall jedem Hausbewohner zumutbar. Wenn ein Mieter jedoch entgegen der ihm erteilten Genehmigung zur Haltung eines Hundes einen 2. Hund in die Wohnung aufnimmt und dieser Umstand tagsüber und auch bei Nacht zu stundenlangen Lärmbelästigungen der Anwohner führt, ist eine fristlose Kündigung des störenden Mieters vertretbar. Die Kündigung wird jedoch hinfällig, wenn der Mieter die von seiner Wohnung ausgehenden Lärmbelästigungen durch Abschaffung des 2. Hundes alsbald wieder beseitigt (AG Frankfurt WM 78, 127).

Unzulässiger Lärm kann auch durch störende Dritte *außerhalb des Hauses* verursacht werden, so etwa durch ein Ladengeschäft, einen Industriebetrieb in unmittelbarer Nachbarschaft, durch eine Diskothek im Nebengebäude, aber auch durch die Wohnlage an einer verkehrsreichen Straße oder im Einzugsbereich eines Flughafens. Die Möglichkeit des gerichtlichen Vorgehens ergibt sich für den Mieter gemäß den §§ 862, 869 und 903 BGB. Allerdings hat der Mieter Geräuschbelästigungen hinzunehmen, die sich nicht vermeiden lassen und die zudem ortsüblich sind. So besteht Duldungspflicht für die Anwohner einer Hauptverkehrsstraße oder eines Flugplatzes. Hier überwiegt das öffentliche Interesse. Erheblicher *Fluglärm* und das Fehlen von *Isolierverglasung* rechtfertigen jedoch einen monatlichen *Mietpreisabschlag* von mindestens 10% im Vergleich zu den Mieten anderer Wohnungen gleichen Zuschnitts ohne diese Nachteile (LG Wiesbaden WM 81, 164).

Straßenverkehrslärm, der sich in großstädtischen Wohngebieten noch innerhalb der üblichen, unvermeidbaren Schwankungsbreite von Großstadtlärm hält, berechtigt dagegen nicht zu einer Mietpreisminderung (LG Kiel WM 79, 128). Ferner hat der Mieter in großstädtischen Außenbezirken Straßenlärm in stärkerem Ausmaß entschädigungslos hinzunehmen als in reinen Wohngebieten (BGH v. 13. 1. 1977 – III ZR 6/75). *Lärmschutzeinrichtungen,* die der Wohnungsmieter zur Abschirmung gegen Straßenlärm auf eigene Kosten einbauen läßt, so etwa *Schalldämmfenster,* wird im übrigen jede Steuerermäßigung versagt (BFH BStBl 76 II S. 194).

Duldungspflicht besteht weiterhin für Geräuschbelästigungen durch *Kindergeschrei,* etwa auf einem benachbarten Spielplatz. Heute gilt unbestritten, daß die Anlage von Spielplätzen in unmittelbarer Nähe von reinen Wohngebieten für die gesunde kindliche Entwicklung und Betätigung unerläßlich ist. Kinderspielplätze gehören demnach zum »Wohnen«, und die von ihnen ausgehende Lärmbelästigung muß hingenommen werden (VG Münster WM 83, 176).

Auch der Umstand, daß zu Beginn und am Ende des *Schulbesuchs* sowie in den Unterrichtspausen ein gewisser Lärm entsteht, führt nicht zwangsläufig zu minderer Wohnqualität; somit ist auch eine niedrigere Einstufung der Wohnung im örtlichen Mietspiegel nicht gerechtfertigt (AG Köln WM 78, 34).

Andererseits wurde in der Rechtsprechung entschieden, daß der Lärm und die sonstigen Belästigungen durch eine unter der Mietwohnung gelegene *Kinderarztpraxis* (z. B. ständiger Publikumsverkehr) den Mieter berechtigen, seinen monatlichen Mietzins um 10% zu kürzen (AG Bad Schwartau WM 76, 259). Dagegen sind die Bohrgeräusche und das Wehklagen von Patienten aus einer *Zahnarztpraxis* keine unzumutbare Lärmbelästigung (BayObLG - 2 Z 73/72).

Lärmintensive *Abbruch-, Umbau- oder Neubauarbeiten* auf dem Mietgrundstück oder in unmittelbarer Nachbarschaft dürfen unter Berücksichtigung der Mittagspause und – in Hinblick auf die Schlafenszeit kleiner Kinder – regelmäßig nur bis 20.00 Uhr abends und nach 7.00 Uhr am Morgen durchgeführt werden (LG Ellwangen WM 85, 256). Die Anwohner müssen den Baulärm tagsüber ertragen, da auch in Wohngegenden alte Gebäude häufig abgerissen und Neubauten errichtet werden, wobei die üblichen Baumaschinen sowie Bohrer, Preßlufthammer und Kompressor zum Einsatz kommen (AG Achen WM 79, 122). Auch wenn solche Bauarbeiten einen Studenten erheblich stören, der sich tagsüber in seiner Wohnung auf ein Examen vorbereiten will, ist eine Kürzung der Wohnungsmiete um 25% – wie im Streitfall begehrt – nicht gerechtfertigt.

→ Belästigungen; Formularmietvertrag; Gesundheitsgefährdung; Tierhaltung.

Leuchtreklame

Bei Wohngebäuden, die auch gewerblich genutzt werden, ist das Anbringen von *Leuchtreklame* an der Hausfront ebenso zulässig wie andere Werbung auch. Bezüglich der Leuchtreklame sind jedoch gewisse Einschränkungen zu beachten. Ihre Lichtreflexwirkung darf die umliegende Nachbarschaft nicht in einem Ausmaß stören, daß die Anwohner davon unzumutbar belästigt werden. So kann beispielsweise die vor den Wohnungsfenstern eines Penthauses angebrachte 25 m breite und 3,20 m hohe Leuchtreklame wegen ihrer Lichteinwirkung den Wohnwert der Räume und ihre Nutzung als Fotoatelier erheblich einschränken. Weigert sich der Vermieter trotz Aufforderung durch den Mieter schon vor Über-

lassen der Wohnung, die Anbringung einer solchen Reklame zu unterbinden, die er einem Dritten bereits vertraglich gestattet hat, so kann der Mieter aus der Weigerung verschiedene Rechte herleiten, so unter anderem die *fristlose Kündigung* des Mietverhältnisses wegen positiver Vertragsverletzung. Er kann auch die Erstattung eines auf der Vertragsverletzung beruhenden Verdienstausfalls verlangen (BGH WM 78, 86). Leuchtreklamen sollen auch nicht zum Sammelpunkt für Ungeziefer und Insekten werden, die sich vor allem in warmen Sommernächten durch das Licht angezogen fühlen.
→ Fristlose Kündigung.

Lift
→ Aufzug.

Luxusmodernisierung
→ Modernisierung.

Mängel der Mietsache
Rechtsgrundlagen: §§ 537 ff. BGB
Das Gesetz verpflichtet den Vermieter einer Wohnung, die Räumlichkeiten dem Mieter in einem mangelfreien Zustand zu überlassen und diesen Zustand auch während der Mietdauer zu erhalten (§§ 535, 536 BGB). Dennoch kommt es vor, daß die Mietwohnung beim Einzug des Mieters Fehler aufweist oder im Verlauf der Mietzeit mehr oder weniger gravierende Mängel verschiedener Art auftreten.
Das Gesetz erkennt einen *Sachmangel* am Mietobjekt nur an, wenn dessen Tauglichkeit zur vereinbarten Nutzung und damit der Gebrauchswert für den Mieter aufgehoben oder zumindest erheblich geschmälert wird (§ 537 Abs. 1 BGB). Eine nur geringfügige Minderung der Tauglichkeit zum vertragsmäßigen Gebrauch ist dagegen unbeachtlich. So liegt beispielsweise *kein* beachtenswerter Gebrauchsmangel vor, wenn ein Balkon der Wohnung in den Herbst- und Wintermonaten nicht ständig benutzt werden kann (LG Köln WM 75, 167). Dasselbe gilt bei Auftreten von Schwitzwasser in Neubauten. Diese Erscheinung stellt keinen Mangel der Mietwoh-

nung dar und kann durch ausreichendes Heizen sowie Lüften beseitigt werden (LG Hannover WM 85, 259).

Auch die Änderung einer *Hausordnung* hinsichtlich der Benutzung des Trockenraums in einem Mehrfamilienhaus stellt keinen anerkennenswerten Mangel dar, solange dadurch weder die gegenseitigen Interessen der Mieter noch die Nutzungsmöglichkeiten der Wohnungen wesentlich eingeschränkt werden (AG Schweinfurt WM 83, 235).

Anders wäre die Bildung von Stockflecken in den Wohnräumen zu beurteilen, da sich dieser Baumangel nicht durch normales Lüften beheben läßt. Eine übermäßige Belüftung würde jedoch – gerade in der Heizperiode – zu starken Wärmeverlusten führen und ist daher dem Mieter nicht zumutbar (AG Dortmund WM 85, 259).

Eine Mietwohnung befindet sich gleichermaßen nicht im vertragsmäßigen Gebrauchszustand, wenn der Farbabstrich an der Eingangstür, im Treppenhaus oder an der Fensteraußenseite fehlt bzw. fehlerhaft ist (AG Hamburg WM 76, 95). Dasselbe gilt, wenn in einer Wohnung von 15 vorhandenen Steckdosen nur 3 funktionieren, der WC-Abfluß verstopft ist und die Post nicht ordnungsgemäß zugestellt werden kann (AG Hamburg WM 76, 53).

Besonders häufige Sachmängel bei Mietwohnungen und an den gemeinschaftlich von allen Mietern benutzten Teilen oder Einrichtungen des Hauses sind beispielsweise undichte Fenster und Türen, Feuchtigkeit der Wände, Ungezieferbefall, schlecht funktionierende Heizungen, ungenügende Schallisolierung, defekte Türschließanlagen usw.

Weiterhin begründet das Gesetz eine Haftung des Wohnungseigentümers für *Rechtsmängel* der Mietsache (§ 541 BGB). Ein solcher Mangel entsteht, wenn durch Anspruchsrechte eines Dritten dem Mieter der vertragsmäßige Gebrauch der Mietwohnung ganz oder teilweise entzogen wird. Dieser Fall kann eintreten, wenn der Vermieter (z.B. Wohnungsbaugesellschaft, Makler) nicht selbst Eigentümer des Wohngrundstücks ist und der rechtliche Eigentümer nach Bezug der Wohnung ihre Herausgabe vom Mieter verlangt. Als Rechtsmangel gilt auch die gleichzeitige Vermietung der Wohnräume an mehrere Mietinteressenten *(Doppelvermietung)*. Der Vermieter muß allerdings nur dann auf Schadenersatz haften,

wenn er den Rechtsmangel zu vertreten bzw. schuldhaft verursacht hat (BGH NJW 75, 44).
Ein ersatzpflichtiger Wohnungsmangel entsteht nach § 537 Abs. 2 BGB auch beim Fehlen oder späteren Wegfall einer dem Mieter ausdrücklich *zugesicherten Eigenschaft der Mietsache*. Das gilt jedoch nur, wenn die Zusicherung keine Eigenschaften betrifft, die als selbstverständlich vorausgesetzt werden. In der Regel umfaßt eine rechtsverbindliche Zusicherung die Lage, Größe, Anzahl und Beschaffenheit der Miträume. Die im Mietvertrag angegebene Quadratmeterzahl der Wohnfläche rechtfertigt allerdings für sich allein die Annahme einer zugesicherten Eigenschaft noch nicht. Weicht die tatsächliche Größe der Wohnfläche zum Nachteil des Mieters von der im Vertrag erwähnten Quadratmeterzahl ab, ist hierin nur dann ein Mietsachenmangel anzuerkennen, wenn die Gebrauchstauglichkeit der Wohnräume in erheblichem Ausmaß eingeschränkt wird (LG Würzburg WM 84, 213).
→ Anzeigepflicht des Mieters; Doppelvermietung; Feuchtigkeit der Räume; Kenntnis von Mängeln der Mietsache; Mietminderung.

Mieterinitiative
→ Hausfriedensbruch.

Mietermodernisierung
Rechtsgrundlagen: § 547a BGB; Art. 26 Nr. 6 2. HStruktG
In den letzten Jahren hat die Wohnungsmodernisierung durch den *Mieter* als sinnvolle Ergänzung der Vermietermodernisierung sowohl wohnungswirtschaftlich als auch sozialpolitisch erheblich an Bedeutung gewonnen. Häufig sind Wohnungseigentümer weder bereit noch in der Lage, in ihr Haus Geld für Modernisierungszwecke zu investieren. Dagegen wächst in Mieterkreisen das Interesse, die Wohnung als Mittelpunkt der Lebensführung den veränderten Bedürfnissen anzupassen und eine notwendige Modernisierung der Räume und Einrichtungen *auf eigene Kosten* vorzunehmen. Besondere Anreize für eine Förderung der Mietermodernisierung bot der Gesetzgeber unter anderem durch Artikel 26 Nr. 6 des 2. Haushaltsstrukturgesetzes (HStruktG) vom 22. 12.

1981 (BGBl I, 1523). Nunmehr kann der Mieter auch *Bausparverträge* und prämienbegünstigte *Sparverträge* für Modernisierungsarbeiten in seiner Mietwohnung einsetzen, ohne daß ihm hieraus steuerliche Nachteile entstehen oder Prämienverluste eintreten. Natürlich erwächst in diesem Zusammenhang bei modernisierungswilligen Mietern das Bedürfnis, sich rechtlich mindestens insoweit abzusichern, daß sie ihre Investitionen in fremdes Eigentum für einen angemessenen Zeitraum ungestört nutzen können.

In Formularmietverträgen ist regelmäßig eine Klausel enthalten, die vorschreibt, daß Um- und Einbauten, Änderungen der Installationen und dergleichen stets der (schriftlichen) *Zustimmung des Vermieters* bedürfen. Eine Genehmigungspflicht gilt grundsätzlich auch für Mietermodernisierungen. *Zustimmungsfrei* sind dagegen kleinere Modernisierungsarbeiten, die nicht in die Bausubstanz der Wohnung eingreifen und sich bei Auszug des Mieters leicht wieder beseitigen lassen; sie dürfen ferner nach außen hin nicht störend wirken, Mitmieter im Haus weder gefährden, in ihren Rechten beeinträchtigen noch belästigen und keine nachteiligen Folgewirkungen auf das Gebäude haben. Auch ist darauf zu achten, daß solche Arbeiten nicht gegen berechtigte Interessen des Vermieters verstoßen.

Zum *vertragsmäßigen Gebrauch* gehören beispielsweise folgende Baumaßnahmen, die der Mieter auf eigene Kosten ohne ausdrückliche Zustimmung des Vermieters selbst durchführen darf:

- Die Installation moderner *Haushaltgeräte,* wie Waschmaschine, Geschirrspüler, Trockenautomat;
- das Aufstellen einer *Duschkabine* im Bad (LG Berlin ZMR 75, 271);
- der Einbau eines *Fensterventilators* zur Verbesserung der Raumbelüftung (LG Hamburg WM 74, 145);
- die Errichtung einer *Dachantenne* für besseren Fernsehempfang (BayObLG WM 81, 80);
- der Einbau einer *Dunstabzugshaube* in der Küche und der Anschluß an einen vorhandenen Notschornstein (AG Hamburg WM 83, 235).

Überschreiten jedoch Modernisierungsarbeiten des Mieters die Grenzen des vertragsmäßigen Gebrauchs oder wird damit in die

Bausubstanz des Hauses eingegriffen, so muß der Mieter stets die vorherige (schriftliche) Zustimmung des Vermieters einholen. Das ist regelmäßig bei Einbau eines Bades, neuer Fenster mit Isolierglasscheiben, von Außenjalousien, von Ölfeuerungsanlagen anstelle alter Kohleöfen, einer Sauna und dergleichen notwendig.
Fest eingebaute Installationen und Einrichtungen sowie die hierfür verwendeten Materialien gehen sofort in das *Eigentum des Vermieters* über, wenn diese Folgewirkung vertraglich festgelegt wurde. Eine *Entschädigungsleistung* für den Restwert der Mieterinvestitionen braucht der Vermieter bei vorzeitigem Auszug nur zu zahlen, wenn er eine solche Leistung auch der Höhe nach dem Mieter zugesagt hat. Entschädigungspflicht besteht auch dann, wenn der Vermieter vom Mieter verlangt, daß die Einrichtungen in der Wohnung verbleiben sollen, das gesetzliche *Wegnahmerecht* des Mieters bei Auszug demnach entfällt (§ 547a Abs. 3 BGB).
In der Praxis der Mietermodernisierung zählt als oberstes Gebot, für beide Vertragsparteien klare Rechtsverhältnisse zu schaffen sowie Recht und Pflichten des Mieters und Vermieters noch vor Beginn der Modernisierungsarbeiten vertraglich festzulegen. Das Bundesjustizministerium hat zu diesem Zweck schon 1982 unter Mitwirkung aller Interessen- und Fachverbände der Wohnungswirtschaft, der Mieter- und Vermieterverbände und anderer Ministerien einen *Mustervertrag* entwickelt und veröffentlicht. Die hierin enthaltenen Mustervereinbarungen sind allerdings nur ein unverbindliches Angebot, das Formulierungsratschläge und -hilfe für die Ausarbeitung eines geeigneten Vertragstextes bieten soll. Den Mietvertragsparteien steht es frei, diesen Text abzuändern und anderslautende Vereinbarungen zu treffen. Will der Mieter seine Wohnung selbst modernisieren, so empfiehlt es sich, diesen Mustervertrag beim Bundesjustizministerium, Referat für Presse- und Öffentlichkeitsarbeit, Postfach 20 06 50, 5300 Bonn 2, direkt anzufordern. Die Broschüre »Mustervereinbarung Modernisierung durch den Mieter« wird Interessenten kostenlos zugestellt.
→ Modernisierung von Wohnraum.

Mietkaution
→ Kaution.

Mietkürzung
→ Mietminderung.

Mietminderung
Rechtsgrundlage: § 537 BGB
Ist die Wohnung zur Zeit der Überlassung an den Mieter mit einem Fehler behaftet, der ihre *Tauglichkeit* zum vertragsmäßigen Gebrauch *ganz oder teilweise aufhebt*, so wird der Mieter vom Gesetz für die Zeit des bestehenden Mangelzustands von der Mietzahlung *ganz oder teilweise befreit* (§ 537 Abs. Satz 1 BGB). Das gilt auch, wenn im Laufe der Mietzeit ein solcher Fehler entsteht. Der Mieter braucht also nur einen Mietzins zu entrichten, der im gleichen Verhältnis wie der Gebrauchswert der Wohnung gemindert ist. Werden durch den Mangel die Räume *völlig unbewohnbar*, so etwa durch Umbauten oder Modernisierungsarbeiten, hat der Mieter überhaupt keinen Mietzins zu bezahlen, solange der Mangelzustand nicht beseitigt ist. Bei *teilweiser Minderung* des Gebrauchswerts bleibt der Mieter nur zur Zahlung eines entsprechenden Teils der vereinbarten Miete verpflichtet. So gilt beispielsweise die ungenügende Beheizung der Miethäume während der kalten Jahreszeit als ein anzuerkennender Mangel der Mietsache. Hierfür kann die Miete während der Heizperiode um 10–15% gekürzt werden.

Hat der Mieter den Minderungsgrad aus Unkenntnis mit 20% veranschlagt, wird ihm dieser Irrtum jedoch nicht als grober Schätzungsfehler angelastet (AG Köln WM 75, 69). Ein fahrlässiges Verhalten des Mieters und Zahlungsverzug wegen überhöhter Mietkürzung liegen ebenfalls nicht vor, wenn der Mieter sich über das Bestehen oder den Anfang eines Kürzungsrechts bei der Mietzahlung geirrt hat (LG Braunschweig WM 85, 259; LG Kiel WM 75, 169).

Zur Vermeidung grober Fehler bei der Selbsteinschätzung des Minderungsgrades durch den Mieter wird es im Regelfall zweckmäßig sein, das Gutachten eines Sachverständigen einzuholen. Die Gutachterkosten muß der Vermieter ersetzen, wenn er den Mangelzustand der Wohnung nicht anerkennt oder vertragswidrig abstreitet (AG Hamburg WM 84, 299).

Nachstehend einige *Beispiele* für gerichtlich anerkannte Mietminderungen:
1% Minderung wegen Trübung der Isolierglasscheiben im Wohnzimmer (LG Miesbach WM 85, 260);
2,5% Minderung wegen Stillegung des Hausmüllschluckers auf Dauer (AG Hamburg WM 81, U 13);
5% Minderung wegen Vorenthaltung einer vertraglich zugesicherten Waschküchenbenutzung (AG Köln WM 83, 122);
7% Minderung wegen Absperrung einer zweiten Toilette im Flur des Wohnhauses (AG Nidda WM 83, 236);
10% Minderung wegen Ausfall der Warmwasserversorgung für einen Teil des Monats (AG Münster WM 81, U 22);
10% Minderung, wenn sich die Oberlichter der Wohnungsfenster weder zum Putzen noch zum Lüften öffnen lassen (AG Hagen WM 82, 282);
10% Minderung bei Schimmelbildung (Sparkflecken) durch Eindringen von Feuchtigkeit über den Jalousiekasten (AG Steinfurt WM 77, 256; AG Münster WM 83, 236);
15% Minderung wegen nicht ausreichender Beheizung in den Wintermonaten (AG Köln WM 75, 69);
20% Minderung, wenn ein Schlafzimmer infolge Rohrbruchs am Heizkörper nicht mehr beheizt werden kann (LG Hannover WM 80, 130);
20% Minderung wegen Geräuschbelästigung durch defekte Maschinen eines Reinigungsbetriebs im Haus (AG Köln WM 83, 126);
25% Minderung bei Taubenhaltung auf dem Nachbargrundstück (AG Dortmund WM 80, 6);
30% Minderung wegen Unbenutzbarkeit des Wohnzimmers infolge eines Wasserschadens in der darüberliegenden Wohnung (AG Bochum WM 79, 74);
50% Minderung wegen undichter Fenster und dadurch entstehender permanenter Feuchtigkeit der Wohnung (AG Leverkusen WM 81, U9);
50% Minderung, wenn von 15 Steckdosen in der Wohnung nur 3 funktionieren, der WC-Abfluß verstopft und keine ordentliche Postzustellung möglich ist (AG Hamburg WM 76, 53);
80% Minderung, wenn durch einen »Jahrhundertregen« verursachte

Überschwemmungsschäden 2–3 Wochen bestehen (AG Friedberg/ Hessen WM 84, 198);
100% Minderung wegen völligen Ausfalls der Heizung vom September bis Februar (LG Hamburg WM 76, 10).
Die *Mietminderung* nach § 537 Abs. 1 BGB tritt sozusagen automatisch in Kraft, sobald und solange die Gebrauchsfähigkeit der Räume durch einen Mangel eingeschränkt oder gänzlich aufgehoben wird. Voraussetzung für die Geltendmachung des Anspruchs ist lediglich, daß der Mangel vom Mieter ordnungsgemäß angezeigt wird. Um das Vertrauensverhältnis zwischen den Vertragsparteien nicht unnötig zu belasten, sollte der Mieter jedoch eine Mietkürzung erst dann vornehmen, wenn der Vermieter trotz Aufforderung nicht umgehend und zügig Abhilfe leistet (LG Hannover WM 80, 130). Das gilt auch, wenn der Mieter dem Vermieter für die Mängelbeseitigung keine Frist setzt (AG Köln WM 78, 126).
Im übrigen kann der Anspruch auf Mietminderung in einem Wohnungsmietvertrag nicht ausgeschlossen werden; das Recht des Mieters ist – juristisch formuliert – *unabdingbar*. Überhaupt erklärt das Gesetz ausdrücklich, daß eine zum Nachteil des Mieters abweichende Vertragsvereinbarung unwirksam ist (§ 537 Abs. 3 BGB). Der Mietvertrag für Wohnräume darf auch keine Klausel enthalten, die eine Mietkürzung nur bei bestimmten Mängeln zulassen will (AG Aachen NJW 70, 1923) oder vorschreibt, daß eine Mietminderung im voraus dem Vermieter anzukündigen ist (LG Hamburg WM 80, 126; AG Münster WM 80, 185).
→ Anzeigepflicht des Mieters; Kenntnis von Mängeln der Mietsache; Mängel der Mietsache; Feuchtigkeit der Räume.

Mietpreiserhöhung nach dem Vergleichsmietensystem
Rechtsgrundlage: § 2 MHG
Die früher einmal übliche Wohnraumkündigung zum alleinigen Zweck der Mietpreiserhöhung ist seit Einführung des *Gesetzes zur Regelung der Miethöhe* (MHG) zum 1. 1. 1975 grundsätzlich verboten. Seither kann der Vermieter einer nicht preisgebundenen Wohnung eine Mieterhöhung nur noch im gesetzlich in den §§ 2–7 MHG festgelegten Rahmen durchsetzen. Die Forderung einer höheren Miete ist zudem an bestimmte Voraussetzungen gebun-

den, so gemäß § 2 MHG an das *Vergleichsmietensystem*, gemäß § 3 MHG an die Vorschriften für *Modernisierungen*, gemäß § 4 MHG an die Umlagebedingungen für *erhöhte Betriebskosten* und gemäß § 5 MHG an die Bestimmungen bei einer *Kapitalkostensteigerung*.

Der Vermieter kann die Zustimmung des Mieters für eine Erhöhung des Mietpreises verlangen, wenn folgende Bedingungen erfüllt sind:

1. Die bisherige *Grundmiete* (Netto- oder Kaltmiete) darf *seit einem Jahr* nicht mehr verändert worden sein (§ 2 Abs. 1 Nr. 1 MHG);
2. die neue (erhöhte) Miete darf die *ortsübliche Vergleichsmiete* für nicht preisgebundenen Wohnraum nicht übersteigen (§ 2 Abs. 1 Nr. 2 MHG);
3. die Miete darf innerhalb eines Zeitraums von *3 Jahren* nicht um mehr als *30% (Kappungsgrenze)* erhöht werden (§ 2 Abs. 1 Nr. 3 MHG);
4. die Mieterhöhung darf nicht durch Vereinbarungen der Parteien im Mietvertrag, so etwa eines Mietverhältnisses auf bestimmte Zeit mit festem Mietzins, ausgeschlossen worden sein (§ 1 Satz 3 MHG).

Das Mieterhöhungsverlangen hat der Vermieter dem Mieter gegenüber *schriftlich* zu erklären und auch zu *begründen* § 2 Abs. 2 Satz 1 MHG). Haben *mehrere* Personen die Wohnung gemeinsam gemietet, kann die Erhöhungserklärung nach § 2 MHG nicht gegenüber einem der Mieter allein, sondern nur gegenüber jedem Angehörigen der Mietergemeinschaft abgegeben werden (OLG Koblenz WM 84, 18 – RE). Wurde dagegen im Formularmietvertrag bei Vermietung an *beide Ehegatten* vereinbart, daß Vermietererklärungen, die das Mietverhältnis betreffen, auch bei Abgabe an nur einen der Mieter rechtswirksam sind, so gilt das Mieterhöhungsverlangen stets gegenüber beiden Ehegatten als abgegeben und daher wirksam (KG WM 85, 12 – RE; OLG Hamm WM 84, 20 – RE).

Für die *Begründung* seines Mieterhöhungsverlangens stehen dem Vermieter 3 Möglichkeiten offen:

1. Er kann auf die ortsübliche Vergleichsmiete in einem *Mietspiegel* verweisen;
2. er kann das *Gutachten* eines Öffentlich bestellten oder vereidigten Sachverständigen beibringen; oder

3. er kann *3 vergleichbare Mietwohnungen* am Ort benennen, für die bereits höhere Mieten gezahlt werden, auch wenn diese Vergleichswohnungen demselben Vermieter gehören sollten.

Für die *Feststellung* der ortsüblichen Vergleichsmiete sind nach § 2 Abs. 1 Nr. 2 MHG Wohnungen in der Gemeinde oder in vergleichbaren Gemeinden heranzuziehen, die nach Art, Größe, Ausstattung, Beschaffenheit und Lage mit der Mietwohnung vergleichbar sind. Die Ermittlung der Vergleichsmieten bereitet in der Praxis immer wieder erhebliche Schwierigkeiten (KG WM 84, 101 – RE). Daher werden an den Vermieter auch keine überhöhten Anforderungen gestellt. Es genügt nach höchstrichterlicher Auffassung – sofern es noch nicht zu einem Prozeß zwischen den Vertragsparteien gekommen ist –, dem Mieter durch Hinweis auf Vergleichsobjekte die Möglichkeit zur Information und Nachprüfung zu geben. Ein Mieterhöhungsverlangen gemäß § 2 MHG ist daher nicht schon deshalb rechtsunwirksam, weil ein benannter »Vergleichsmieter« die Besichtigung seiner Wohnung nicht gestattet bzw. nicht bereit ist, ausreichende Informationen über die Wohnung zu erteilen (OLG Schleswig WM 84, 23 – RE).

Die vom Vermieter verlangte neue Miete darf die zum Vergleich herangezogenen Mieten solcher Wohnungen nicht übersteigen, die in den letzten 3 Jahren vereinbart wurden oder die, von Erhöhungen der Betriebskosten (§ 4 MHG) abgesehen, in diesem Zeitraum *geändert* worden sind. Der Dreijahreszeitraum wird dabei von dem Zeitpunkt zurückgerechnet, an dem das Mieterhöhungsverlangen dem Mieter zuging.

Im übrigen brauchen die im Vergleich gegenübergestellten Wohnungen nicht völlig übereinzustimmen; es genügt, wenn sie hinsichtlich der Kriterien, die für eine Mietbewertung ausschlaggebend sind, einander ähneln. Nicht vergleichbar ist z. B. die in einem Hochhauskomplex gelegene Wohnung mit der Mietwohnung in einem Zweifamilienhaus; wird sie dennoch vom Vermieter im Rahmen der 3 zu benennenden Vergleichswohnungen aufgeführt, gilt das Vergleichsobjekt als überhaupt nicht genannt (AG Wolfsburg WM 85, 303). In diesem Fall genügt das Zustimmungsverlangen des Vermieters zur Mieterhöhung nicht den gestellten Anforderungen und ist daher nichtig (LG Lübeck WM 85, 303).

Ist eine sogenannte *Inklusivmiete* vereinbart worden, die neben der Grundmiete nicht bezifferte Nebenkosten pauschal beinhaltet, kann eine Mieterhöhung wirksam in folgender Weise verlangt werden: Der Vermieter läßt ein Sachverständigengutachten erstellen, das die vergleichbare ortsübliche Nettomiete begründet; zusätzlich muß im Erhöhungsverlangen der auf die Wohnung entfallende konkrete Betriebskostenanteil ausgewiesen werden (LG Kiel WM 85, 64). Soll dagegen eine vertraglich vereinbarte Inklusivmiete nur wegen gestiegener Nebenkosten erhöht werden, ist das Recht des Vermieters zur Mieterhöhung nach § 4 MHG ausgeschlossen (OLG Zweibrücken WM 81, 153 – RE). Der Mietbegriff des § 2 MHG umfaßt den gesamten vereinbarten Mietpreis einschließlich der in ihm enthaltenen, nicht gesondert ausgewiesenen Nebenkosten (OLG Hamm WM 83, 311 – RE).

Das schriftliche Mieterhöhungsverlangen wird juristisch als vorprozessualer Antrag auf Abschluß eines Änderungsvertrages im Sinne von § 305 BGB definiert. Er soll dem Mieter die *Nachprüfung* ermöglichen, ob die verlangte Miete dem Grunde und der Höhe nach gerechtfertigt ist. Anhand der übermittelten Daten soll der Mieter überlegen und entscheiden können, ob er dem Erhöhungsverlangen zustimmen will oder nicht (BayObLG WM 85, 53). Der Mieter hat daher nach Zugang des Mieterhöhungsschreibens bis zum *Ablauf des 2. Kalendermonats* Zeit, das Verlangen des Vermieters in Hinblick auf das tatsächliche und rechtliche Zutreffen der angegebenen Gründe zu überprüfen (*Überlegungsfrist*). Stimmt er (schriftlich oder mündlich) der geforderten Mieterhöhung zu, so schuldet er den erhöhten Mietzins erstmals *ab Beginn des 3. Kalendermonats*, der auf den Zugang des Erhöhungsschreibens folgt (§ 2 Abs. 3, 4 MHG).

Beispiel: Der Mieter erhält das Erhöhungsschreiben am 18. März. Die Überlegungsfrist läuft sodann für ihn bis zum 31. Mai. Bei Zustimmung ist die erhöhte Miete erstmals ab Juni zu bezahlen. Stimmt der Mieter bis zum Ablauf der zweimonatigen *Überlegungsfrist* weder mündlich noch schriftlich der Mieterhöhung zu, kann der Vermieter bis zum Ablauf von weiteren 2 Monaten auf Erteilung der Zustimmung klagen. Hat der Vermieter Klage erhoben, ohne daß der Klage eine wirksame Erhöhungserklärung vorausging, so ist der Vermieter berechtigt, diese Erklärung im Verlauf des Prozesses nachzuholen. Die zweimonatige Zustimmungsfrist steht dem Mieter auch in diesem Fall zu (§ 2 Abs. 3 MHG). Im Klageverfahren muß der Vermieter die Ortsüblichkeit der verlangten Miete beweisen (AG Köln WM 85, 294). Das Gericht wird sodann über das Mieterhöhungsverlangen des Vermieters nach objektiver Feststellung der ortsüblichen Vergleichsmiete sowie unabhängig von der Forderung des Vermieters entscheiden und gegebenenfalls den Mieter verurteilen, der Zahlung einer entsprechend höheren Miete zuzustimmen. Verliert der Mieter also den Prozeß, wird die höhere Miete ab demselben Zeitpunkt fällig wie bei seiner Zustimmung.

Der *Mieter* ist berechtigt, nach Zugang des Mieterhöhungsschreibens bis zum Ende der zweimonatigen Überlegungsfrist auf den Ablauf des übernächsten Monats nach der Überlegungsfrist zu *kündigen*, sofern der Vermieter die Miete nach dem Vergleichsmietensystem (§ 2 MHG) erhöhen will. Begründet der Vermieter die Mieterhöhung dagegen mit einer Modernisierungsmaßnahme (§ 3 MHG) oder einer Kapitalkostenerhöhung (§ 5 MHG), so kann der Mieter das Vertragsverhältnis mit dem Vermieter spätestens am *3. Werktag* des Kalendermonats, von dem an der Mietzins erhöht werden soll, für den Ablauf des übernächsten Monats kündigen. Im Fall der Kündigung braucht der Mieter dann keine höhere Miete zu bezahlen (§ 9 Abs. 1 MHG).

Wurde der Mieter rechtskräftig zur Zahlung einer erhöhten Miete verurteilt, kann wiederum der *Vermieter* aufgrund der inzwischen entstandenen Mietrückstände das Mietverhältnis wegen *Zahlungsverzug* fristlos kündigen. Die Kündigung ist frühestens 2 Monate nach dem Zeitpunkt der rechtskräftigen Verurteilung zulässig, sofern nicht schon wegen Zahlungsverzug der bisher geschuldeten Miete die Voraussetzungen des § 554 BGB erfüllt wurden (§ 9 Abs. 2 MHG). Ist der Mieter aus einem gerechtfertigten Mieterhöhungsverlangen gemäß § 2 Abs. 4 MHG in Verzug geraten, kann der Vermieter unter den sonstigen Voraussetzungen auch *Verzugszinsen* vom Mieter erheben (AG Köln WM 84, 134).

→ Betriebskostenabrechnung; Kapitalkostenerhöhung; Mietpreiserhöhung nach Modernisierung; Mietspiegel; Zahlungsverzug.

Mietpreiserhöhung nach Modernisierung
Rechtsgrundlage: § 3 MHG
Nach Beendigung eines Modernisierungsvorhabens darf der Vermieter gemäß § 3 Absatz 1 MHG die bisher gezahlten Wohnungsmieten durch einen *Modernisierungszuschlag* aufstocken. Voraussetzung ist, daß der Mieter der Modernisierungsmaßnahme zugestimmt oder diese durch Stillschweigen zumindest geduldet hat bzw. vom Gericht zur Duldung verurteilt wurde. Ohne vorherige Zustimmung bzw. Duldung der wertverbessernden Baumaßnahme kann eine Mieterhöhung nach § 3 MHG nicht verlangt werden (AG Hamburg WM 81, U 4). Ferner muß die vom Vermieter durchgeführte Modernisierung den Gebrauchswert der Wohnung spürbar erhöht, die allgemeinen Wohnverhältnisse auf Dauer verbessert oder eine nachhaltige Einsparung von Heizenergie bewirkt haben. Die für diesen Zweck besonders geeigneten Baumaßnahmen sind in § 4 des Modernisierungs- und Energieeinsparungsgesetzes (ModEnG) zusammengefaßt.

Für die Mieterhöhung gibt es *2 Möglichkeiten*: Einmal kann der Vermieter rechtswirksam sowie unabhängig von einer vorherigen Zustimmung des Mieters (OLG Hamburg WM 81, 127 – RE) die bislang gezahlte jährliche Miete um *11*% der Kosten erhöhen, die er für eine Wohnungsmodernisierung oder für andere bauliche Änderungen verausgabt hat. Das gilt auch für eine Verausgabung aufgrund von Umständen, die der Vermieter nicht zu vertreten braucht.

Beispiel: Der in eine Mietwohnung investierte Modernisierungsaufwand beträgt DM 12 500,-. Die Jahresmiete erhöht sich dadurch um 11% von DM 12 500,- = DM 1375,-. Somit beträgt die monatliche Mieterhöhung (1375 : 12 =) *DM 114,58*.

Sind die Baumaßnahmen für *mehrere Wohnungen* durchgeführt worden, müssen die dafür aufgewendeten Kosten vom Vermieter auf die einzelnen Wohnungen angemessen verteilt werden.

Beispiel: Das modernisierte Miethaus enthält 2 Wohnungen. Die Wohnung A ist 80 m² und die Wohnung B 90 m² groß; die Gesamtwohnfläche beträgt somit 170 m². In beiden Wohnungen hat der Vermieter das Bad modernisieren lassen und hierfür insgesamt DM 19 000,- aufgewendet. Auf jeden Quadratmeter Wohnfläche entfällt daher ein jährlicher Modernisierungszuschlag von 11% aus DM 19 000,- = 2070:170 = *DM 12,29*. Die jährliche Mieterhöhung beträgt demnach für Wohnung A (12,29 × 80 m² =) DM 983,20 und für Wohnung B (12,29 × 90 m² =) DM 1106,10. Die Monatsmiete von Wohnung A steigt um (983,20:12 =) *DM 81,93* und von Wohnung B um (1106,10:12 =) *DM 92,17*.

Die *2. Möglichkeit*, Modernisierungskosten auf den Mieter umzulegen, besteht darin, daß der Vermieter die Mieterhöhung bis zum Niveau der *ortsüblichen Vergleichsmiete* (§ 2 MHG) vornimmt. Die neue Miete kann dabei eine etwa nach dem örtlichen *Mietspiegel* ermittelte Vergleichsmiete bis zu einem bestimmten Grad überschreiten. Die absolute Obergrenze für eine Mieterhöhung nach dem Vergleichsmietensystem ist durch § 5 des Wirtschaftsstrafgesetzes (WiStG) vorgegeben; sie liegt im allgemeinen bei einer Überschreitung der in Betracht kommenden Vergleichsmiete um 20%. Bei Überschreiten der »Wuchergrenze« macht sich der Vermieter in jedem Fall strafbar.

Beispiel: Durch Anschluß der Mietwohnung an eine Zentralheizungsanlage wird die modernisierte Wohnung in eine höhere Ausstattungsstufe des örtlichen Mietspiegels versetzt. Dadurch ergibt sich zugleich eine höhere ortsübliche Vergleichsmiete, die der Vermieter nunmehr unter den genannten Voraussetzungen vom Mieter verlangen kann.

Werden die Modernisierungskosten ganz oder teilweise durch *staatliche Zuschüsse* gedeckt, so gehören die eingesetzten öffentlichen Mittel *nicht* zum umlagefähigen Modernisierungsaufwand. Dasselbe gilt für *Beschaffungskosten von Fremdkapital*, die bei der Finanzierung von Wertverbesserungsmaßnahmen angefallen sind (OLG Hamburg WM 151 – RE), sowie für *Mieterdarlehen* oder *Mietvorauszahlungen*. Ferner dürfen die Kosten für bloße *Instandhaltungs- oder Instandsetzungsarbeiten* nicht auf den Mieter umgelegt werden (OLG Hamburg WM 83, 13 – RE), so z.B. für Dachreparaturen, Erneuerungen des Außenputzes oder des Außenanstrichs von Fenstern und Türen. Arbeiten aufgrund von behördlichen Auflagen, etwa die Erneuerung der Elektro- und Gasleitung oder die Renovierung des Schornsteins, sind ebenfalls nicht umlagefähig (AG Osnabrück WM 81, U 12). Soweit derartige

Kosten in Zusammenhang mit der Modernisierung entstanden sind, müssen sie von den Gesamtkosten abgezogen werden (OLG Celle WM 81, 151 – RE).

Beispiel: Der Vermieter ersetzt ein völlig morsches Holzfenster mit Einfachverglasung durch ein Doppelglasfenster in Metallrahmen. Umlegbar ist nur der Differenzbetrag, der sich aus den Kosten für ein normales Holzfenster mit Einfachverglasung, also dem Instandsetzungsaufwand, und den Kosten für ein Isolierglasfenster im Metallrahmen ergibt, also dem Aufwand für die eigentliche Wertverbesserung. Wäre dagegen ein Austausch der Rahmen nicht notwendig, um Isolierglasscheiben einbauen zu können, liegt im Austausch der Rahmen jedenfalls keine kostenumlagefähige Wertverbesserung (AG Hamburg-Altona WM 83, 27).

Eine Kostenumlage *entfällt* weiterhin, wenn der Vermieter aufgrund öffentlich-rechtlicher Vorschriften für Beitragszahlungen zum gemeindlichen *Erschließungsaufwand* anläßlich des Straßenausbaus herangezogen wird. Erschließungskosten der Straßenanlieger sind grundsätzlich kein Modernisierungsaufwand im Sinne von § 3 MHG und daher auf den Mieter nicht umlagefähig (OLG Hamm WM 83, 287 – RE). Dasselbe gilt für andere gemeinschaftsbezogene Aufwendungen (LG Lübeck WM 81, 44).

Baumaßnahmen zur *Einsparung von Heizenergie* brauchen zwar im Gegensatz zu anderen Modernisierungsmaßnahmen keine Verbesserung des Wohnwertes zu erbringen; sie müssen daher für den Mieter auch nicht unbedingt rentabel sein. Das bedeutet jedoch keineswegs, daß der Mieter unwidersprochen jede Mieterhöhung hinnehmen muß. Vielmehr hat eine Energiesparmaßnahme auch aus der Sicht des Mieters objektiv wirtschaftlich vertretbar zu sein; sie muß vor allem das Verhältnis zwischen einzusparenden Heizkosten und der verlangten Mieterhöhung berücksichtigen.

Beispiel: Der Vermieter ließ zum Zweck der Heizkostenersparnis an der Außenfassade des Hauses eine Wärmedämmung anbringen und verlangte sodann eine monatliche Mieterhöhung von DM 140,80. Ein vom Gericht bestelltes Sachverständigengutachten ergab jedoch, daß sich die jährliche Heizöl-Kostenersparnis nur auf knapp DM 600,– belief, die verlangte Mietpreiserhöhung somit um mehr als 200% die erzielte Kostenersparnis überschritt. Ein derart hoher Mietpreiszuschlag ist unangemessen und daher nicht vertretbar (LG Freiburg WM 85, 340).

Verstoßen die Modernisierungsmaßnahmen – wie im obigen Beispiel – gegen das *Gebot der Wirtschaftlichkeit*, so entfällt der Mieterhöhungsanspruch aber nicht vollständig. Vielmehr bleiben die Kosten insoweit umlagefähig, als sie unter Berücksichtigung der Wirtschaftlichkeitsgrundsätze vertretbar wären. Eine unwirksame Mieterhöhungsankündigung nach beendeter Modernisierung erlangt Wirksamkeit, wenn der Mieter ihr durch Zahlung des Erhöhungsbetrages (stillschweigend) zustimmt (AG Braunschweig WM 84, 62).

Nach § 3 Absatz 2 MHG soll der Vermieter noch *vor* Beginn der Modernisierungsarbeiten den Mieter auf die voraussichtliche Höhe der Kosten und die sich daraus ergebende Kostenerhöhung hinweisen. Der Mieterhöhungsanspruch selbst ist durch *schriftliche Erklärung* gegenüber dem Mieter geltend zu machen. Diese Erklärung wird jedoch nur dann wirksam, wenn sie eine Kostenberechnung erhält und dem Mieter entsprechend erläutert wird (§ 3 Abs. 3 MHG). Die erhöhte Miete hat der Mieter erstmals zu Beginn des Monats zu bezahlen, der auf den Erhalt der Erklärung folgt. Geht dem Mieter die Vermietererklärung erst *nach dem 15. eines Monats* zu, erhöht sich die Miete erst ab dem Ersten des übernächsten Monats. Die genannten Zahlungsfristen verlängern sich um jeweils *3 Monate*, wenn der Vermieter die Höhe der voraussichtlichen Mieterhöhung dem Mieter nicht vorher mitgeteilt hat oder die tatsächliche Mieterhöhung gegenüber dieser Vorausmitteilung um *mehr als 10%* hinausgeht (§ 3 Abs. 4 MHG).

Verlangt der Vermieter eine Mietzinserhöhung nach § 3 MHG, also um 11% des Modernisierungsaufwands, so ist der Mieter nach § 9 Absatz 1 MHG berechtigt, das Mietverhältnis spätestens am 3. Werktag des Kalendermonats, von dem an der Mietzins erhöht werden soll, für den Ablauf des übernächsten Monats zu *kündigen*. Ein außerordentliches Kündigungsrecht steht dem Mieter auch dann zu, wenn der Vermieter gemäß § 2 MHG nach Abschluß der Modernisierungsarbeiten die ortsübliche Vergleichsmiete verlangen will. Der Mieter kann sodann bis zum Ablauf des 2. Monats,

der auf den Zugang des Erhöhungsverlangens folgt, für den Ablauf des übernächsten Monats kündigen.
→ Mietpreiserhöhung nach dem Vergleichsmietensystem; Mietspiegel; Modernisierung von Wohnraum.

Mietpreistabellen
→ Mietspiegel.

Mietpreisüberhöhung
Rechtsgrundlage: § 5 WiStG
Wer vorsätzlich oder leichtfertig bei der Wohnungsmiete oder damit verbundenen Nebenleistungen unangemessen hohe Preise fordert, sich versprechen läßt oder annimmt, verhält sich nach § 5 des *Wirtschaftsstrafgesetzes* (WiStG) *ordnungswidrig*.
Unangemessen hoch sind Mieten dann, wenn sie unter Ausnutzung eines zu geringen Marktangebots an vergleichbaren Wohnungen die ortsüblichen Mieten nicht unwesentlich überschreiten. Bei den Vergleichen sind objektive Merkmale entscheidend, so die Art der Wohnungen, ihre Größe, Ausstattung, Beschaffenheit und Lage innerhalb der örtlichen Gemeinde oder in einem vergleichbaren Ort (OLG Hamm WM 83, 108 - RE). Die Ordnungswidrigkeit kann mit einer Geldbuße bis zu DM 50 000,- geahndet werden (§ 5 Abs. 2 WiStG).
Der Straftatbestand einer Mietpreisüberhöhung wird jedoch *nicht* erfüllt, wenn die geforderte Miete zwar die ortsübliche Vergleichsmiete erheblich überschreitet, aber lediglich die laufenden Kosten des Vermieters deckt und in keinem auffälligen Mißverhältnis zur Leistung des Vermieters steht. Die *Wuchergrenze* des § 302a des Strafgesetzbuches muß allerdings eingehalten werden; sie liegt nach höchstrichterlicher Rechtsprechung bei *50%*. Eine Überschreitung der ortsüblichen Vergleichsmiete um mehr als 50% gilt auch dann als ein Verstoß gegen § 5 WiStG, wenn die eingenommene, überhöhte Miete lediglich für eine Deckung der Kosten des Vermieters ausreicht.
    In der Rechtsprechung wird der Tatbestand einer *Mietpreisüberhöhung* schon dann festgestellt, wenn eine Überschreitung der ortsüblichen Miete um *mehr als 20%* vorliegt (LG Köln WM 84,

62). Da nach § 134 BGB Rechtsgeschäfte unwirksam sind, die gegen ein gesetzliches Verbot verstoßen, ist auch eine Miethöhenvereinbarung insoweit nichtig, als sie die ortsübliche Vergleichsmiete um mehr als 20% übersteigt (BGH WM 84, 68 – RE). Die Unwirksamkeit erstreckt sich allerdings nur auf die Miethöhenvereinbarung selbst, nicht jedoch auf den gesamten Mietvertrag. Liegt eine Preisüberhöhung nach § 5 WiStG vor, ist sodann die Mietzinsvereinbarung nur insoweit nichtig, als der verlangte Mietzins die Vergleichsmiete übersteigt (OLG Hamburg WM 83, 20 – RE). Der Vermieter muß in diesem Fall den Mietzinsüberhang an den Mieter zurückerstatten und die Miete auf den angemessenen (ortsüblichen) Betrag zurückführen. Die ortsübliche Vergleichsmiete im Sinne des § 2 Abs. 1 MHG ist dabei konkret für die fragliche Wohnung zu ermitteln; behebbare Mietsachenmängel bleiben hierbei unberücksichtigt (OLG Stuttgart WM 81, 225 – RE). Bei möbliertem Wohnraum kann es für die Errechnung der örtlichen Vergleichsmiete zweckmäßig sein, eine fünfjährige Abschreibung der Möbel zugrunde zu legen (AG München WM 84, 250).

→ Mängel der Mietsache; Mietpreiserhöhung.

Mietspiegel
Rechtsgrundlage: § 2 MHG
Zur Begründung eines *Mieterhöhungsverlangens* kann der Vermieter von frei finanzierten Wohnungen (§ 2 Abs. 1 MHG) unter anderem auf die ortsübliche *Vergleichsmiete* zurückgreifen. Als zuverlässige Erkenntnisquelle zur Feststellung vergleichbarer Miethöhen steht ihm dabei die örtliche *Mietwerttabelle* (»Mietspiegel«) zur Verfügung. Besteht am Ort kein Mietspiegel, darf auch der einer vergleichbaren Gemeinde benutzt werden. Die Mietspiegel entstehen regelmäßig in Zusammenarbeit der Gemeinden mit den örtlichen Vermieter-und Mieterorganisationen auf der Grundlage repräsentativer Mietdatenerhebungen (Wohngeldstatistik) und werden in bestimmten Zeitabständen den veränderten Marktverhältnissen angepaßt. Jeder Mietspiegel enthält eine Übersicht mit Rasterfeldern, in denen der örtlich gezahlte Quadratmeterpreis für alle im Gemeindegebiet vertretenen Wohnungskategorien ausgewiesen wird. Für die Einordnung einer Wohnung in den Mietspie-

gel ist der Zeitpunkt der Bezugsfertigkeit entscheidend. Dagegen bleibt unbeachtlich, wann die letzten Restarbeiten fertiggestellt wurden (KG Mannheim 82, 279).
Im Mietspiegel werden regelmäßig *Preisspannen* angegeben, deren Bandbreite vom Mittelwert teils erheblich nach oben oder nach unten abweicht. Die Spannen erlauben eine zusätzliche Differenzierung bei der Bewertung der Wohnungen innerhalb des Rasterfeldes. Dabei kennzeichnet der *Oberwert* den Mietpreis für Wohnungen mit überdurchschnittlich guter Wohnlage und Wohnkomfort. Der *untere Grenzwert* einer Preisspanne kommt dagegen für Wohnungen in Frage, die hinsichtlich ihrer Lage und Ausstattung keinerlei besondere Vorzüge aufweisen und somit den durchschnittlichen Wohnwert unterschreiten. Welchen Mietpreis der Vermieter innerhalb der Bandbreite einer Preisspanne verlangen will, bleibt ihm überlassen. Für den Mieter gilt, daß er nur den mittleren Preis zu akzeptieren braucht, wenn Wohnlage und Wohnkomfort nur durchschnittlichen Ansprüchen genügen.
Der Vermieter muß zunächst keine Begründung mitliefern, wenn er im Rahmen seines Mieterhöhungsbegehrens den höchsten Wert der Mietspanne ansetzt. Falls jedoch der Mieter das Erhöhungsbegehren ablehnt und der Vermieter daraufhin Zustimmungsklage erhebt, hat er vor Gericht ausführlich zu begründen, warum er sich berechtigt glaubt, eine Anhebung des Mietzinses bis an die Obergrenze der im Mietspiegel ausgewiesenen Spannbreite zu verlangen (AG Köln WM 82, 279). Weist der Mietspiegel ein Leerfeld aus, ist eine Mietwertberechnung nach einem der umliegenden Rasterfelder ausgeschlossen (LG Hamburg WM 82, 21).
Beispiel: Nach dem örtlichen Mietspiegel ist die Wohnung gemäß Baujahr des Hauses, Größe und Ausstattung sowie Wohnlage am Ort in eine Mietpreisspanne einzuordnen, die DM 6,20–8,30 beträgt. Der Mittelwert (Durchschnittsmiete) beläuft sich somit auf DM 7,25.
Die Mietpreistabellen müssen laufend dem Wandel der marktwirtschaftlichen Verhältnisse angepaßt werden. Die *Anpassung* erfolgt durch *Fortschreibung* der anfänglichen Preisfestsetzungen innerhalb bestimmter Zeitabstände. Da die Erstellung eines Mietspiegels oft schon längere Zeit zurückliegt, wird häufig ein prozentua-

ler *Zuschlag* auf die Quadratmeterpreise der Tabellen erhoben. So kann ein Mieterhöhungsverlangen, das die Wohnung zunächst unterhalb des Höchstwertes der Mietspanne eingeordnet hatte, wegen der seit Einordnung verstrichenen Zeit einen prozentualen Aufschlag erhalten mit der Folge, daß nunmehr das Erhöhungsbegehren den Höchstwert des Rasterfeldes übersteigt. In diesem Fall ist die verlangte Mieterhöhung formell nur bis zu dem Betrag wirksam, auf den der Vermieter den Zuschlag erhoben hat (OLG Hamburg WM 83, 80 – RE).

Das Mieterhöhungsverlangen darf in der Regel auch auf einen mehrere Jahre alten Mietspiegel gestützt werden (OLG Stuttgart WM 82, 108 – RE). Die Beurteilung der ortsüblichen Vergleichsmiete kann sich ferner nach dem zwischenzeitlich fortgeschriebenen Mietspiegel richten und muß sich nicht auf die Fassung beziehen, die noch bei Abgabe des Erhöhungsverlangens gültig war (LG Bochum WM 82, 18). Jedenfalls bedeutet die Bezugnahme auf die jeweils geltende Fassung des Mietspiegels keine (zulässige) *Klageänderung*, die ansonsten zur Folge hätte, daß sich dadurch der Zeitpunkt der Wirksamkeit des Erhöhungsverlangens entsprechend hinausschieben würde (LG Wuppertal WM 82, 19). Auf ein *unbegründetes* Mieterhöhungsverlangen hat es keinen Einfluß, wenn im Verlauf des Rechtsstreits ein neuer Mietspiegel erscheint und nunmehr der verlangte Mietpreis gerechtfertigt wäre (AG Recklinghausen WM 82, 19). Nach neuerer Rechtsprechung soll jedenfalls gelten, daß bei einer Zustimmungsklage für die Mieterhöhung der zur Zeit der Abgabe des Erhöhungsbegehrens gültige Mietspiegel anzuwenden ist (AG Köln WM 84, 255).

Für den Mieter muß ein Mieterhöhungsverlangen des Vermieters in seiner Begründung *nachvollziehbar* sein. So hat der Vermieter etwa durch zusätzliche Informationen dem Mieter zu ermöglichen, in der Mietpreistabelle diejenige Vergleichsmiete aufzufinden, die der Vermieter dem Erhöhungsverlangen zahlenmäßig zugrundelegt (AG Dortmund WM 81, U 10). Ein Erhöhungsverlangen ist unwirksam, wenn der Vermieter ohne Begründung lediglich eine Angleichung an den Mietspiegel fordert. Der Mieter hat in diesem Fall keine Möglichkeit, die Berechtigung der Vermieterforderung nachzuprüfen (LG Aachen WM 81, U 8). Der Vermieter muß ferner darlegen, wieso er die Einordnung nicht im unteren Bereich der Mietspanne, sondern im mittleren Rahmenbereich für angemessen und ortsüblich hält (AG Bühl WM 82, 111). Dabei ist die Wohnlage zwar ein wichtiger, aber keineswegs der einzige Bewertungsmaßstab. Trotz einer »guten Wohnlage« darf daher der Preisrahmen vom Vermieter nur dann voll ausgeschöpft werden, wenn auch der Allgemeinzustand des Hauses und die Wohnungsausstattung zumindest den durchschnittlichen Anforderungen genügt (LG Köln WM 81, U 4). Die von den Parteien akzeptierte Einstufung der Mietwohnung in ein bestimmtes Rasterfeld des Mietspiegels ist nur für das einzelne Mieterhöhungsverlangen gültig; die Einstufung hat keine Wirkung auf künftige Mieterhöhungen (LG Essen WM 84, 110).

Im übrigen kann der Vermieter, wenn er die Mietspiegelwerte für überholt hält, sein Mieterhöhungsverlangen auch auf ein *Sachverständigengutachten* stützen. Solche Gutachten stellen jedoch im Vergleich zum Mietspiegel kein sichereres und besser geeignetes Beweismittel dar, weil die Sachverständigen in der Regel nicht über entsprechend zuverlässiges Datenmaterial verfügen. Der Mietspiegel ist somit dem Expertengutachten überlegen (LG Hamburg WM 83, 238; LG Bielefeld WM 83, 24). Wegen der Fülle der verarbeiteten Daten kommt ihm ein so hoher Beweiswert zu, daß ein Sachverständiger davon abweichende Feststellungen im Rechtsstreit eingehend begründen muß (LG Köln WM 82, 77). Steht dem Gericht ein unter Beachtung statistisch-wissenschaftlicher Grundsätze sorgfältig erstellter Mietspiegel zur Verfügung, so ist die Einholung eines Gutachtens über die Höhe der ortsüblichen Miete regelmäßig entbehrlich (LG Mannheim WM 82, 279). Obwohl ein guter Mietspiegel für das reibungslose Funktionieren des Vergleichsmietensystems unerläßlich ist, sind bislang die Bemühungen der Bundesregierung gescheitert, den Gemeinden die Aufstellung und zeitnahe Anpassung von Mietspiegeln gesetzlich vorzuschreiben. So wurde durch das neue Mietrecht zum 1. 1. 1983 nur § 2 MHG dahingehend erweitert, daß die Gemeinden künftig einen örtlichen Mietspiegel erstellen sollen, wenn hierfür ein Bedürfnis besteht und dies mit vertretbarem Kostenaufwand möglich ist. Entgelte, die bei der Aufstellung von Mietspiegeln aufgrund gesetzlicher Bestimmungen an Höchstbeträge gebunden sind, sollen dabei außer Ansatz bleiben. Ferner schreibt § 2 Abs. 5 MHG vor, daß die Mietspiegel jeweils in Zeitabständen von 2 Jahren der Marktentwicklung anzupassen sind. Derzeit gibt es im Bundesgebiet etwa 300 solche Mietspiegel. Da sie nur bestimmte Zeiträume aktuell bleiben und somit laufend veralten, wenn sie nicht zeitnah fortgeschrieben oder neu erstellt werden, kann über die genaue Gesamtzahl der geltenden Mietspiegel nichts ausgesagt werden. Die örtlichen Gemeindeämter oder Mietervereine geben jeweils die gewünschten Auskünfte.

→ Mietpreiserhöhung nach dem Vergleichsmietesystem; Mietpreisüberhöhung.

Mietvertrag
Rechtsgrundlagen: §§ 535, 566 BGB
Der Vermieter verpflichtet sich im Wohnungsmietvertrag, dem Mieter den *Gebrauch der Mietsache* zu gewähren, solange das Vertragsverhältnis besteht. Der Mieter ist wiederum verpflichtet, den vertraglich festgelegten *Mietzins* zu bezahlen (§ 535 BGB). Grundsätzlich steht es den Parteien frei, in welcher Form sie den Mietvertrag abschließen wollen. Somit können Wohnungsmietverträge schriftlich, mündlich oder auch durch stillschweigende Duldung vereinbart werden. Bei Anmietung der Wohnung für längere Zeit als *ein Jahr* ist der Mietvertrag in jedem Fall schriftlich abzuschließen. Wird diese Vorschrift nicht beachtet, entfällt die vereinbarte Mietdauer, und der Vertrag gilt für *unbestimmte Zeitdauer* abgeschlossen. Die Kündigung des Vertrags ist dann frühestens auf den Schluß des 1. Mietjahres zulässig (§ 566 BGB).

Um einen Wohnungsmietvertrag in Kraft zu setzen, müssen die Parteien sich in allen wichtigen Punkten vorbehaltlos geeinigt haben. Für die Wirksamkeit der Übereinkünfte bei einem *mündlich* abgeschlossenen Mietvertrag genügt es, wenn Klarheit über die Personen der Vertragsparteien herrscht und die Lage der Mietwohnung im Haus sowie Anzahl und Verwendung der Räume genau bestimmt sind. Ferner muß Einigung der Parteien über die Höhe des Mietpreises, die Verrechnung der Nebenkosten und den Vertragsbeginn bestehen.

Es wird aus Gründen der Rechtssicherheit empfohlen, sämtliche Mietverträge, auch die kurzfristigen, schriftlich abzufassen. Das Vertragsformular muß sodann von jedem Beteiligten *unterschrieben* werden. Dabei genügt es, wenn der Vertragspartner seine Unterschrift jeweils auf das gleichlautende Vertragsexemplar des anderen setzt; es können aber auch beide Partner die Vertragsurkunden gemeinsam unterschreiben. In der Praxis kommt es gelegentlich vor, daß die Parteien im Rechtsstreit voneinander abweichende Mietverträge vorlegen, obwohl beide Exemplare jeweils durch die Unterschrift der anderen Partei gedeckt sind. Es besteht keinerlei Rechtsgrundsatz, daß in einem solchen Fall der Text des Vermieterexemplars maßgebend sein soll (AG Hamburg-Blankenese WM 83, 234).

Eine »*Schreibgebühr*« vom Mieter für den Abschluß eines Mietvertrages zu verlangen, ist unzulässig. Der normale Verwaltungsaufwand für die Abschlußverhandlungen wird durch den Mietzins abgedeckt (AG Frankfurt/M. WM 84, 77). Bei Vertragsabschluß besteht für den Mieter keine *Offenbarungspflicht* seiner höchstpersönlichen Daten dem Vermieter gegenüber (AG Nürnberg WM 84, 295). Ebensowenig ist der Mieter verpflichtet, vor Vertragsabschluß über seine *Einkommens- und Vermögensverhältnisse* Auskunft zu geben. Somit scheidet ein Anfechtungsrecht des Vermieters wegen Irrtums über die Vermögensverhältnisse des Mieters als vertragswesentliche Grundlage bei Mietverhältnissen von vornherein aus (LG Ravensburg WM 84, 297).

Ein *Anfechtungsgrund* gemäß § 199 BGB kann jedoch bestehen, wenn der Mietinteressent bei Vertragsabschluß nicht offenbarte, daß er eine *eidesstattliche Versicherung* (§ 807 ZPO) abgegeben hat (AG Hagen WM 84, 296). In einer als Formular gestalteten »*Selbstauskunft*« die dem Mieter vor Abschluß des Mietvertrages abverlangt wird, ist die Frage nach einem bestehenden Arbeitsverhältnis des potentiellen Mieters zulässig. Kommt der Vertragsschluß durch eine unrichtige »Selbstauskunft« zustande, kann der Vermieter den Mietvertrag wegen arglistiger Täuschung anfechten, solange der Mieter, die Wohnung noch nicht bezogen hat (LG Köln WM 84, 297). Nach Beginn des Mietverhältnisses endet jedoch das Anfechtungsrecht des Vermieters (AG Gelsenkirchen WM 84, 299).

Bei *Vermietung an Ehegatten* wird der Vermieter im Regelfall verlangen, daß beide Ehegatten den Mietvertrag unterschreiben, also gemeinsam als Mieter auftreten. Sie haften sodann gesamtschuldnerisch für den Mietzins, so daß der Vermieter sich bei Zahlungsverzug an beide Eheleute halten kann. Heiratet der Mieter erst nach seinem Einzug in die Mietwohnung, kann er den Ehegatten und dessen Kinder in seine Mietwohnung aufnehmen. Der Vermieter darf den Zuzug von Familienangehörigen nur verwehren, falls dadurch eine personelle Überbelegung der Räume eintreten würde. Gelegentlich wird die Ehefrau im Mietvertrag ausdrücklich als Mitmieter (Vertragspartei) erwähnt, ohne daß sie den Vertrag mitunterzeichnet hat. Sie ist dann ebenfalls Mietpartei, wenn der Ehemann sowohl nach den Umständen als auch nach dem Mietvertrag bevollmächtigt war, sie bei Vertragsschluß zu vertreten (AG Eschweiler WM 83, 30; LG Lübeck WM 81, U 21; LG Frankfurt WM 81, 183). Dasselbe gilt, wenn umgekehrt die Ehefrau im Eingangswortlaut des Mietvertragsformulars nicht aufgeführt wird, aber den Vertrag mitunterzeichnet hat (AG Köln WM 82, 170).

Eine andere Rechtsauffassung vertritt das LG Hannover (WM 83, 235). Danach wird der Ehegatte, der den Mietvertrag nicht mitunterschrieben hat, auch dann kein Mitmieter, wenn er seit 20 Jahren in der Wohnung des Ehepartners lebt (LG Hannover WM 83, 235).

Bei Abschluß eines mündlichen Mietvertrags mit Eheleuten gelten in der Regel beide Ehegatten als Vertragspartner. Ist ein Ehegatte allein Mieter der Wohnung, muß der Vermieter hierfür den Beweis antreten. Ein Mieterhöhungsverlangen hat der Vermieter an beide Ehegatten als Mieter zu richten (AG Hamburg-Altona WM 81, U 19).

Bei Abfassung von Mietverträgen ist zu beachten, daß die unabdingbaren Rechte des Mieters aus dem Gesetz nicht verletzt werden. So gelten vertragliche Vereinbarungen, die gegen die guten Sitten und das Gesetz verstoßen, als sogenannte *mißbilligte Klauseln*; solche Klauseln sind nichtig, an ihre Stelle tritt die gesetzliche Regelung. Der Gesetzgeber hat einen Katalog unabdingbarer Vorschriften des Bürgerlichen Gesetzbuches zusammengestellt, die nicht durch individuelle Vertragsabreden geändert oder ausge-

Mietvertrag 145

schlossen werden können (»Das Mietrecht« - Presse- und Informationsamt der Bundesregierung in der Reihe Bürger-Service, Seite 10f.). Sie betreffen

1. den gesamten *Kündigungsschutz* des Mieters einschließlich Sozialklausel (§§ 556a bis 665c, 564b BGB);
2. die Bestimmungen des *Miethöhengesetzes* (MHG), insbesondere über das Vergleichsmietenverfahren;
3. den Schutz des Mieters bei *Modernisierungen* durch den Vermieter (§ 541b BGB);
4. das Recht des Mieters zur *Mietminderung* bei Mängeln der Mietsache (§ 537 BGB);
5. das Recht des Mieters zur *fristlosen Kündigung* bei Nichtgewährung oder Entziehung des Gebrauchs der Wohnung (§§ 542, 543 BGB) und bei gesundheitsgefährdender Beschaffenheit der Wohnung (§ 544 BGB);
6. die Entfernung von Einrichtungen beim Auszug, die der Mieter eingebaut hatte, wenn kein angemessener Ausgleich vorgesehen ist oder zustande kommt (§ 547a BGB);
7. die teilweise *Untervermietung* bei berechtigtem Interesse des Mieters (§ 549 Abs. 2 BGB);
8. Höhe, Fälligkeit und Verzinsung der *Mietkaution* (§ 550b BGB);
9. die *Aufrechnung* gegen die Miete oder die *Zurückhaltung* der Mietzahlung, wenn dem Mieter wegen Mängeln der Mietsache Ersatzansprüche zustehen (§ 552a BGB) - der Mieter muß seine Absicht dem Vermieter einen Monat vor Fälligkeit der Miete schriftlich mitteilen -;
10. die Gründe für die *fristlose Kündigung des Vermieters* (§§ 553-554b BGB), so vertragswidriger Gebrauch, Zahlungsverzug oder schuldhafte Pflichtverletzung;
11. die *Rückzahlung* von im voraus über die Mietdauer hinaus entrichteter Miete und nicht abgewohnter Baukostenzuschüsse (§ 557a BGB);
12. die *Kündigung des Mieters* bei unbefristeten Mietverträgen zu jedem Monatsletzten unter Wahrung der Kündigungsfristen (§ 565 BGB) und
13. die Wahl der Familienangehörigen, nach dem Tod des Mieters

die Wohnung beizubehalten, wenn sie mit dem Mieter zusammengelebt haben (§ 569a BGB).
→ Betriebskosten; Formularmietvertrag; Fristlose Kündigung; Kaution; Kündigungsfristen; Staffelmiete; Untermiete; Zeitmietvertrag.

Mietwucher
→ Mietpreisüberhöhung.

Modernisierung von Wohnraum
Rechtsgrundlagen: § 541b BGB; § 4 ModEnG; § 3 MHG
Die *Modernisierung von Wohnraum*, insbesondere von Altbauwohnungen, liegt normalerweise im Interesse beider Vertragsparteien. Baumaßnahmen, die einer Anpassung älterer Wohnungen an die heutigen Lebensbedürfnisse dienen, sind einmal für den Vermieter von Nutzen, da sie den Wert seines Hauseigentums erhöhen und eine modern ausgestattete Wohnung zu besseren Bedingungen vermietbar ist. Andererseits kommt der Mieter in den Genuß eines erhöhten Wohnkomforts. Erhöhter Wohnkomfort kostet jedoch seinen Preis. Einmal verursachen die Bauarbeiten während der Modernisierungsdauer erhebliche Belästigungen durch Lärm und Schmutz. Zum anderen muß sich der Mieter fragen, ob die Mieterhöhung nach Abschluß der Baumaßnahmen für ihn finanziell tragbar ist. Zwar bestimmt der zum 1. 1. 1983 neu eingeführte § 541b BGB, daß der Mieter Modernisierungsvorhaben des Wohnungseigentümers *dulden* muß. Dabei ist es gleichgültig, ob das Vorhaben mit öffentlichen Mitteln gefördert wird oder nicht. Die Neuregelung billigt jedoch dem Mieter in beiden Fällen ein *Widerspruchsrecht* zu, wenn die Wohnwertverbesserung sowohl wegen der Belästigung durch die Bauarbeiten als auch der Kostenumlage für den Mieter oder seine Angehörigen eine *unzumutbare Härte* bedeuten würde.
Der Wohnungseigentümer kann die Kosten für Modernisierungsmaßnahmen aus eigenen Mitteln bestreiten; er kann aber auch *Finanzierungshilfen* aus öffentlichen Mitteln in Anspruch nehmen. Die umfangreichen Förderungsprogramme, mit denen der Bund seit 1974 Milliardenbeträge zur Altbausanierung und für allge-

meine Modernisierungen in Häusern und Wohnungen investierte, sind allerdings ausgelaufen. Einige Bundesländer, Städte und Gemeinden haben jedoch entsprechende lokale Förderungsprogramme aufgelegt, über die Interessenten in den örtlichen Gemeindeverwaltungen nähere Auskunft erhalten. Daneben besteht noch eine Fülle weiterer Vergünstigungen, so insbesondere im Steuerbereich nach § 82a EStDV, dessen Vorschriften unlängst durch Artikel 8 des Steuerbereinigungsgesetzes 1986 (BStBl I 1985, Seite 2436) wesentlich erweitert wurde.

Die *öffentliche Förderung* von Modernisierungen und Maßnahmen zur Energieeinsparung erfolgt im Rahmen des Modernisierungs- und Energieeinsparungsgesetzes (ModEnG) vom 12. 7. 1978. Danach gelten als *Modernisierung* bauliche Maßnahmen, die den Gebrauchswert der Wohnung nachhaltig erhöhen oder die allgemeinen Wohnverhältnisse dauerhaft verbessern. Bauliche Maßnahmen, die nachhaltig Einsparungen von Heizenergie bewirken, sind ebenfalls Modernisierungen im Sinne des Gesetzes. Für *Instandsetzungen* gilt das jedoch nur, wenn sie durch bauliche Maßnahmen zur Verbesserung von Wohnungen oder zur Einsparung von Heizenergie verursacht wurden (§ 3 ModEnG). Treffen sonstige Instandsetzungen oder Instandhaltungsarbeiten mit Modernisierungsmaßnahmen zusammen, was in der Praxis häufig geschieht, so ist ein Abschlag von den Gesamtkosten geboten (AG Frankfurt WM 81, U 12).

Als *bauliche Maßnahmen*, die im Sinne von § 4 ModEnG den *Gebrauchswert der Wohnung* erhöhen, gelten unter anderen eine Verbesserung des Zuschnitts der Wohnung, der Belichtung und Belüftung sowie des Schallschutzes, der Energie- und Wasserversorgung, der sanitären Einrichtungen, der Beheizung und der Kochmöglichkeiten sowie anderer Funktionsabläufe in den Wohnungen oder der Sicherheit vor Diebstahl oder Gewalt. Bauliche Maßnahmen zur allgemeinen *Verbesserung der Wohnverhältnisse* sind insbesondere die Anlage und der Ausbau nichtöffentlicher Gemeinschaftsanlagen, wie Grünflächen, Kinderspielplätze, Abstellplätze und anderer Verkehrsanlagen. Zu den baulichen Maßnahmen für eine nachhaltige *Einsparung von Heizenergie* gehören wesentliche Verbesserungen im Bereich der Wärmedämmung von Fenstern,

148 Modernisierung von Wohnraum

Außentüren und -wänden, Dächern, Kellerdecken sowie obersten Geschoßdecken. Dasselbe gilt für Maßnahmen zur wesentlichen Verminderung des Energieverlustes und des Energieverbrauchs der zentralen Heizungs- und Warmwasserbereitungsanlagen. Öffentlich gefördert werden auch Änderungen von Heizungs- und Warmwasseranlagen im Haus, die zum Anschluß an die Fernwärmeversorgung notwendig sind, von Maßnahmen zur Rückgewinnung von Wärme oder zur Nutzung von Energie durch Wärmepumpen und Solaranlagen. Weitere Beispiele aus der Rechtsprechung für Wohnwertverbesserungen:

- Ersatz von ursprünglich vorhandenen Minirolläden durch Einbau normaler *Rolläden* mit verbessertem Wärme- und Schallschutz (AG Steinfurt WM 85, 262);
- Verbesserung der allgemeinen Wohnverhältnisse durch Anlage einer *Hofbefestigung* (LG Hildesheim WM 85, 340);
- *Malerarbeiten* anläßlich der Modernisierung, soweit sie zur Ausbesserung von modernisierungsbedingten Schönheitsfehlern notwendig und angemessen sind (OVG Berlin WM 83, 172);
- Einbau von *Türdrückeranlagen* (AG Kassel WM 81, U 12);
- Installierung einer neuen *Müllbox*, die einer möglichst hygienischen Aufbewahrung der laufend größer werdenden Hausmüllmenge dient (LG Hannover WM 82, 83);
- Anschluß der bislang mit Kohleeinzelöfen beheizten Wohnung an eine *Zentralheizungsanlage* (AG Bochum WM 83, 140);
- Verbesserung der Wärmedämmung durch Einbau neuer *Außentüren* (AG Münster WM 81, U 12).

Keine Modernisierungsmaßnahme im Sinne von § 4 ModEnG ist dagegen der Ersatz einer alten *Gastherme*, die den gesetzlichen Abgasvorschriften nicht mehr entspricht; hiermit erfüllt der Vermieter nur eine Hauptpflicht aus § 535 BGB (AG Münster WM 85, 365). Sie schreibt ihm vor, daß der Gebrauch der Mietsache stets vollwertig sein muß und dementsprechend unbrauchbare Versorgungseinrichtungen zu erneuern sind. Eine nachhaltige Wohnwertverbesserung entsteht gleichfalls nicht, wenn der Vermieter in einem bereits voll eingerichteten Badezimmer nur das Waschbecken und einige Wandkacheln erneuert (AG Köln WM 85, 365). Im allgemeinen wird das *Architektenhonorar* für die *Bauleitung* selbst bei umfangreichen Modernisierungsarbeiten nicht den Kosten zugerechnet, die als Modernisierungszuschlag auf den Mieter umgelegt werden können. Das Amtsgericht Hamburg (WM 85, 341) bezeichnete die Bauleitung als eine typische Verwaltungstätigkeit, die eigentlich dem Vermieter obliegt; doch ist die Rechtsprechung in dieser Frage uneinheitlich.

Der Mieter hat Baumaßnahmen zur *Wohnwertverbesserung* im Rahmen des § 541b BGB grundsätzlich zu *dulden*. Die mit dem neuen Mietrecht am 1. 1. 1983 eingeführte Duldungspflicht entfällt jedoch, wenn das Modernisierungsvorhaben für ihn oder seine Familie eine *unzumutbare Härte* bedeuten würde, die auch unter Würdigung der berechtigten Interessen des Vermieters und anderer Mieter im Haus nicht zu rechtfertigen ist. Umfangreiche Modernisierungen stellen beispielsweise dann eine unzumutbare Härte dar, wenn der Auszug des Mieters kurz bevorsteht (AG Dortmund WM 80, 246) oder während der kalten Jahreszeit neue Fenster und Türen eingebaut werden sollen (AG Köln WM 75, 225). Dasselbe gilt, wenn durch die Modernisierungsmaßnahmen die Art der Nutzung der gesamten Wohnung völlig geändert würde (AG Dortmund WM 80, 9) oder der Mieter durch die Bauarbeiten schwere gesundheitliche Beeinträchtigungen zu befürchten hat. In diesem Fall kann der Mieter auch eine bereits erklärte Einwilligung zur Durchführung der Baumaßnahme widerrufen (AG Hannover WM 81, U 11).

Die sogenannte *Luxusmodernisierung* einer Altbauwohnung braucht der Mieter ebenfalls nicht zu dulden, wenn die zu erwartende *Mieterhöhung* für ihn oder seine Angehörigen eine nicht zu rechtfertigende Härte darstellt. In Absatz 1 des § 541b BGB sind einige Gesichtspunkte aufgeführt, die bei einer richterlichen Prüfung der Duldungspflicht regelmäßig zugunsten des Mieters berücksichtigt werden. Sie betreffen zunächst einmal die *baulichen Folgen*, soweit diese aus Art sowie Umfang der Bauarbeiten entstehen, so beispielsweise die *Unbewohnbarkeit der Räume* für eine längere Zeitspanne, die *Belästigungen* durch Schmutz und Lärm oder der *Verlust eines Wohnraums*, da der Vermieter ein Badezimmer einrichten will.

Eine unzumutbare Härte kann für den Mieter auch darin bestehen, daß Einbauten oder sonstige »Verwendungen«, die er mit Zustimmung des Vermieters in der Wohnung durchgeführt hat, so z.B. der Einbau von Kachelöfen oder die Anschaffung von Gardinen, bei verändertem Wohnungszuschnitt oder Einbau vergrößerter Fenster wertlos würden. Im übrigen kann der Vermieter frei entscheiden, *wo* er in seinem Haus mit der Modernisierung beginnen will. Der Mieter hat kein Recht zu verlangen, daß mit den Baumaßnahmen zunächst in anderen Wohnungen angefangen wird (LG Hannover WM 80, 113).

Der Vermieter darf grundsätzlich alle Kosten von Modernisierungsarbeiten, die den in § 3 des Gesetzes zur Regelung der Miethöhe (MHG) genannten Vorbedingungen entsprechen, auf die Mieter abwälzen. Ist die zu erwartende Kostenumlage für den Mieter zu hoch, kann er der geplanten Baumaßnahme des Vermieters seine Zustimmung verweigern. Der Mieter hat in diesem Fall Gründe darzulegen und muß auch beweisen können, daß der Mietzuschlag für ihn eine nicht zu rechtfertigende Härte darstellt. Unzumutbar wäre beispielsweise, wenn der Mieter aus finanziellen Gründen eine andere Wohnung suchen müßte (AG Hagen WM 81, U 11).

Bei Prüfung der Widerspruchsgründe ist allerdings zu berücksichtigen, ob und inwieweit der Mieter den Modernisierungszuschlag durch ein *erhöhtes Wohngeld* ausgleichen kann. Im Falle eines Ausgleichs würde die Voraussetzung einer finanziellen Härte von vornherein nicht gegeben sein. Mietsteigerungen nach beendeten Baumaßnahmen sind jedoch grundsätzlich keine unzumutbare Härte, wenn der Vermieter die modernisierten Wohnräume lediglich in den allgemein üblichen Zustand versetzt hat, die Baumaßnahme also nur dem Zweck dient, die Mietsache dem Standard anzupassen (AG Köln WM 84, 220).

In § 541b Absatz 2 BGB wird die *Informationspflicht* des Vermieters, der eine Modernisierung plant, und das *außerordentliche Kündigungsrecht* des Mieters geregelt. Danach muß der Vermieter *2 Monate* vor Beginn der Modernisierungsmaßnahme den Mieter über den Zeitpunkt des Beginns, über die voraussichtliche Dauer sowie Art und Umfang der Arbeiten schriftlich informieren; Informationspflicht besteht auch hinsichtlich der zu erwartenden Mieterhöhung.

Beispiel: Der Vermieter plant eine Modernisierung der vermieteten Wohnung mit Baubeginn zum 1. Juni, das Informationsschreiben muß dann spätestens am 31. März dem Mieter vorliegen.

Das *außerordentliche Kündigungsrecht* bei Modernisierungen erlaubt es dem Mieter, das Mietverhältnis bis zum Ende des Monats, der auf den Zugang des Modernisierungsbescheids folgt, für den Ablauf des nächsten Monats zu kündigen. Hat der Mieter wirksam gekündigt, muß der Vermieter seine Modernisierungspläne bis zum Ende der Mietzeit zurückstellen. Diese Vorschriften sind jedoch unbeachtlich, wenn die Baumaßnahmen für den Mieter mit keiner oder nur unwesentlicher Einwirkung auf die Mieträume verbunden sind und keine oder nur geringe Mieterhöhungen zur Folge haben.

Für *eigene Aufwendungen*, die der Mieter wegen Modernisierungsmaßnahmen des Vermieters machen mußte, hat der Vermieter nach § 541b Absatz 3 BGB *Ersatz* zu leisten. Erstattungspflichtig sind beispielsweise die Reinigungskosten der Räume vom Bauschmutz einschließlich der verbrauchten Putzmittel; dabei kann auch die Arbeitsleistung des Mieters entsprechend berücksichtigt werden. Ist die Küche während der Bauarbeiten längere Zeit nicht benutzbar, und nimmt der Mieter mit seinen Angehörigen die Mahlzeiten in einem nahegelegenen Restaurant ein, so muß der Vermieter für die Kosten des Essens außer Haus aufkommen (LG Essen WM 81, 67). Anspruch auf Kostenersatz hat der Mieter auch für notwendiges Neutapezieren und für Neuanstriche einschließlich der hierfür verwendeten Materialien (AG Gelsenkirch-Buer WM 79, 83). Können die Mieträume während der Modernisierungsarbeiten vorübergehend überhaupt nicht bewohnt werden, muß der Vermieter die Kosten eines Hotelaufenthalts für den Mieter und seine Familie erstatten. Das Amtsgericht Köln (WM 81, 95) hielt es für unzumutbar, wenn sich eine Familie mit 4 Personen lediglich im Wohnzimmer aufhalten kann, in dem auch noch die 4 Betten der Familie aufgestellt sind.

Klauseln in Wohnungsmietverträgen, die zum *Nachteil des Mieters* von den gesetzlichen Bestimmung des BGB abweichen, sind nach § 541b Absatz 4 BGB rechtlich unwirksam. Das gilt auch für eine Vertragsvereinbarung, die den Vermieter generell ermächtigt, eine

Modernisierung außerhalb der Vorschriften des § 541b BGB durchzuführen.
→ Bauliche Veränderungen durch den Mieter; Instandhaltung, Instandsetzung; Mietermodernisierung; Mietpreiserhöhung nach Modernisierung.

Möblierte Zimmer
→ Untermiete.

Müllabfuhr
→ Betriebskosten.

Musikausübung
Rechtsgrundlagen: Artikel 1 und 2 GG
Der Mieter ist zur Ausübung von normaler *Hausmusik* innerhalb seiner Wohnung ohne besondere Erlaubnis durch den Vermieter berechtigt. Die freie Entfaltung der eigenen Persönlichkeit gehört zu den geschützten Grundrechten jedes Bürgers und somit auch zum vertragsmäßigen Gebrauch der Mietwohnung. Diese Freiheit stößt allerdings an ihre Grenzen, wenn die Musikausübung zu einer erheblichen *Lärmbelästigung* für andere Hausbewohner ausartet. Dieser Fall tritt ein, wenn Art, Dauer und Intensität der musikalischen Geräuscheinwirkung von einem normal, also nicht überempfindlich reagierenden Menschen als unangenehm laut und störend empfunden wird. Besondere Rücksichtnahme ist angebracht, wenn sich im Haus ein Schwerkranker befindet oder ein Trauerfall vorliegt. Dies bedeutet jedoch keineswegs, daß der Mieter auf ein normales Ausmaß von musikalischer Betätigung (Zimmerlautstärke!) gänzlich verzichten muß.
Von jedem Musikausübenden sind die *allgemeinen Ruhezeiten* von 13.00 Uhr bis 15.00 Uhr mittags und von 22.00 Uhr abends bis 7.00 Uhr am Morgen streng zu beachten. Während dieser Zeiten kann im Mietvertrag oder in der Hausordnung jede Musikausübung untersagt werden. Ein völliges Verbot des Musizierens auch für die anderen Tageszeiten ist jedoch nichtig. Allerdings darf der Vermieter auch während der normalen Tageszeit jede Musikausübung auf eine bestimmte Zeitdauer beschränken. So wird dem

Mieter in der Rechtsprechung ein normales *Klavierspiel* außerhalb der allgemeinen Ruhezeiten von 2 Stunden Dauer zugebilligt (OLG Hamm NJW 81, 465); bei gemeinsamem Musizieren mehrerer Personen (z. B. Familienmitglieder) bleibt der Zeitraum auf 1-1 1/2 Stunden beschränkt (OLG Frankfurt WM 84, 303).

Jazz-, Pop- und Beatgruppen mit baßstarken Rhythmusgeräuschen ist das Musizieren in der Mietwohnung grundsätzlich untersagt.

Daß *Berufsmusiker* regelmäßig und zeitlich über das Normalmaß hinausgehend Gesangs- und Instrumentalübungen durchführen müssen, ist allgemein bekannt. In diesem Fall sind mit dem Vermieter klare Absprachen über die Art und Dauer der Übungsstunden zu treffen. Dasselbe gilt, wenn *Musiklehrer* in ihrer Wohnung *Musikunterricht* erteilen. Der Vermieter kann außerdem verlangen, geräuschdämpfende Schutzmaßnahmen in zumutbarem Umfang zu treffen, so etwa den Flügel auf einen Bodenbelag zu stellen, der die Resonanz abschwächt, oder einen Moderator einzubauen. Im übrigen sind die allgemeinen Ruhezeiten auch dann einzuhalten, wenn im Mietvertrag keine entsprechenden Vereinbarungen getroffen wurden.

→ Belästigungen; Hausordnung; Lärm; Mietvertrag.

Nachmieter
Rechtsgrundlagen: § 535 BGB

Der Vermieter ist grundsätzlich nicht verpflichtet, den Mieter *vorzeitig* aus seinem Mietverhältnis zu entlassen. Wenn der Mieter dennoch vor Ende der vereinbarten Mietvertragsdauer oder vor Ablauf der Kündigungsfrist ausziehen will, muß er bestimmte Rechtsfolgen tragen, so etwa die Weiterzahlung des Mietzinses bis zum tatsächlichen Ende des Vertragsverhältnisses.

In der Regel wird der Mieter bei einem *auf längere Zeit* eingegangenen Mietverhältnis Interesse daran haben, im Bedarfsfall vorzeitig ausziehen zu können, ohne daß wirtschaftliche Belastungen, wie etwa die gleichzeitige Mietzahlung für 2 Wohnungen, auf ihn zukommen. Muß der Mieter mit einer Veränderung seiner persönlichen Verhältnisse rechnen, kann für diesen Fall eine sogenannte *Ersatzmieterklausel* vereinbart werden. Sie bietet dem Mieter die Möglichkeit, dem Vermieter einen geeigneten Nachfolgemieter zu benennen, der bereit ist, für die Restlaufzeit des Mietvertrages in die Mietnachfolge einzutreten. Häufig wird eine Ersatzmieterklausel auch dann vereinbart, wenn der Mieter erhebliche Aufwendungen für eine Herrichtung der Miträume geleistet hat (BGH WM 77, 92).

Für die Wirksamkeit einer Nachfolgeklausel genügt es, wenn der Ersatzmieter die Anmietung zu denselben Bedingungen akzeptiert, die auch für das bisherige Mietverhältnis galten (LG Freiburg WM 81, I).

Liegen weder in der Person noch in den wirtschaftlichen Verhältnissen des Nachmieters Gründe vor, die diesen für den Vermieter unzumutbar erscheinen lassen, so muß dieser nach Treu und Glauben den Vorschlag des Mieters annehmen (LG Köln WM 71, 92). Steht im Mietvertrag eine Ersatzmieterklausel, darf der Vermieter einen angebotenen Nachmieter also nur ablehnen, wenn vernünftige Gründe vorliegen, die die Person des Nachfolgemieters als *unzumutbar* erscheinen lassen (LG Kassel WM 80, 178). Die Zahlungsfähigkeit eines von ihm vorgeschlagenen Ersatzmieters braucht der Mieter nur nachzuweisen, wenn der Vermieter entsprechende Zweifel äußert (LG Hamburg WM 79, 144). Maßgebend für die Beurteilung des Nachmieters sind dessen persönliche Verhältnisse bei Vertragsabschluß. Lehnt der Vermieter einen zumutbaren Ersatzmieter *ohne berechtigte Gründe* ab, verliert er nach Auszug des Mieters alle weiteren Mietzinsansprüche (LG Hamburg WM 81, U 16; AG Leverkusen WM 81, I).

Auch dann braucht der Mieter nach Auszug keine Miete mehr zu bezahlen, wenn die Mietnachfolge eines geeigneten Ersatzmieters nur daran scheitert, daß der Vermieter bereits einen *Makler* mit der Wohnungsvermittlung beauftragt hat und dieser nun vom Nachmieter Provision verlangt (AG Heidelberg WM 81, U 21).

Verzögert sich die Wohnungsübernahme durch den akzeptierten Nachmieter, weil der Vermieter die Räume nach dessen Wünschen renovieren läßt, besteht ebenfalls kein Fortzahlungsanspruch gegen den ausgezogenen Mieter (AG Coesfeld WM 80, 137). Dasselbe trifft zu, wenn der Vertrag mit einem zumutbaren Mietnachfolger dadurch scheitert, daß der Vermieter unbedingt einen neuen Mietvertrag abschließen will, der über die ursprünglich vereinbarte

Mietzeit hinausgeht (AG Erkelenz WM 81, U 16). Ferner darf der Vermieter einen Ersatzmieter nicht allein deshalb ablehnen, weil er *Ausländer* ist (LG Hannover WM 77, 223).

Im übrigen handelt der Vermieter rechtsmißbräuchlich, wenn er von vornherein eine Überprüfung der Nachmietervorschläge des Mieters ablehnt (AG Gelsenkirchen WM 83, 231). Kommt der Vertragsschluß mit einem geeigneten Nachmieter dadurch nicht zustande, daß der Vermieter ihm eine andere, billigere Wohnung anbietet, so verliert der Vermieter gleichfalls seinen Anspruch auf Mietfortzahlung gegenüber dem ausgezogenen Mieter (AG Münster WM 83, 2).

Wohnte der auszugswillige Mieter mit Duldung des Vermieters *in nichtehelicher Lebensgemeinschaft*, und benennt er zwei ebenfalls unverheiratete Personen als Mietnachfolger, so kann der Vermieter diese Ersatzmieter nicht allein deswegen und zum Nachteil des ausziehenden Mieters als unzumutbar ablehnen. Zwar ist dem Vermieter zuzubilligen, seine Meinung zu ändern und nur noch an Eheleute vermieten zu wollen. Die Meinungsänderung darf jedoch nicht zu Lasten des ausziehenden Mieterpaars erfolgen. Der Vermieter hat somit auf weitere Mietzinsforderungen zu verzichten (AG Hannover WM 80, 206). Eine derartige Abwägung der beiderseitigen Interessen ist stets Sache des Einzelfalls und insoweit einer schematisierenden Regelung durch die Rechtsprechung unzugänglich (OLG Hamm WM 83, 228 – RE). Ansonsten kann der Vermieter eine Nachfolgemieterin allein deshalb ablehnen, weil sie mit ihrem Freund in die Wohnung einziehen will (LG Frankfurt WM 79, 72).

Der *bloße Wunsch* des Mieters, vorzeitig aus dem Mietverhältnis entlassen zu werden, begründet selbst bei Vorschlag eines zumutbaren Nachmieters noch keine Verpflichtung des Vermieters zur Mietfreigabe (LG Freiburg/Br. WM 81, U 15). Das gilt insbesondere dann, wenn im Mietvertrag keine Ersatzmieterklausel vereinbart wurde (OLG Oldenburg WM 81, 125 – RE). Der Vermieter ist grundsätzlich nur dann zur Annahme einer vom Mieter gestellten, zumutbaren Ersatzperson als Nachmieter verpflichtet, wenn das berechtigte Interesse des Mieters am vorzeitigen Auszug dasjenige des Vermieters am Bestand des Mietvertrages ganz erheblich überwiegt (OLG Karlsruhe WM 81, 173 - RE). Nach einer höchstrichterlichen Entscheidung kann dieser Fall eintreten, wenn die Fortsetzung des Mietvertrages für den verpflichteten Mieter nach dem Grundsatz von Treu und Glauben nicht mehr zumutbar ist, und zwar aus Gründen, die nicht er zu verantworten hat (BGH NJW 51, 836). In der Rechtsprechung und juristischen Literatur wird dem Mieter ein solcher *Härtefall* bei schwerer Krankheit, bei Einzug in das Altersheim, bei einem berufsbedingten Ortswechsel oder bei einer Vergrößerung des Wohnraumbedarfs durch Familiennachwuchs zugestanden. Eine Aufzählung weiterer stichhaltiger und daher anerkennenswerter Härtesituationen erübrigt sich, da solche Fälle nicht schematisch behandelt werden können und von den Gerichten eine Abwägung der Interessen beider Vertragsparteien in jedem Einzelfall vorgenommen wird.

Ist die *Restmietzeit* nur noch verhältnismäßig kurz, so etwa kürzer als 3 Monate, braucht der Vermieter selbst bei Vorliegen eines stichhaltigen Härtegrundes den Ersatzmieter im Regelfall nicht zu akzeptieren (OLG Oldenburg WM 82, 124) bzw. den Mieter nicht vorzeitig aus dem Mietverhältnis zu entlassen. Ein weiteres, nur kurzfristiges Festhalten des Mieters an seinen Vertragspflichten zählt jedenfalls nicht zu den Gründen, die für den Mieter beim Abwägen der gegenseitigen Interessen eine unzumutbare Härte bedeuten würden (LG Berlin WM 79, 77).

Andererseits würde der Vermieter gegen Treu und Glauben verstoßen, wenn er einen geeigneten Nachmieter ersichtlich nur deshalb ablehnt, weil er anderweitige finanzielle Ansprüche durchsetzen will (LG Hannover WM 75, 242).

Lehnt der Vermieter die vorzeitige Beendigung des Mietverhältnisses grundsätzlich ab, weigert er sich, einen vom Mieter vorgeschlagenen Ersatzmieter zu akzeptieren oder findet sich kein geeigneter Nachmieter, so bleibt dem Mieter nur die Möglichkeit, sich durch *Untervermietung* vor dem Nachteil einer Mietfortzahlung während der Restmietzeit zu schützen. Verweigert der Vermieter auch für eine Untervermietung grundlos seine Zustimmung, ist der Mieter berechtigt, unter Einhaltung der gesetzlichen Dreimonatsfrist (§ 549 Abs. 1 BGB) seinen Mietvertrag zu kündigen.

→ Auszug des Mieters; Kündigungsfristen; Untermiete.

Nebenkosten
→ Betriebskosten.

Nichteheliche Lebensgemeinschaft
→ Wohngemeinschaft.

Nutzungsentschädigung
Rechtsgrundlage: § 557 BGB
Wird mit Beendigung des Mietverhältnisses – sei es durch Ablauf der vereinbarten Zeit, Kündigung oder Aufhebungsvertrag – die Mietwohnung nicht zurückgegeben, hat der Vermieter für die Dauer der Vorenthaltung Anspruch auf Weiterzahlung der vertraglich vereinbarten Miete. Aus dem beendeten Mietverhältnis wird in diesem Fall rechtlich ein *Raumnutzungsverhältnis* und aus der bisher gezahlten Miete eine *Nutzungsentschädigung*. Gleichzeitig kann der Vermieter noch weitergehenden Schadensersatz fordern (§ 557 Abs. 1 Satz 2 BGB). Außerdem hat der Vermieter das Recht, anstelle der bislang gezahlten Vertragsmieten die eventuell höhere *ortsübliche Vergleichsmiete* zu verlangen.
Der Begriff der *Vergleichsmiete* wird in § 2 Abs. 1 Nr. 2 MHG definiert. Danach sind die üblichen Mietpreise für nach Art, Größe, Ausstattung, Beschaffenheit und Lage vergleichbare Wohnungen am Ort oder in einer vergleichbaren Gemeinde heranzuziehen. Im Streitfall entscheidet über die Höhe der ortsüblichen Vergleichsmiete das Gericht. Hat der Vermieter die bisherige Mietzahlung als Nutzungsentschädigung vorbehaltlos gelten lassen und die Zahlungen angenommen, kann er bei einer Willensänderung nicht verlangen, daß die Entschädigungszahlung rückwirkend bis zur Höhe der örtlichen Vergleichsmiete aufgestockt wird (AG Pinneberg WM 84, 83; LG München WM 74, 7).
Mehrere Mieter haften für die Nutzungsentschädigung als Gesamtschuldner. Gibt der Mieter sein Zimmer in einem Studentenwohnheim erst nach Ablauf der Mietzeit, also verspätet, zurück, so muß er bis zur Neuvermietung auf Nutzungsentschädigung und Mietausfall haften (AG Münster WM 83, 22).
Die Nutzungsentschädigung nach § 557 BGB kann der Vermieter auch verlangen, wenn der Mieter im Rahmen eines Mietprozesses zur Räumung der Wohnung verurteilt wurde, das Gericht ihm

158 Nutzungsentschädigung

jedoch eine angemessene *Räumungsfrist* (§§ 721, 794a ZPO) gewährte. In diesem Fall ist der Mieter für die Zeit von der Beendigung des Mietverhältnisses bis zum Ablauf der Räumungsfrist zum Ersatz weiterer wirtschaftlicher Schäden dem Vermieter gegenüber nicht verpflichtet (§ 557 Abs. 3 BGB). Während der gerichtlich zuerkannten Räumungsfrist braucht der Mieter die Nutzungsentschädigung nur für die Dauer der Vorenthaltung des Mietobjekts zu bezahlen (AG Friedberg/Hessen WM 80, 113). Zieht der Mieter *vor* Ablauf der Räumungsfrist aus, kann der Vermieter bis zum Ende dieser Frist keine Entschädigungszahlung mehr verlangen. Der Mieter ist jedoch verpflichtet, dem Vermieter den bevorstehenden Auszug umgehend mitzuteilen, gegebenenfalls auch, daß er mit hoher Wahrscheinlichkeit bald umziehen wird; ansonsten macht er sich schadenersatzpflichtig (LG Freiburg WM 80, 223).
Kommt jedoch der Vermieter seiner *Mitwirkungspflicht* bei der Rücknahme der Mietsache nicht nach, so entfällt der Anspruch auf Nutzungsentschädigung, nachdem der Vertrag gekündigt wurde (LG Hamburg WM 81, U 15; AG Hamburg WM 82, 73).
Macht der Mieter von seinem *Sonderkündigungsrecht* nach Empfang eines Mieterhöhungsschreibens gemäß § 9 MHG Gebrauch, steht dem Vermieter bis zur Räumung der Wohnung nur der in der Vergangenheit maßgebliche Mietzins als Nutzungsentschädigung zu (AG Nidda WM 81, 105).
Zusätzliche *Schadenersatzansprüche* über die Nutzungsentschädigung hinaus stehen dem Vermieter nach § 557 Abs. 2 BGB zu, wenn die Rückgabe der Wohnung infolge von Umständen unterblieben ist, die der Mieter schuldhaft verursacht, also auch zu vertreten hat. Für die Wohnraummiete gilt zugunsten des Mieters die Einschränkung, daß ein zusätzlicher wirtschaftlicher Schaden dem Vermieter nur zu ersetzen ist, wenn dies der »Billigkeit den Umständen nach« entspricht und eine Schadloshaltung erforderlich macht. Die Grenzen der Billigkeit werden in der Regel durch die Höhe der ortsüblichen Vergleichsmiete bestimmt. Hat allerdings der Mieter selbst gekündigt, kann er Billigkeitserwägungen zu seinen Gunsten nicht erwarten.
→ Auszug des Mieters; Mietspiegel; Räumungsfrist; Rückgabe der Mietwohnung.

Ortsübliche Vergleichsmiete
→ Mietspiegel.

Partys
→ Lärm.

Pfandrecht des Vermieters
Rechtsgrundlagen: §§ 559, 562 BGB
Der Vermieter hat ein gesetzlich verbrieftes *Pfandrecht* an den Gegenständen und Sachen, die vom Mieter in die Wohnung eingebracht werden und dort für die Dauer der Mietzeit oder zumindest längerfristig verbleiben. Dieses Pfandrecht soll sicherstellen, daß der Mieter spätestens beim Auszug alle berechtigten Geldforderungen des Vermieters ausgleicht. Durch das Pfandrecht sind allerdings nur solche Forderungen gedeckt, die sich aus dem Wesen des Mietvertrages ergeben, also in erster Linie die Mietzinsforderung, Schadenersatzansprüche, die Kosten einer Rechtsverfolgung gegen den Mieter (Prozeßkosten) sowie die Mietnebenkosten (z. B. Wasser-, Strom- oder Müllabfuhrgebühren). Eine weitergehende Auslegung des Vermieterpfandrechts hat der Bundesgerichtshof aus sozial- und kreditpolitischen Erwägungen abgelehnt (BGH DB 73, 372; BB 73, 117).

Das *Vermieterpfandrecht* entsteht im Zeitpunkt der Einbringung der Sachen in die Mieträume. Nur vorübergehend in die Wohnung verbrachte Gegenstände bleiben vom Pfandrecht ausgenommen. Das gilt grundsätzlich auch für Gegenstände, die sich nicht im Volleigentum des Mieters befinden oder die kraft Gesetzes unpfändbar sind (§ 559 Satz 3 BGB; §§ 811, 812 ZPO).

Die Rechte aus dem *Miteigentum* an einer Sache können dagegen in Höhe des Miteigentumanteils gepfändet werden. Unpfändbar sind alle Sachen, die auch der Gerichtsvollzieher nicht pfänden dürfte. Hierzu gehören Gegenstände zum persönlichen Gebrauch oder zur Führung eines (bescheidenen) Haushalts, wie etwa Kühlschrank, Waschmaschine, Radio, Kleidung, Wäsche, Haus- und Küchengeräte, aber auch Arbeitsmittel oder in Gebrauch befindliche Geschäftsunterlagen, wie z. B. eine Kundenkartei (OLG Frankfurt WM 79, 191). Dagegen ist ein Pkw pfändbar, der regelmäßig in der mitvermieteten Garage abgestellt wird. Bei Gegenständen, die der Mieter *auf Abzahlung* unter Eigentumsvorbehalt des Darlehensgebers gekauft hat (Teileigentum), entsteht das Pfandrecht erst nach Bezahlung des Restkaufpreises. Vorher beschränkt sich das Pfandrecht nur auf die Anwartschaft des Mieters zum Eigentumserwerb.

Ferner bleiben Gegenstände unpfändbar, die im Eigentum von *Haushaltsangehörigen* des Mieters stehen, so z. B. der Ehefrau. Das gilt jedoch nicht, wenn die Ehefrau den Mietvertrag mitunterzeichnet hat oder die gepfändete Sache zum Gesamtgut der Eheleute (§ 1416 BGB) gehören. Für künftige Entschädigungsansprüche und bei Mietzinsforderungen für eine spätere Zeit als das laufende und das nachfolgende Jahr darf ein Pfandrecht ebenfalls nicht ausgeübt werden (§ 559 Satz 2 BGB).

Der Vermieter kann sein Pfandrecht dadurch geltend machen, daß er die zu pfändende Sache beim Auszug des Mieters – notfalls mit Gewalt – zurückbehält und in Besitz nimmt, sie versteigern läßt und mit dem Erlös seine Forderungen ausgleicht. Wegen der allgemeinen *Schadenminderungspflicht* ist der Vermieter bei diesem Vorgehen gehalten, die in Besitz genommenen Gegenstände möglichst umgehend im Sinne von § 1233 BGB zu verwerten (LG Mannheim WM 78, 141).

Die Ausübung des Pfandrechts ist somit bereits vor Ablauf des Mietverhältnisses zulässig, wenn der Mieter vorzeitig auszieht. Entfernt der Vermieter aus einem verschlossenen Zimmer des Mieters ohne dessen Willen verschiedene Wertgegenstände, so etwa ein Farbfernsehgerät und eine Kameraausrüstung, um damit bestimmte Zahlungsansprüche abzusichern, so begeht er *verbotene Eigenmacht*. Dazu ist der Vermieter selbst aus einem berechtigten Vermieterpfandrecht nicht befugt. Der Mieter kann gemäß § 861 Abs. 1 BGB die Herausgabe der Sachen verlangen.

Das sogenannte *Selbsthilferecht* des Vermieters (§ 561 Abs. 1 BGB) berechtigt erst dann zur Wegnahme einer pfändbaren Sache, wenn der Mieter diese Sache aus der Wohnung wegschaffen will oder die Wegschaffung kurz bevorsteht (AG Dortmund WM 76, 18). Bei Ausübung des Selbsthilferechts kann der Vermieter bzw. seine Hilfsperson den Mieter notfalls *mit Gewalt* daran hindern, die pfändbaren Gegenstände wegzubringen. Bei übertriebener Gewaltanwendung gegen Personen macht sich der Vermieter jedoch strafbar. Das gilt auch, wenn der Vermieter unpfändbare Gegenstände in sein Pfandrecht nimmt. Hier haftet er auf *Schadenersatz* wegen *unerlaubter Handlung* (OLG Frankfurt WM 79, 191).

Entfernt der Mieter die pfändbaren Sachen aus der Wohnung, so endet das Vermieterpfandrecht im Zeitpunkt der Wegschaffung. Werden die Gegenstände ohne Wissen oder gegen den Willen des Vermieters weggebracht, so kann er binnen eines Monats die Zurückschaffung oder – wenn der Mieter bereits ausgezogen ist – die Überlassung des Besitzes verlangen (§ 561 Abs. 2 BGB). Der Vermieter ist allerdings beweispflichtig dafür, daß der Mieter den pfändbaren Gegenstand ohne sein Wissen bzw. unter Widerspruch entfernt hat (AG Köln WM 85, 123).

Wird eine unter Vermieterpfandrecht stehende Sache im Auftrag eines anderen Gläubigers vom *Gerichtsvollzieher* gepfändet und weggenommen, so hat der Vermieter dagegen kein Widerspruchsrecht. Er kann allerdings eine bevorzugte Befriedigung aus dem Versteigerungserlös verlangen. Darüber hinaus steht dem Vermieter gegenüber dem anderen Gläubiger des Mieters ein Auskunftsanspruch hinsichtlich der weggeschafften Gegenstände zu (LG Mannheim WM 78, 92).

Will der Vermieter im Wege einer *einstweiligen Verfügung* erreichen, daß die dem Vermieterpfandrecht unterliegenden Gegenstände in der Wohnung des Mieters beschlagnahmt werden, so muß er beim zuständigen Amtsgericht einen entsprechenden Antrag stellen. Darin ist auszuführen, welche pfändbaren Gegenstände in der Mieterwohnung vorhanden sind und daß sich diese Sachen noch in der Wohnung befinden. Weiterhin muß der Vermieter den von ihm behaupteten Verfügungsanspruch glaubhaft machen. Eine eidesstattliche Erklärung genügt hierfür jedoch nicht, wenn der Mieter den Anspruch des Vermieters mit Nachdruck bestreitet (LG Köln WM 81, U 20).

Der Mieter kann die Ausübung des Vermieterpfandrechts durch *Sicherheitsleistung* abwenden (§ 562 BGB). Das Pfandrecht erlischt für jede einzelne Sache, wenn der Mieter einen der Höhe ihres Wertes entsprechenden Geldbetrag in bar oder in Wertpapieren beim zuständigen Amtsgericht hinterlegt (§ 232ff. BGB). Die Befreiung vom Pfandrecht durch Sicherheitsleistung braucht nur in Höhe des jeweiligen Sachwertes zu erfolgen, sofern dieser niedriger ist als die Forderung des Vermieters. Bei Nachweis der erfolgten Sicherheitsleistung hat der Vermieter den vom Pfandrecht befreiten Gegenstand wieder herauszugeben.

Plakate
→ Vertragswidriger Gebrauch der Mietsache.

Räumungsfrist
Rechtsgrundlagen: §§ 721, 765a, 794a ZPO
Ist der Mieter durch gerichtliche Entscheidung zur Räumung der Mietwohnung verurteilt worden, kann ihm auf Antrag vom Gericht oder von Amts wegen eine den Umständen nach angemessene *Räumungsfrist* zugebilligt werden. Der Antrag auf Räumungsaufschub ist vom Mieter *vor Schluß* der letzten mündlichen Verhandlung zu stellen, die der Urteilsverkündung vorausgeht. Die gewährte Räumungsfrist hat zur Folge, daß der Gerichtsvollzieher zunächst an der *Zwangsvollstreckung* gegen den Mieter gehindert ist. Hat das Gericht den Antrag bei seiner Entscheidung übergangen, so ist eine *nachträgliche Ergänzung* des Urteils möglich (§ 321 ZPO). Bis zur Entscheidung des Gerichts kann auf Antrag die drohende Zwangsvollstreckung wegen des Räumungsanspruchs einstweilen ausgesetzt werden (§ 721 Abs. 1 ZPO).

Würde die gerichtlich angeordnete Zwangsräumung für den Mieter eine *persönliche Härte* bedeuten und wegen drohender Obdachlosigkeit *sittenwidrig* sein, kann ein weiterer *Räumungsschutz* gemäß § 765a ZPO auf Antrag vom Prozeßgericht gewährt werden (AG Bad Iburg WM 80, 138). Die Zwangsvollstreckung ist jedoch unzulässig, wenn nach Erlaß der Vollstreckungsurkunde durch Einigung der Vertragsparteien ein neues Mietverhältnis über die strittige Wohnung zustandekommt. Hierzu genügt es, wenn der Vermieter die Vollstreckung unterläßt, Zahlungen in früherer Mietzinshöhe entgegennimmt und eine Erhöhung der Nebenkosten-Ersatzleistungen vom Mieter verlangt (LG Hagen WM 82, 139; OLG Hamm WM 81, 257). Der Antrag auf Verlängerung der Räumungsfrist ist

spätestens *2 Wochen* vor dem Tage zu stellen, an dem die ursprüngliche Räumungsfrist abläuft (§ 721 Abs. 2 ZPO).
Die *Räumungsfrist* wird grundsätzlich nur gewährt, wenn das Schutzbedürfnis des Mieters schwerer wiegt als die Interessen des Vermieters an einer sofortigen Räumung (LG Mannheim WM 66, 48). Insbesondere hat der Mieter bei einem Antrag auf Aufschub nachzuweisen, daß er sich bislang ohne Erfolg um eine *Ersatzwohnung* bemüht hat. Dieser Nachweis ist durch Vorlage eines Maklerauftrags, durch Belege über Suchanzeigen in der örtlichen Presse, durch Bestätigungen von Vermietern über die ergebnislose Besichtigung angebotener Wohnungen und dergleichen zu erbringen. Bei seinen Bemühungen um Ersatzwohnraum ist für den Mieter bei gerichtlich verlängerter Räumungsfrist auch die Wahl einer im Vergleich zur bisher bewohnten weniger günstigen Wohnung zumutbar (AG Münster WM 83, 59). Der Mieter darf sich allerdings bei seiner Suche in erster Linie auf seinen bisherigen Ortsbereich beschränken (LG Hamburg WM 82, 55). Weiterhin kann der Mieter seinen Antrag auf Räumungsfrist bei Vorliegen eines Härtefalls mit seinem Widerspruchsrecht nach der *Sozialklausel* (§ 556a BGB) begründen. Haben die Vertragsparteien nach Beendigung des Mietverhältnisses außergerichtlich eine Räumungsfrist vereinbart, und zieht der Mieter bereits vor Ablauf dieser Frist aus, so endet die Verpflichtung zur Mietzahlung mit der am Auszugstag vollzogenen Rückgabe der Wohnung (AG Dortmund WM 81, 105).
Auf Antrag kann das Gericht die Räumungsfrist verkürzen oder auch mehrmals verlängern, wenn sich die zugebilligte Frist letztlich als zu kurz erweist, um eine *Ersatzwohnung* zu beschaffen (AG Miesbach WM 80, 204). Eine Verlängerung der Räumungsfrist kann ferner in Frage kommen, wenn die zu räumende Wohnung zum Zeitpunkt des zunächst festgesetzten Räumungstermins an einen Dritten *untervermietet* war (AG Starnberg WM 80, 204).
Schließlich gestattet § 794a Abs. 2 ZPO nach Abschluß eines gerichtlichen Räumungsvergleichs die Verlängerung der gerichtlich festgesetzten oder einer von den Parteien außergerichtlich vereinbarten Räumungsfrist (LG Ulm/Donau WM 81, 164). Es bleibt somit bedeutungslos, ob die Parteien schon eine Verlängerungsfrist vereinbart hatten; auch wird die bereits im Räumungsver-

gleich zugebilligte Frist bei der nochmaligen Verlängerung nicht angerechnet (LG Wuppertal WM 81, 113).
Der Antrag auf Fristverlängerung ist vom Mieter spätestens *2 Wochen vor* Ablauf der Räumungsfrist beim Prozeßgericht zu stellen (§ 721 Abs. 3 ZPO). In der Regel kann mit einer ersten Räumungsfrist von *3–6 Monaten* gerechnet werden. Im Räumungsprozeß wegen Zahlungsverzugs wird von der Rechtsprechung regelmäßig ein Zeitraum von *2 Monaten* als angemessene Räumungsfrist zugebilligt. Insgesamt darf jedoch die gesetzliche *Höchstgrenze* von *1 Jahr* für Räumungsfristen nicht überschritten werden. Die Jahresfrist beginnt mit dem Tage der Rechtskraft des Urteils (§ 721 Abs. 5 ZPO). Nur in besonderen Ausnahmefällen, wenn ein schwerwiegender *sozialer Härtefall* vorliegt, so etwa die bevorstehende Entbindung der Räumungsschuldnerin, kann dem Mieter trotz Ausschöpfung der nach § 721 ZPO bereits gewährten Verlängerungsfrist ein nochmaliger Vollstreckungsschutz gewährt werden (OLG Frankfurt WM 81, 46).
Über die Verlängerungsanträge des Mieters entscheidet das *Amtsgericht* in erster Instanz; ist die Berufungsinstanz angerufen worden, das Berufungsgericht. Die Entscheidung des Gerichts kann ohne mündliche Verhandlung ergehen, doch ist der Prozeßgegner vor der Entscheidung zu hören (§ 721 Abs. 4 ZPO).
Gegen ein Räumungsurteil der 1. Instanz, das lediglich die Versagung, Gewährung oder Bemessung einer Räumungsfrist zum Gegenstand hat, ist nach § 721 Abs. 6 ZPO sofortige *Beschwerde* zulässig. Dasselbe gilt für Beschlüsse oder Anträge auf Gewährung einer Räumungsfrist. Hat jedoch das Beschwerdegericht (Landgericht) entschieden, ist das Rechtsmittel der Beschwerde erschöpft. Das Beschwerdeverfahren endet somit in der 2. Instanz.
→ Sozialklausel; Untermiete.

Reparaturen
→ Instandhaltung, Instandsetzung.

Rückgabe der Mietwohnung
Rechtsgrundlagen: §§ 547a, 548, 556, 557 BGB
Mit Beendigung des Mietverhältnisses ist die Wohnung an den

Vermieter zurückzugeben (§ 556 Abs. 1 BGB). Die Rückgabe erfolgt grundsätzlich dadurch, daß dem Vermieter der *unmittelbare Besitz* eingeräumt wird, der Mieter also unter Mitnahme der eingebrachten Sachen auszieht und sämtliche Schlüssel – auch die selbstangefertigten – dem Vermieter oder seinen Bevollmächtigten aushändigt. Verhindert der Wohnungseigentümer durch sein Verhalten die vom Mieter angebotene Schlüsselrückgabe anläßlich der Räumung, so gilt die Mietwohnung trotz verspäteter Aushändigung der Schlüssel als rechtzeitig zurückgegeben. Der Vermieter kann in diesem Fall für die Dauer der Annahmeverzögerung weder Mietzins noch Mietausfall nachverlangen (LG Mannheim BlBGW 75, 78).

Weiterhin müssen bei der Wohnungsrückgabe sämtliche *Namensschilder* entfernt werden. Eine Ausnahme gilt für gewerblich oder freiberuflich tätige Mieter; sie dürfen für einen angemessenen Zeitraum ein Hinweisschild mit der neuen Adresse der Geschäfts- oder Praxisräume am bisherigen Wohnsitz belassen.

Eine *Wohnungsrückgabe* hat nach § 564 BGB zu erfolgen, wenn das Mietverhältnis endet. Dieser Zeitpunkt tritt ein, sobald die vereinbarte Mietdauer abgelaufen ist, eine Vertragskündigung wirksam wird oder ein Mietaufhebungsvertrag zwischen Mieter und Vermieter abgeschlossen wurde. Vorher braucht der Mieter die Wohnung nicht zurückzugeben. Dementsprechend ist der Vermieter auch nicht verpflichtet, die Wohnung vorher zurückzunehmen. Hat der Mieter die gekündigte Wohnung anderen Personen überlassen, so beispielsweise Tochter und Schwiegersohn, kann der Vermieter die Wohnung nach Beendigung des Mietvertrages auch von diesen Personen zurückfordern (AG Düsseldorf WM 76, 30). Das Herausgabeverlangen des Vermieters gegenüber einem Dritten ist auch dann zulässig, wenn er die Wohnung an eine Gesellschaft gegen Erteilung einer Mietzinsgarantie vermietet hat und der Dritte sich gutgläubig für den Hauptmieter hielt (OLG Karlsruhe WM 81, 249 – RE). Mit diesem Rechtsentscheid ist das Gericht einer früheren Rechtsauffassung entgegengetreten, nach der ein Herausgabeverlangen des Vermieters gegen den Untermieter, der sich gutgläubig als Hauptmieter betrachtete, rechtsmißbräuchlich sei (LG Stade WM 80, 103). In gleicher Sache entschied das LG Hamburg (WM 80, 199), daß kein Herausgabeanspruch des Vermieters gegen den Untermieter besteht, wenn dieser die Mietsache schon an den Hauptmieter zurückgegeben hat.

Die Mietwohnung ist *in ordnungsgemäßem Zustand* zurückzugeben, das heißt grundsätzlich im gleichen Zustand, in dem sie der Mieter bei Einzug übernommen hat. Durch den normalen, vertragsmäßigen Gebrauch der Wohnräume eingetretene Verschlechterungen oder Veränderungen braucht der Mieter nicht zu vertreten (§ 548 BGB).

Einrichtungen, mit denen der Mieter die Wohnung versehen hat, müssen vor dem Auszug entfernt werden, und der vorherige Zustand der Mietsache muß wiederhergestellt werden (§ 547a Abs. 1 BGB). Das Wiederherstellen erstreckt sich üblicherweise auch auf Schäden, die beim Entfernen von Einrichtungen entstehen. Hat der Mieter jedoch kein berechtigtes Interesse an deren Entfernung, kann der Vermieter die Einrichtungen des Mieters gegen Zahlung einer angemessenen Entschädigung auch übernehmen (§ 547a Abs. 2 BGB). Hat der Mieter Einrichtungen des Vormieters übernommen, die dieser mit Zustimmung des Vermieters in die Wohnung eingebracht hatte, so braucht der Nachmieter beim Auszug den ursprünglichen Zustand nur dann wiederherzustellen, wenn im Mietvertrag eine entsprechende Vereinbarung getroffen wurde (AG Dortmund WM 82, 86).

Die Rückgabe der Wohnung im vertragsgemäßen Zustand bedeutet zugleich, daß der Mieter vertraglich übernommene *Schönheitsreparaturen* bis zum Ablauf der Mietzeit auszuführen hat. Der Mieter ist jedoch von dieser Verpflichtung entbunden, wenn der Vermieter bei einer von ihm gewünschten vorzeitigen Aufhebung des befristeten Mietvertrages eine Abstandssumme zahlt und keine anderslautende Vereinbarung besteht (LG Nürnberg-Fürth WM 81, 159).

Wird nach einem Räumungsurteil dem Mieter Vollstreckungsschutz gewährt und damit das beendete Mietverhältnis als »*Nutzungsverhältnis*« fortgesetzt, kann der Mieter nur ausnahmsweise die Zustimmung des Vermieters zur Neuinstallation eines *Telefons* verlangen (AG Waldshut-Tiengen WM 81, 212).

Bei verspäteter Rückgabe der Mietsache, also nach Ende des Mietverhältnisses, kann der Vermieter für die Dauer der Vorenthaltung weiterhin den vereinbarten Mietzins als *Nutzungsentschädigung* vom Mieter verlangen (AG Langen WM 80, 7). Ersatzweise billigt § 557 Abs. 1 BGB dem Vermieter zu, anstelle des vereinbarten Mietzinses denjenigen zu verlangen, der für vergleichbare Räume ortsüblich ist. Der Begriff der *Ortsüblichkeit* ergibt sich nach § 2 Abs. 1 MHG. Eine Nutzungsentschädigung zu fordern, die höher ist als die ursprünglich vereinbarte, ist dem Vermieter somit nur unter den dort genannten Voraussetzungen erlaubt. Die Verpflichtung zur Zahlung einer Nutzungsentschädigung endet auf jeden Fall bei Auszug des Mieters, auch wenn dieser noch vor Ablauf einer gesetzten Räumungsfrist erfolgt (AG Friedberg WM 80, 223). Für weitere Schäden kann der Vermieter jedoch nur dann Ersatz vom Wohnungsmieter verlangen, wenn die rechtzeitige Rückgabe der Mietsache aus Gründen unterblieben ist, die der Mieter zu vertreten hat (§ 557 Abs. 2 Satz 1 BGB). Der Schadenersatzanspruch des Vermieters setzt also ein *Verschulden des Mieters* (z.B. positive Vertragsverletzung) an der verspäteten Rückgabe voraus. Hat nicht der Mieter, sondern der Vermieter gekündigt, braucht der Mieter jedoch Schadenersatz nur insoweit zu leisten, als den Umständen nach eine Entschädigung des Vermieters geboten erscheint (§ 557 Abs. 2 Satz 2 BGB).

Die weitere Schadenersatzpflicht des Mieters entfällt gleichermaßen, wenn dem Wohnungsmieter nach § 721 oder § 794a ZPO, also durch Urteil oder gerichtlichen Vergleich, eine *Räumungsfrist* gewährt wurde (§ 557 Abs. 3 BGB). Von den gesetzlichen Bestimmungen des § 557 Absatz 2 und 3 BGB darf nicht zum Nachteil des Mieters abgewichen werden (§ 557 Abs. 4 BGB).

→ Auszug des Mieters; Nutzungsentschädigung; Schlüssel; Schönheitsreparaturen.

Schadenersatzpflicht des Vermieters
Rechtsgrundlage: § 538 Abs. 1 BGB
Zu den Rechtsfolgen von Wohnungsmängeln gehört neben der Mietminderung gemäß § 537 BGB auch die *Haftung des Vermieters* auf Kostenersatz, wenn der Mieter einen Sach-, Vermögens- oder Gesundheitsschaden durch die Mängel erleidet. Von der Schutz-

wirkung des § 538 Abs. 1 BGB werden ebenfalls sämtliche im *Haushalt des Mieters* lebenden Personen erfaßt, so beispielsweise der Ehepartner, Kinder oder sonstige Familienangehörige, die Hausgehilfin usw. Ein nach § 537 BGB anzuerkennender Fehler der Mietsache kann schon bei Einzug des Mieters vorhanden sein oder erst im Laufe der Mietzeit eintreten. Dabei ist unbeachtlich, ob der Vermieter den Mangel selbst verschuldet hat oder nicht. Während der Laufzeit des Mietvertrages steht dem Mieter ein Schadenersatzanspruch jedoch nur dann zu, wenn der Fehler infolge eines Umstands eintritt, den der Vermieter persönlich zu verantworten hat, ihn also ein Verschulden aus vorsätzlichem oder fahrlässigem Verhalten trifft.

Demzufolge muß der Vermieter auch für *»verborgene« Mängel* der Mieträume haften, so beispielsweise für Brandschäden am Mietereigentum, die infolge Kurzschluß einer unvorschriftsmäßig verlegten elektrischen Leitung entstehen (BGH DB 72, 1064). Die Schadenhaftung des Vermieters entfällt jedoch, wenn dem Mieter die Wohnungsmängel bekannt sind und längere Zeit widerspruchslos von ihm hingenommen wurden. Das gilt auch, wenn der Mieter zwar auf vorhandene Mängel, wie z. B. ungenügende Heizung oder Ungeziefer, hingewiesen hat, aber ohne Widerspruch duldet, daß der Vermieter den Mangel nicht behebt (AG Köln WM 77, 98).

Der Vermieter macht sich auch dann schadenersatzpflichtig, wenn er nach Erhalt der Mangelanzeige des Mieters zugleich der Aufforderung, den Fehler zu beheben, nicht reagiert und mit der Mangelbeseitigung *in Verzug* kommt (§ 538 Abs. 1 BGB). Der Wohnungsmangel muß jedoch behebbar sein. Ist dies nicht mit vertretbarem Kostenaufwand oder überhaupt nicht möglich, braucht der Vermieter nicht zu haften.

Der Mieter ist grundsätzlich nicht verpflichtet, auftretende Wohnungsmängel persönlich zu beseitigen. § 538 Abs. 2 BGB billigt ihm jedoch ein *Selbsthilferecht* zu, wenn der Vermieter mit seiner Instandsetzungspflicht in Verzug gerät, obwohl er Zeit und Gelegenheit hatte, dem Mietsachenmangel abzuhelfen (LG Mannheim WM 77, 365). Das Selbsthilferecht bewirkt, daß der Mieter nach erfolgloser Aufforderung des Vermieters zur Abhilfe die Wohnungsmängel in eigener Regie beseitigen bzw. durch Handwerker beseitigen lassen kann. Die ihm dabei entstandenen Kosten muß der Vermieter ersetzen. Er kann sogar verlangen, daß der Vermieter in Höhe der vermutlichen Auslagen einen *Kostenvorschuß* leistet (LG Mannheim WM 75, 49).

Besteht für den Mieter dringendes Interesse an einer *sofortigen Behebung* des Mangels, so etwa bei einem Wasserrohrbruch, steht ihm bei Ausübung des Selbsthilferechts auch ohne vorherige Aufforderung an den Vermieter zur Mängelbeseitigung der Kostenersatz zu (LG Hagen WM 84, 215). Unter Umständen muß der Vermieter auch für die aufgewendete Arbeitszeit, einen Verdienstausfall oder sonstige Auslagen des Mieters (z.B. Möbelunterstellung, Hotelunterkunft) Ersatz leisten. Das kommt allerdings nur in Frage, wenn diese Auslagen notwendig und geeignet sind, den vertragsmäßigen Zustand der Mietsache wiederherzustellen.

Die Schadenersatzpflicht des Vermieters ist *abdingbar,* kann also vertraglich ausgeschlossen werden, sofern dabei nicht gegen den allgemeinen Rechtsgrundsatz von Treu und Glauben verstoßen wird. Der Haftungsausschuß zugunsten des Vermieters soll nach der Rechtsprechung jedoch nur im Rahmen einer individuellen Absprache zwischen den Vertragsparteien wirksam sein, nicht jedoch im Rahmen eines Formularmietvertrags vereinbart werden können (LG Frankfurt WM 84, 214).

Dem *Untermieter* stehen vertragliche Schadenersatzansprüche unmittelbar gegen den Vermieter überhaupt nicht zu, denn ein Untermietvertrag ist grundsätzlich nicht in den Schutzbereich des Hauptmietvertrages einbezogen (BGH WM 78, 234). Im Haushalt des Mieters lebende *Familienangehörige* oder sonstige Personen können ebenfalls von der Schutzwirkung der Vermieterhaftung vertraglich ausgeschlossen werden (OLG Hamm 75, 930).

→ Anzeigepflicht des Mieters; Kenntnis von Mängeln der Mietsache; Mängel der Mietsache; Mietminderung; Untermiete.

Schlüssel
Rechtsgrundlagen: §§ 97, 535 BGB
Die Inbesitznahme einer Mietwohnung wird regelmäßig durch die *Schlüsselübergabe* vollzogen. Der Mieter hat Anspruch darauf, daß ihm sämtliche Schlüssel für die Haus-, Wohnungs- und Zimmertü-

ren überlassen werden. Dasselbe gilt für alle sonstigen verschließbaren Räume wie Keller, Dachspeicher usw. Für die Wohnungs- und Haustür kann der Mieter mindestens *zwei* Schlüssel verlangen. Benötigt der Mieter für seine Haushaltsangehörigen oder für einen Untermieter zusätzliche Schlüssel, darf er diese ohne vorherige Rücksprache oder besondere Genehmigung durch den Vermieter auf eigene Kosten anfertigen lassen. Sämtliche Schlüssel sind als Zubehör der Mietsache für die Mietdauer mitvermietet (AG Köln WM 83, 30). Das gilt auch für die *Garagenschlüssel,* wenn der Vermieter beispielsweise dem Mieter gestattet, die Garage zum Unterstellen seines Mofas mitzubenutzen (AG Bergisch-Gladbach WM 77, 96). Ohne ausdrückliche Erlaubnis des Mieters ist der Vermieter nicht berechtigt, für die Mieträume *Zweitschlüssel* zurückzubehalten oder anfertigen zu lassen. Vermieter oder Hauswart dürfen ohne dringenden Anlaß die vermietete Wohnung nur mit Einwilligung des Mieters betreten; ansonsten würden sie einen nach § 123 StGB strafbaren *Hausfriedensbruch* begehen. Der Besitzstand des Mieters hat im Sinne der §§ 858 und 862 BGB uneingeschränkte Wirkung – auch gegen den Vermieter. So verschafft etwa ein Mitbenutzungsrecht an Bodenraum dem Vermieter keinen Anspruch auf den Besitz eines Wohnungsschlüssels, auch wenn der Vermieter jedesmal die Mietwohnung betreten muß, um in den Bodenraum zu gelangen (AG Nienburg/Weser WM 76, 8).

Die bedenkenlose Benutzung eines *Universalschlüssels* durch den Vermieter würde einen derart massiven Eingriff in den Besitzstand des Mieters bedeuten, daß dieser zur *fristlosen Kündigung* des Mietvertrages berechtigt wäre (AG Heidelberg WM 78, 69). Er wäre auch befugt, die Wohnungstür besonders abzusichern, etwa durch Einbau eines *Steckschlosses* (LG Kassel WM 53, 103). Versucht der Vermieter, gegen den Willen des Mieters gewaltsam in die Mietwohnung einzudringen und wird er dabei durch (nicht übertriebene) Abwehrmaßnahmen des Mieters verletzt, so darf er diesem nicht fristlos kündigen (LG Mannheim WM 78, 68).

Der Mieter kann für die ständig bei ihm wohnenden Familienangehörigen und die im Haushalt beschäftigten Personen, so beispielsweise die *Hausgehilfin,* zusätzliche Haus- und Wohnungsschlüssel vom Vermieter verlangen oder selbst anfertigen lassen. Das gilt auch, wenn er seinen *Lebensgefährten* in die Wohnung aufnimmt, nicht jedoch für gelegentliche oder ständige Besucher. Verschafft der Mieter durch Aushändigung eines Wohnungsschlüssel etwa seiner Freundin ständigen Zutritt in die Wohnung, kann darin unter Umständen eine Belästigung der Mitbewohner oder Störung der Hausordnung liegen, die der Vermieter nicht zu dulden braucht (LG Darmstadt WM 85 S. 255). Hiervon abweichende Vereinbarungen im Mietvertrag sind unzulässig.

Bei *Verlust eines Schlüssels* hat der Mieter auf seine Kosten für Ersatz zu sorgen. Ist im konkreten Einzelfall keine mißbräuchliche Verwendung des verlorenen Schlüssels durch den Finder zu befürchten, braucht der Mieter die Kosten für einen Austausch der gesamten Türschloßanlagen des Hauses nicht zu tragen. Eine entsprechende Verpflichtung im Mietvertrag ist ungültig (AG Gelsenkirchen WM 81, U 17). Auch nach Beendigung des Mietverhältnisses rechtfertigt ein verlorener Haustürschlüssel nicht den Austausch der gesamten Schloßanlage (AG Kaiserslautern WM 80, 99). Daß ein Mißbrauch des verlorenen Schlüssels ausscheidet, da er beispielsweise während einer Bootsfahrt auf dem Neckar ins Wasser gefallen ist, hat der Mieter glaubhaft zu machen und gegebenenfalls auch zu beweisen (LG Mannheim WM 77, 121). Dasselbe gilt bei Verlust des Haustürschlüssels für eine Zentralschlüsselanlage. Auch hier kann der Vermieter nicht die im übrigen recht teure Auswechselung der gesamten Schloßanlage vom Mieter verlangen, wenn im konkreten Fall ein Mißbrauch des verlorenen Schlüssels nicht zu befürchten ist (LG Mannheim DWW 76, 308).

Bei längerer *Abwesenheit des Mieters,* etwa durch Urlaub oder einen Krankenhausaufenthalt, ist dafür zu sorgen, daß in Notfällen oder bei akuten Gefahren, wie beispielsweise Brand, Gas- oder Wasserrohrbruch, die Wohnung jederzeit betreten werden kann. Der Mieter hat zu diesem Zweck seinem Nachbarn, einem Bekannten oder einer anderen in der Nähe wohnenden vertrauenswürdigen Person den Wohnungsschlüssel auszuhändigen und den Vermieter hiervon zu unterrichten. Er kann den Wohnungsschlüssel dem Vermieter auch in einem versiegelten Umschlag aushändigen. In dringenden Notfällen darf der Vermieter auf Kosten des Mieters auch mit Gewalt öffnen lassen.

Bei *Auszug des Mieters* sind alle Schlüssel an den Vermieter zurückzugeben. Nur mit vollzogener Aushändigung der Schlüssel wurde die Wohnung an den Eigentümer rechtswirksam übergeben. Behält der Mieter Schlüssel zurück, geht der Alleinbesitz an der Wohnung nicht auf den Vermieter über, so daß er bis zur ordnungsgemäßen Rückgabe der Räume eine *Nutzungsentschädigung* verlangen kann (AG Bamberg WM 75, 190).

Zieht der Mieter *vorzeitig* aus, hat er bis zum Ablauf der vereinbarten Mietzeit noch das Recht zum Besitz der Wohnung und damit zugleich des Wohnungsschlüssels. Er muß dann noch so lange Miete bezahlen, bis der Mietvertrag endet oder der Vermieter die Schlüssel ohne Vorbehalt zurücknimmt (LG Köln WM 76, 254). Gibt der Mieter bei vorzeitigem Auszug auch die Schlüssel der geräumten Wohnung zurück, geht dem Vermieter der Anspruch auf Nutzungsentschädigung nicht schon deshalb verloren, weil er sofort nach Freiwerden der Räume mit Umbauarbeiten begonnen hat (AG Solingen WM 82, 298).

Die Rückgabe der Schlüssel sollte *persönlich* erfolgen. Lehnt der Vermieter die Rücknahme der Schlüssel zu Unrecht ab, oder verhindert er die Rücknahme durch Nichterscheinen am Übergabeort, gerät er in *Annahmeverzug*. Hieraus folgt das Recht des Mieters, die Schlüssel auf anderem Wege zurückzugeben, etwa durch Zusendung mit der Post. Hat der Vermieter die Gründe der nicht rechtzeitig erfolgten Schlüsselrückgabe zu vertreten, kann nicht mehr von einer Vorenthaltung der Mietsache durch den Mieter im Sinne von § 557 BGB gesprochen werden (LG Osnabrück WM 84, 2).

↪ Abwesenheit des Mieters; Besichtigungsrecht des Vermieters; Fristlose Kündigung; Hausfriedensbruch; Nutzungsentschädigung.

Schneebeseitigung
Rechtsgrundlagen: §§ 535, 536, 538, 670, 677, 683, 823 BGB

Die *Beseitigung von Schnee* und die *Streupflicht* bei Eisglätte auf den öffentlichen Fußgängerwegen wird in erster Linie durch die Ortssatzungen der betreffenden Gemeinden geregelt. Diese Satzungen sehen regelmäßig vor, daß die sogenannte *Wegereinigungspflicht* auf die anliegenden Grundstückseigentümer abgewälzt werden kann. Sofern keine speziellen Vorschriften bestehen oder diese rechtlich umstritten sind, ergibt sich die Verpflichtung der Grundstückseigentümer zum Schneeräumen und Streuen auch aus der allgemeinen *Verkehrssicherungspflicht* (§ 823 BGB). Danach macht sich jeder schadenersatzpflichtig, der vorsätzlich oder fahrlässig Leben, Körper und Gesundheit eines anderen widerrechtlich verletzt.

Wurde einem Straßenanlieger die gemeindliche Wegereinigungspflicht durch Ortssatzung auferlegt, kann er mit Zustimmung der Ortspolizeibehörde die Ausführung der Reinigungsarbeiten auch einem *Dritten* übertragen, so etwa einer Spezialfirma. In diesem Fall ist der Vermieter bei Verletzung der Verkehrssicherungspflicht von jedem Haftungsanspruch befreit (BGH MDR 72, 764).

Im allgemeinen wird der Vermieter die Schneeräumungs- und Streupflichten auf den oder die *Mieter* seines Hauses übertragen. Hierzu bedarf es einer ausdrücklichen Vereinbarung im Mietvertrag. Es genügt keineswegs, die Mietparteien durch entsprechende Hinweise in der Hausordnung zum Schneeräumen und Streuen zu verpflichten. Hat der Mieter die Räum- und Streuarbeiten laut Vertrag zu übernehmen, ist er dem Vermieter gegenüber zur *gewissenhaften Erfüllung* dieser Aufgaben verpflichtet. Bei Nichterfüllung mit Schadensfolge haften Vermieter und Mieter in der Regel jedoch gemeinsam (BGH ZMR 70, 54).

Den Vermieter trifft wiederum die Aufgabe, den Hausmeister oder Mieter bei der Arbeit zu *überwachen* sowie die notwendigen *Arbeitsgeräte* und das *Streumaterial* für die Eisbeseitigung bereitzustellen (AG Witten und AG Bochum WM 81, U 5; AG Solingen WM 79, 239). Sollen die Materialkosten dem Mieter auferlegt werden, ist hierfür eine entsprechende Vertragsvereinbarung erforderlich.

Der dem öffentlichen Recht entlehnte Begriff der Gleichbehandlung soll zwar auch für die Hausordnung einer Gemeinschaft von Mietparteien gelten. Eine unterschiedliche Pflichtenzuweisung verstößt jedoch nach Auffassung des Amtsgerichts Frankfurt (WM 85, 19) nicht gegen § 9 AGBG, sofern ein einleuchtender Grund für die differenzierte Ausgestaltung der *Hausordnung* vorliegt und im Mietvertrag auf diese *Hausordnung* hingewiesen wird. So bezeichnet das Gericht eine formularvertragliche Vereinbarung als zulässig, wonach beispielsweise der Mieter einer *Erdgeschoßwohnung* allein für die Schnee- und Eisbeseitigung auf dem Hauszugang und der Haustreppe verpflichtet wird. Kann allerdings der Mieter wegen *hohen Alters* (hier: 80 Jahre) oder *Gebrechlichkeit* die Reinigungsarbeiten auf Dauer nicht mehr durchführen, wird er von seiner Verpflichtung freigestellt. Er braucht auch keine Ersatzkraft mit der Arbeit zu beauftragen.

Die winterliche Räum- und Streupflicht erstreckt sich zumeist auf die das Grundstück begrenzenden Fußgängerwege und sämtliche Zugänge in das Haus. Die Verpflichtung zur Gehwegreinigung besteht für den Anlieger auch dann, wenn der Weg nur dem örtlichen Durchgangsverkehr dient, also nicht direkt zum Haus führt (VerwG Berlin WM 83, 88).

Im übrigen müssen sich die Anforderungen an die Beseitigung von Schnee und Eis im *Rahmen des Zumutbaren* halten. So genügt der Eigentümer eines Wohnblocks mit 72 Mietparteien und einigen hundert Metern Weg seiner Räum- und Streupflicht, wenn er nur einen Hausmeister anstellt, diesen angemessen überwacht und ihm Streumaterial in ausreichender Menge zur Verfügung stellt (LG Bonn VersR 71, 676). Dasselbe gilt auch für die Häufigkeit des Streuens bei anhaltendem Schneetreiben (AG Hamburg WM 82, 55). Je nach den örtlichen Verhältnissen wird es im Regelfall genügen, morgens mit Einsetzen des Tagesverkehrs, also zwischen 7.00 Uhr und spätestens 8.00 Uhr, den Schnee zu räumen und zu streuen. Bei andauerndem Schneefall und extremer Glättebildung sind die Räum- und Streuarbeiten notfalls am Tag oder abends zu wiederholen. Auf jeden Fall hat der verpflichtete Mieter Schnee und Glatteis in geeigneter Weise zu beseitigen; wie er dies macht, ist letzlich seine Sache.

→ Dachlawinen; Hausordnung; Mietvertrag.

Schönheitsreparaturen
Rechtsgrundlagen: §§ 535, 536, 548 BGB
Der Vermieter ist nach § 536 BGB grundsätzlich verpflichtet, die Wohnung dem Mieter in einem zum vertragsgemäßen Gebrauch

geeigneten Zustand zu übergeben und diesen Zustand während der gesamten Mietdauer auch zu erhalten. Zu dieser Verpflichtung gehört auch die Kostenübernahme für sogenannte *Schönheitsreparaturen*. Hierunter versteht man Instandsetzungsarbeiten, die das Aussehen der abgewohnten MiETräume verbessern, also den normalen Gebrauchszustand der Wohnung erhalten sollen. Schönheitsreparaturen umfassen regelmäßig das Tapezieren, Anstreichen oder Kalken der Wände und Zimmerdecken, das Streichen der Fußböden, Heizkörper und Heizrohre, der Innentüren sowie der Fensterrahmen und Außentüren von innen. Diese Begriffsbestimmung ist in § 28 Abs. 4 der II. Berechnungsverordnung (II. BV) festgelegt und gilt insbesondere für Sozialwohnungen. Im Mietvertrag frei finanzierter Wohnungen können jedoch zusätzliche Arbeiten individuell abgesprochen werden, so etwa das Abschleifen von Parkettfußböden, nicht jedoch Maurer-, Installateur- und Glaserarbeiten.

Beim Abschluß von Mietverträgen spielt die *Kostenregelung* für Schönheitsreparaturen eine gewichtige Rolle. Da Schönheitsreparaturen zu den *Instandhaltungsarbeiten* im Sinne von § 536 BGB zählen, darf sie der Vermieter im Rahmen einer Individualabrede im Mietvertrag auf den Mieter abwälzen. Nach dieser Vorschrift kann der Mieter auch in einem Formularmietvertrag verpflichtet werden, die Kosten von Schönheitsreparaturen regelmäßig selbst zu übernehmen (OLG Karlsruhe WM 81, 195 – RE).

Die Zulässigkeit anderslautender Vereinbarungen im Mietvertrag war jedoch hinsichtlich der Geltung von § 9 AGBG lange Zeit in der juristischen Literatur umstritten. In den letzten Jahren hat zwar die sehr umfangreiche Rechtsprechung zur Problematik der Kostentragung bei Schönheitsreparaturen eine gewisse Vereinheitlichung bewirkt. Die Frage, unter welchen Voraussetzungen der Mieter Schönheitsreparaturen durchführen muß oder von seiner Renovierungspflicht insbesondere beim Auszug entlastet wird, ist jedoch nach wie vor nicht abschließend geklärt.

Die *formularvertragliche Abwälzung* laufender Schönheitsreparaturen auf den Mieter ist nur zulässig, wenn er bei Beginn des Mietverhältnisses eine renovierte Wohnung übernommen hat oder aber einen Kostenersatz bekommt, der dem Grad der Renovierungsbedürftigkeit der Mietsache entspricht (LG Kassel WM 82, 245).

176 Schönheitsreparaturen

Hat der Mieter Schönheitsreparaturen übernommen, müssen spätestens bis Ende des Mietverhältnisses alle erforderlichen Arbeiten ausgeführt werden, die dem Grad der Abnutzung oder Beschädigung entsprechen. Das gilt jedoch nicht, wenn der Nachfolgemieter die Reparaturen auf eigene Kosten – ohne Berücksichtigung im Mietpreis – übernimmt oder dem Vermieter diese Kosten erstattet (OLG Bremen WM 82, 317 – RE).

Der Mieter braucht grundsätzlich nicht mehr zu renovieren oder für Schönheitsreparaturen auszugeben, als er *selbst verwohnt* hat. Jede anderslautende Vereinbarung in Formularmietverträgen verstößt gegen § 9 AGBG und ist daher nichtig (LG Kassel WM 83, 84). Gleiches trifft zu, wenn Schönheitsreparaturen nicht wegen Abnutzung oder Beschädigung durch den Mieter notwendig werden, sondern allein auf *bauliche Mängel* zurückzuführen sind (AG Büdingen WM 83, 122).

Würden die Schönheitsreparaturen durch einen Umbau nach Auszug des Mieters wieder zerstört, entfällt zwar die Renovierungspflicht der Mieters, jedoch muß er einen *Geldausgleich* an den Vermieter zahlen (BGH WM 85, 46 – RE; OLG Schleswig WM 83, 75).

Hat der Mieter im Verlauf der Mietzeit *freiwillig* und ohne Aufforderung durch den Vermieter laufend fällig gewordene Schönheitsreparaturen durchgeführt, ist er nicht schon deshalb zu solchen Reparaturen bei Beendigung des Mietverhältnisses verpflichtet (LG Berlin WM 85, 134).

War die Mietwohnung bei Bezug der Räume nicht renoviert und der Vermieter zur Renovierung auch nicht verpflichtet, ist eine Klausel im *Formularmietvertrag* unwirksam, nach der der Vermieter einen bestimmten Prozentsatz der Renovierungskosten zu übernehmen hat (OLG Stuttgart WM 84, 266 – RE).

Vereinbart der neue Mieter mit seinem Mietvorgänger eine Übernahme von dessen Schönheitsreparaturen gegen Zahlung eines Kostenerstattungsbetrages, kann er grundsätzlich keine Erstattung höherer Kosten verlangen, als sie für den vorherigen Wohnungsmieter aufgrund dessen Mietvertrages entstanden wären (LG Aachen WM 84, 108).

Legt der Vermieter seinem Mieterhöhungsverlangen den örtlichen

Mietspiegel zugrunde, kann der dort ausgewiesenen Vergleichsmiete ein *Aufschlag* zugerechnet werden, wenn der Vermieter die Schönheitsreparaturen auf seine Kosten vornimmt, dem Mietspiegel jedoch Mietverträge zugrunde liegen, nach denen der Mieter die Renovierungskosten selbst zu tragen hat (OLG Koblenz WM 85, 15).

Der Mieter kann – grundsätzlich auch in einem Formularmietvertrag – dazu verpflichtet werden, bei Auszug nach einem vereinbarten *Fristenplan* noch nicht fällig gewesene Schönheitsreparaturen anteilmäßig (durch Quotelung der Kosten) zu übernehmen. So hat beispielsweise das OLG Stuttgart (WM 82, 124) in einem Rechtsentscheid folgende *Kostenquotelung* als zulässig erklärt: Liegen die letzten Schönheitsreparaturen während der Mietzeit länger als 1 Jahr zurück, so zahlt der Mieter *20 %* der Kosten aufgrund des Kostenvoranschlags eines Malerfachgeschäfts an den Vermieter; liegen sie länger als 2 Jahre zurück *40 %*, länger als 3 Jahre *60 %*, länger als 4 Jahre *80 %* und länger als 5 Jahre *100 %*.. Dem Vermieter wird außerdem ein zusätzlicher Geldersatz bei *übermäßiger Abnutzung* der Räume und schuldhafter Beschädigung des Bodenbelags zuerkannt. Die Vereinbarung einer Kostenquotelung ist jedoch dann unwirksam, wenn der Mieter eine nicht renovierte Wohnung bezogen hat (LG Mannheim WM 81, 87) und der Vermieter zu einer Renovierung auch nicht verpflichtet war (OLG Stuttgart WM 84, 266 – RE).

Auch die formularmietvertragliche Absprache, daß der Mieter bei Auszug einen quotenmäßigen Geldbetrag auf nicht durchgeführte Schönheitsreparaturen entsprechend dem Fristenplan zu leisten habe, ist wegen Verstoßes gegen § 9 AGBG nichtig (LG Hamburg WM 84, 74).

Anteilige Renovierungskosten können nur verlangt werden, falls der Mieter bei Einzug in die Wohnung Schönheitsreparaturen pflichtwidrig nicht durchgeführt hat (AG Frankfurt WM 81, 86).

Die Rückgabe der Wohnung in renoviertem Zustand bei *Auszug* des Mieters entfällt im allgemeinen, wenn die Schönheitsreparaturen dadurch sinnlos werden, daß der Vermieter unmittelbar nach dem Auszug die Wohnung umbauen will. Der Mieter wird hierdurch jedoch nicht gänzlich von seiner Pflicht befreit, an den

Vermieter eine Ersatzzahlung leisten zu müssen (OLG Karlsruhe WM 84, 51 – RE).

Haben die Vertragsparteien für den Fall der Beendigung des Mietverhältnisses eine Entschädigungszahlung für den in der Wohnung verlegten *Teppichboden* vereinbart, verstößt eine entsprechende Vertragsklausel nicht gegen § 9 AGBG und ist daher wirksam, sofern der Mieter keine unangemessene Benachteiligung erleidet (AG Köln WM 84, 195). Gleiches gilt bei einer Individualabrede im Mietvertrag, wonach der Mieter bei Beendigung des Mietverhältnisses für den in der Wohnung verlegten Teppichboden eine Entschädigung von 12,5% des Neuwertes der Auslegware pro Mietjahr zu leisten hat (LG Köln WM 84, 195). Dem Vermieter steht in diesem Fall jedoch kein Ersatz der Verlegekosten und Kosten für neue Fußleisten zu.

Die Erneuerung einer *Badewanne* mit typischer Abnutzungserscheinung durch Abstumpfung der Emaillierung als Folge eines 12jährigen Gebrauchs gehört nicht zu den vom Mieter auszuführenden Reparaturen, wenn er die Pflicht zur vollständigen Renovierung beim Auszug übernommen hat (AG Köln WM 84, 197).

Zahlt der Vermieter eine *Abstandssumme,* damit der Mieter *vorzeitig* die Wohnung räumt, so ist mangels einer besonderen Abrede der Mieter nicht verpflichtet, die ansonsten im Mietvertrag für das Ende des Mietverhältnisses vorgesehenen Schönheitsreparaturen durchzuführen. Sollen die Rechte oder Pflichten des Mietvertrages trotz des Mietaufhebungsvertrages weitergelten, ist hierzu eine klare Absprache zwischen den Vertragsparteien erforderlich (LG Nürnberg-Fürth WM 81, 159).

Wenn im Mietvertrag nichts anderes vereinbart wurde, sind Schönheitsreparaturen in den Mieträumen etwa mit folgenden *Zeitabständen* vorzunehmen:

    in Küchen, Bädern und Duschen   alle 3 Jahre,
    in Wohn- und Schlafräumen, Fluren und Dielen   alle 5 Jahre,
    in allen anderen Nebenräumen   alle 7 Jahre.

Diese Fristen sind natürlich nur als *Anhaltspunkt* zu bewerten und daher unverbindlich; sie werden von den Gerichten in der Praxis je nach der Situation des Einzelfalls verkürzt oder auch verlängert (LG Köln WM 77, 5). Ausschlaggebend ist, in welchem Grad die

Räumlichkeiten durch den Mietgebrauch tatsächlich abgenutzt wurden und welche Ansprüche der Mieter letztlich an den Zustand seiner Wohnung stellt. Die Grenzen zur Verwahrlosung dürfen allerdings nicht überschritten werden.

Sind keine anderslautende Vereinbarungen im Mietvertrag getroffen worden, kann der Mieter über die Art und Weise der praktischen Durchführung von Schönheitsarbeiten selbst entscheiden. Es ist sodann bedeutungslos, ob der Mieter selbst zu Pinsel und Farbtopf greift, durch einen Bekannten oder Verwandten die Arbeiten besorgen läßt oder einen Handwerksbetrieb mit der Renovierung beauftragt. Steht dagegen im Mietvertrag, daß die Schönheitsreparaturen von einem *Fachmann* oder *Fachbetrieb* auszuführen sind, ist diese Klausel wirksam, wenn es sich um die *Schlußrenovierung* bei Auszug des Mieters handelt. Gelegentlich verlautet im Mietvertrag, daß der Vermieter den ausführenden Handwerker selbst bestimmen kann; auch diese Klausel ist wirksam. Da der Mieter nach dem Rechtsentscheid des OLG Stuttgart (WM 82, 124) nur die *notwendigen* Renovierungskosten zu tragen hat, kann er grundsätzlich weitere Kostenvoranschläge von Handwerkern seiner Wahl einholen. Dieses Vorgehen ist vor allem dann zu empfehlen, wenn der vom Vermieter beigebrachte Kostenvoranschlag *überhöht* erscheint. Können sich die Vertragsparteien über die Auftragsvergabe nicht einigen, muß das Gericht entscheiden, gegebenenfalls auf der Grundlage eines Sachverständigengutachtens. Im übrigen gilt, daß Renovierungsarbeiten *fachgerecht* auszuführen sind; der Vermieter braucht sich mit einer unsachgemäßen Arbeit nicht abzufinden (AG Köln WM 80, 163).

Kommt der Mieter seinen Renovierungspflichten vor allem beim Auszug nicht nach, macht er sich dem Vermieter gegenüber unter Umständen *schadenersatzpflichtig* (OLG Hamm WM 83, 76 – RE). Zumindest kann der Vermieter die nicht ausgeführten Schönheitsreparaturen auf Kosten des ehemaligen Mieters vornehmen lassen. Ein Anspruch auf zusätzlichen *Schadenersatz* kann etwa dadurch gerechtfertigt sein, daß der Vermieter die geräumte Wohnung wegen der unterlassenen Schlußrenovierung nicht sofort weitervermieten kann und dadurch Mietverluste erleidet (LG Frankfurt WM 77, 95; LG Mannheim WM 76, 13). Eine Schadenersatzforderung des Vermieters setzt allerdings voraus, daß dem mit der Renovierung in Verzug geratenen Mieter erfolglos eine Frist zur Ausführung der Schönheitsreparaturen gesetzt wurde. Die Fristsetzung erübrigt sich nur dann, wenn der Mieter schriftlich oder mündlich erklärt, daß er die Erfüllung seiner Renovierungspflicht *endgültig ablehnt*. Dabei gelten die Voraussetzungen von § 326 BGB hinsichtlich der Berechtigung von Schadenersatzforderungen aus einer vertraglichen *Hauptleistungspflicht* (LG Köln WM 80, 162).

Der Anspruch des Vermieters auf Schönheitsreparaturen oder Schadenersatz wegen Nichterfüllung *verjähren* nach § 558 BGB innerhalb von *6 Monaten* nach Auszug des Mieters bzw. ordnungsgemäßer Rückgabe der Mietsache (LG Köln WM 75, 56). Hat der Nachfolgemieter die Wohnung auf seine Kosten renoviert, ist es in der Rechtsprechung strittig, ob der Vormieter sich für *unterlassene* Schönheitsreparaturen schadenersatzpflichtig gemacht hat. Einige Gerichte, so unter anderem das Oberlandesgericht Hamm (NJW 1964, 1373), das Landgericht Nürnberg-Fürth (WM 84, 244) oder das Landgericht Mannheim (WM 76, 202), lehnen in einem solchen Fall den Schadenersatzanspruch des Vermieters ab; andere billigen ihm einen Schadenersatz grundsätzlich zu, so etwa der Bundesgerichtshof (WM 77, 65), das Landgericht Hamburg (ZMR 65, 207) oder das Landgericht Wiesbaden (MDR 65, 913).

→ Auszug des Mieters; Dübellöcher; Instandhaltung, Instandsetzung.

Schornsteinfegerkosten
→ Betriebskosten.

Sonderkündigungsrecht
→ Kündigungsfristen.

Sozialklausel
Rechtsgrundlage: § 556a BGB
Bei *ordentlicher Kündigung* des auf unbestimmte Zeit geschlossenen Wohnraum-Mietverhältnisses muß der Mieter nicht in jedem Falle ausziehen, selbst wenn der Vermieter aus berechtigtem Interesse kündigte. Der Gesetzgeber hat vielmehr im Rahmen des

Sozialklausel

sozialen Mietrechts eine Kündigungsschutznorm erlassen, um die freie Kündbarkeit von Mietverhältnissen in bestimmten Fällen einzuschränken. Hierbei handelt es sich um die sogenannte *Sozialklausel* des § 556a BGB. Danach wird dem Mieter unter gewissen Voraussetzungen das Recht zuteil, der Kündigung des Vermieters zu widersprechen und eine Fortsetzung des Mietvertrages zu verlangen.

Widerspruch und Fortsetzungsverlangen sind begründet, wenn die Beendigung des Mietverhältnisses durch *ordentliche* Vermieterkündigung für den Mieter und seine Familienangehörigen eine soziale oder wirtschaftliche *Härte* bedeuten würde, die auch unter Würdigung der berechtigten Interessen des Vermieters nicht vertretbar wäre. Eine Härte im Sinne der Sozialklausel liegt auch dann vor, wenn angemessener *Ersatzwohnraum* mit zumutbaren Bedingungen für den Mieter nicht beschafft werden kann (§ 556a Abs. 1 BGB). Sind die Härtegründe stichhaltig, kann der Mieter eine Fortsetzung des gekündigten Mietverhältnisses verlangen, solange dies unter den gegebenen Umständen gerechtfertigt erscheint. Ist es dagegen dem Vermieter nicht zumutbar, das gekündigte Mietverhältnis mit den bisherigen Vertragsbedingungen weiterzuführen, können sich die Parteien auch dahingehend einigen, das Mietverhältnis unter geänderten Bedingungen fortzusetzen (§ 556a Abs. 2 BGB). Kommt ein Konsens zwischen Mieter und Vermieter über die Fortsetzung des Mietvertrages nicht zustande, wird in der Regel das Gericht entscheiden müssen. Im *Kündigungsschutzprozeß* stehen sich die Interessen der Parteien gleichwertig gegenüber und sind nach objektiven Grundsätzen gegeneinander abzuwägen. Sind die vom Mieter vorgebrachten Härtegründe gewichtiger als die Räumungsinteressen des Vermieters, wird das Mietverhältnis durch Urteil *auf bestimmte Zeit* verlängert, in der Regel bis die Härtegründe für den Mieter entfallen. Besteht jedoch Ungewißheit darüber, wann die Umstände wegfallen werden, auf Grund derer die Kündigung für den Mieter oder seine Familie eine Härte bedeuten, kann das Mietverhältnis auch für *unbestimmte Zeit* fortgesetzt werden (§ 556a Abs. 3 BGB).

Nachstehend einige *Beispiele* aus der Rechtsprechung zur Anwendung der Sozialklausel in der Praxis:

Allein das hohe Alter des Mieters und eine lange Wohndauer rechtfertigen nach Ansicht des Landgerichts Hamburg (WM 81, U 8) keineswegs die Annahme eines Härtegrundes im Sinne der Sozialklausel. In jedem Einzelfall eines Widerspruchs gegen die Wohnungskündigung ist festzustellen, ob der Umzug für den alten Menschen tatsächlich unzumutbar ist. Dagegen wurde einem älteren Mieterehepaar (75 und 70 Jahre) wegen erheblich angegriffener Gesundheit (100% Invalidität) aus Härtegründen vom AG Biberach/Riß (WM 80, 54) die unbefristete Fortsetzung des Mietverhältnisses zugebilligt. Dasselbe gilt, wenn die Beibehaltung der Wohnung für den älteren Menschen aufgrund seiner Verwurzelung in dem gewohnten Haus und der vertrauten Umgebung von existenzieller Bedeutung ist (AG Münster WM 80, 186).

Bei einer Verzögerung des Bezugs der bereits angemieteten Ersatzwohnung um 3 Monate hat der Vermieter dem gekündigten Mieter eine entsprechende Räumungsfrist zu gewähren (AG Langen WM 81, U 20).

Ein Mieter hatte erst 1/2 Jahr vor Empfang der (berechtigten) Eigenbedarfskündigung des Vermieters die Wohnung vollständig und mit größerem Kostenaufwand renoviert. Das Amtsgericht Dinslaken (WM 81, 233) billigte dem Mieter zur Vermeidung nicht zumutbarer Härte eine Abwohnzeit von 5 Jahren zu.

Die Notwendigkeit eines Zwischenumzugs bis zum endgültigen Wohnungswechsel stellt regelmäßig eine Härte für den Mieter im Sinne von § 556a BGB dar. Das trifft beispielsweise für einen Fall zu, bei dem der Mieter eine auswärtige Arbeitsstelle mit einer halbjährigen Probezeit antrat. Da während einer Probezeit der weitere Bestand des Arbeitsverhältnisses ungewiß erscheint, weiß der gekündigte Mieter noch nicht, an welchem Ort er in Zukunft endgültig wohnen wird. Unter diesen Umständen muß das allgemeine Kündigungsinteresse des Vermieters gegenüber dem Interesse des Mieters an einer Vertragsfortsetzung zurücktreten (LG Mannheim WM 81, 234).

Um bei einem schwerkranken Mieter gemäß § 556a BGB eine Verlängerung des gekündigten Mietverhältnisses anzuordnen, soll es nach dem Amtsgericht Vilbel (WM 83, 236) allein darauf ankommen, ob der Umzug in eine andere Wohnung mit Hilfe eines

Krankenwagens möglich ist. Hat sich der Mieter gegenüber dem Vermieter ungehörig verhalten, ist eine Anwendung der Sozialklausel nicht ausgeschlossen, solange das Verhalten des Mieters keine fristlose Vermieterkündigung rechtfertigt (LG Siegen WM 82, 27).

Der Mieter kann sich nicht auf die Sozialklausel berufen, wenn er *selbst gekündigt* hat oder dem Vermieter durch sein Verhalten Grund zur *fristlosen Kündigung* gab (§ 556a Abs. 4 BGB). Die Anwendung der Sozialklausel entfällt auch bei einer nur *vorübergehenden* Gebrauchsüberlassung von Wohnraum (z.B. Vermietung an Feriengäste), bei Vermietung von *möblierten Zimmern* innerhalb der Vermieterwohnung, sofern der Wohnraum nicht von einer Familie auf Dauer bewohnt wird, sowie bei *Zeitmietverträgen* ohne Kündigungsschutz. Auch bei Zimmermieten in Studenten- und Jugendwohnheimen ist ein Kündigungswiderspruch nach der Sozialklausel unzulässig.

Der Mieter hat seinen Widerspruch gegen die Kündigung und das Fortsetzungsverlangen *schriftlich* zu erklären und das Schreiben *innerhalb von 2 Monaten* vor Ablauf der Kündigungsfrist dem Vermieter zuzustellen (Einschreiben!). Die Schriftform ist nur gewahrt, wenn die Widerspruchserklärung vom Mieter – bei Mitmietern auch von diesen – persönlich unterzeichnet wurde. Ein telegraphisch eingelegter Widerspruch ist unwirksam (OLG Karlsruhe WM 73, 240). Auf Verlangen des Vermieters soll der Mieter über die Gründe seines Widerspruchs unverzüglich, das heißt ohne schuldhaftes Verzögern, Auskunft geben (§ 556a Abs. 4 BGB).

Beispiel: Das Mietverhältnis wurde auf eine Dauer von 5 Jahren abgeschlossen; die gesetzliche Kündigungsfrist beträgt somit 3 Monate. Der Vermieter kündigt den Mietvertrag am 2. Juli auf den 30. September, also unter Einhaltung der Dreimonatsfrist. Das Widerspruchsschreiben des Mieters muß spätestens 2 Monate vor Ablauf der Kündigungsfrist, also bis zum 31. Juli, dem Vermieter zugegangen sein.

Der Vermieter soll nach § 564a Abs. 2 BGB *rechtzeitig,* nach Möglichkeit schon im Kündigungsschreiben, den Mieter auf sein Widerspruchsrecht sowie dessen Form und die vorgeschriebene Frist aufmerksam machen. Dazu genügt es, wenn der Vermieter in

seinem Schreiben den Wortlaut von § 556a BGB vollständig zitiert (LG Rottweil ZMR 80, 183). Diese Schutzklausel sichert dem Mieter genügend Zeit zur Überlegung und Abfassung des Widerspruchs- und Verlängerungsschreiben sowie für die eventuelle Konsultierung eines Rechtsbeistands. Unterläßt der Vermieter diesen Hinweis an den Mieter, kann dieser seinen Widerspruch gegen die Kündigung auch noch später einlegen, spätestens im ersten Termin des folgenden Räumungsprozesses (§ 556a Abs. 5 und 6 BGB).
→ Mietvertrag; Untermieter.

Staffelmiete
Rechtsgrundlage: § 10 Abs. 2 MHG
Als *Staffelmiete* bezeichnet man eine Vertragsvereinbarung, mit welcher künftige Mietpreissteigerungen durch zeitlich gestaffelte Mietzinsen mit betragsmäßig unterschiedlicher Höhe im voraus festgelegt werden.
Beispiel: Die Mietvertragsparteien schließen zum 1. 6. 1986 einen Staffelmietvertrag ab. Die Anfangsmiete beträgt DM 500,- monatlich zuzüglich Nebenkosten; sie erhöht sich
 ab 1. 6. 1987 auf DM 550,-,
 ab 1. 6. 1988 auf DM 580,-,
 ab 1. 6. 1989 auf DM 610,-,
 ab 1. 6. 1990 auf DM 650,- und
 ab 1. 6. 1991 auf DM 690,-.
Für den Vermieter kann der Vorteil einer Staffelmiete darin bestehen, daß er schon bei Vertragsschluß eine bestimmte *Renditeentwicklung* vorauskalkulieren kann und damit – nach dem Willen der Gesetzesinitiatoren – einen zusätzlichen Anreiz für Investitionen im Wohnungsneubau gewinnt. Darüber hinaus entfällt während der Laufzeit der Staffelmiete die Notwendigkeit, mit Hilfe des Systems der örtlichen Vergleichsmiete das für beide Parteien unsichere und zugleich recht komplizierte *Mieterhöhungsverfahren* anwenden zu müssen. Der Vermieter trägt allerdings insofern ein Risiko, als die örtlichen Mietpreise stärker ansteigen können als die vereinbarten Steigerungsquoten der Staffelmiete. Der Mieter wiederum muß als sein persönliches Risiko hinnehmen, daß die ver-

einbarten Staffelmietsätze unter Umständen höher liegen werden als die tatsächlichen Mietpreissteigerungen auf dem örtlichen Wohnungsmarkt. Andererseits braucht der Mieter bei Vereinbarung einer Staffelmiete keine zusätzlichen Mieterhöhungen zu befürchten, wenn der Vermieter Modernisierungsarbeiten durchführen läßt, die Kapitalzinsen steigen oder nach dem System der örtlichen Vergleichsmieten eine Mieterhöhung durchsetzbar wäre, die über dem jeweiligen Staffelsatz liegt. Mieterhöhungen nach den §§ 2, 3 und 5 MHG sind bei bestehenden Staffelmietverträgen unzulässig.
Die Vereinbarung der Staffelmiete hat im Rahmen eines *schriftlich* abgefaßten Mietvertrages zu erfolgen (§ 10 Abs. 2 Satz 1 MHG). Als weitere Voraussetzung für eine wirksame Staffelmiete gilt die Laufzeitbegrenzung des Vertrages auf *höchstens 10 Jahre* (§ 10 Abs. 2 Satz 2 MHG). Ferner muß der Mietzins zwischen 2 Mietzinsstufen mindestens für *1 Jahr* lang unverändert bleiben und *betragsmäßig* ausgewiesen sein (§ 10 Abs. 2 Satz 3 MHG). Die Monatsmiete ist in *DM-Beträgen* und nicht in Prozentsätzen zu beziffern (AG Hamburg-Blankenese WM 84, 135). Diese Vorschrift wird beispielsweise nicht erfüllt, wenn nur der monatliche Anfangsmietzins und der (jährliche) Erhöhungsbetrag angegeben wird (OLG Braunschweig WM 85, 213 – RE).
Der Mieter kann außerdem verpflichtet werden, bis zu einer Dauer von 4 Jahren nicht zu kündigen. Während der Laufzeit der Staffelmiete sind – mit Ausnahme einer Anpassung der umlagefähigen Betriebskosten – keine zusätzlichen Erhöhungen der Wohnungsmiete zulässig.
Ist die Staffelmietzeit abgelaufen, gilt bei Fortsetzung des Mietvertrages automatisch wieder das System der örtlichen Vergleichsmiete (§§ 2 bis 5 MHG). Es kann aber auch erneut eine Staffelmiete vereinbart werden, doch ist der Mieter in keiner Weise dazu verpflichtet. Verweigert der Mieter den erneuten Abschluß einer Staffelmiete, darf der Vermieter den Mietvertrag nicht deshalb kündigen. Die Vereinbarung der Staffelmiete kann nur auf freiwilliger Basis erfolgen. Somit ist auch kein Mieter gezwungen, der Umstellung eines schon bestehenden Mietvertrages auf die Staffelmiete zuzustimmen.
Eine vertragliche Beschränkung des *Kündigungsrechts* des Mieters

ist unwirksam, soweit sie sich auf einen Zeitraum von mehr als 4 Jahren seit Abschluß der Vereinbarungen erstreckt (§ 10 Abs. 2 Satz 5 MHG). Nach Ablauf der 4jährigen Kündigungssperre zuzüglich der gesetzlichen Kündigungsfristen von § 565 Abs. 2 BGB kann sich also der Mieter von der Staffelmiete im Rahmen eines Sonderkündigungsrechts befreien, und zwar ohne Rücksicht auf die vereinbarte Laufzeitdauer des Vertrages. Wurde die Staffelmiete dagegen *auf unbestimmte Zeit* abgeschlossen, kann der Mieter jederzeit unter Beachtung der gesetzlichen Fristen den Vertrag aufkündigen.
→ Mieterhöhung; Mietvertrag; Zeitmietvertrag.

Straßenreinigung
→ Betriebskosten.

Stromkosten
→ Betriebskosten.

Studentenzimmer
→ Untermiete.

Telefonanschluß
→ Fernsprechanschluß.

Tierhaltung
Rechtsgrundlage: § 550 BGB
Die Haltung von *Kleintieren* in der Mietwohnung wird im allgemeinen der normalen Lebensführung zugerechnet. Der Mieter kann also ohne vorherige Genehmigung durch den Vermieter ein Aquarium mit Zierfischen im Wohnzimmer aufstellen, Goldhamster, Meerschweinchen, Vögel oder sonstige Haustiere halten, wenn hierdurch keine anderen Mieter belästigt oder gefährdet werden und sonstige negative Auswirkungen auf die Mietsache nicht zu befürchten sind. Das gilt bei Kleintieren selbst dann, wenn im Mietvertrag die Tierhaltung von der Zustimmung des Vermieters abhängig gemacht oder gänzlich verboten wird.
Da gesetzliche Regelungen der Haustierhaltung fehlen, ist auch die

Rechtsprechung uneinheitlich. Im wesentlichen gilt, was die Mietvertragsparteien vereinbart haben. Eine differenzierte Beurteilung ergibt sich, wenn Lage, Größe und Zweckbestimmung des Gebäudes mitberücksichtigt werden. So läßt sich ein vertraglicher Genehmigungsvorbehalt oder ein allgemeines Tierhalteverbot für die Haltung größerer Haustiere, wie *Katzen* oder *Hunde,* in Mehrfamilienhäusern einer Großstadt eher rechtfertigen, da solche Tiere nach allgemeiner Lebenserfahrung häufig Querelen unter den Mietern auslösen. Anders jedoch in ländlichen Gegenden. Hier kann der Vermieter regelmäßig nicht verlangen, daß der Mieter sich weder Hund noch Katze zulegen darf. Deutet schon die äußere Form der Bebauung in unmittelbarer Nachbarschaft auf eine landwirtschaftliche Nutzung und Tierhaltung (Hühner, Enten, Schafe usw.) hin, muß sich der Vermieter den ortsüblichen Gewohnheiten fügen und die Tierhaltung auch auf seinem Grundstück zulassen (AG Bad Neuenahr WM 85, 242).

Wird im Formularmietvertrag die Tierhaltung von einer *vorherigen Zustimmung des Vermieters* abhängig gemacht, bringt der Vermieter dadurch zum Ausdruck, daß er seine Zustimmung nicht generell erteilt, sondern jeweils im Einzelfall nach der Sachlage entscheiden möchte (LG Mannheim WM 84, 78). Ob und in welchem Umfang von dem Haustier Beeinträchtigungen ausgehen und ob diese als Belästigung empfunden werden, hängt dann maßgeblich von der Art des Tieres, von seiner Erziehung und von der subjektiven Einstellung der anderen Hausbewohner zur Frage der Tierhaltung ab. Bei Verstoß gegen die Zustimmungsklausel im Mietvertrag und Aufnahme etwa eines Hundes in die Mietwohnung *ohne ausdrückliche Genehmigung* riskiert der Mieter eine Unterlassungsklage, Schadenersatzforderungen wegen zerkratzter Haustüren, beschädigter Flurteppiche usw. oder gar eine Mietkündigung (LG Hamburg WM 77, 69).

Die Zustimmungsklausel im Mietvertrag hat allerdings keine absolute Geltung. Das Verlangen des Vermieters, ein Haustier mangels vorheriger Genehmigung aus der Wohnung zu entfernen, kann auch rechtsmißbräuchlich sein. Das gilt insbesondere, wenn anderen Mietern bei gleichliegenden Voraussetzungen die Tierhaltung genehmigt wurde. Beispielsweise darf der Vermieter nicht die Entfernung einer Katze verlangen, wenn er einem anderen Mieter im Haus vorher schon die Hundehaltung genehmigt hat. Von einer Katze gehen kaum größere Belästigungen für die Mitmieter aus als von einem Hund (AG Langenfeld WM 82, 142). Gleiches trifft zu, wenn der Vermieter eine unerlaubte Tierhaltung von anderen Mietern bereits längere Zeit geduldet hat, ohne einen Unterlassungsanspruch geltend zu machen (LG Hamburg WM 82, 254; AG Köln WM 78, 167).

Bei fehlender Erlaubnis ist die Abschaffung eines Haustieres, so etwa eines Siamkaters, auch dann nicht erzwingbar, wenn der Vermieter verpflichtet wäre, die Tierhaltung zu erlauben, oder im Klagewege hierzu verpflichtet werden könnte (LG Wuppertal WM 78, 167). Eine solche Verpflichtung ist – unabhängig vom Wortlaut der Vorbehaltsklausel im Mietvertrag – stets anzunehmen, wenn der Vermieter keine wichtigen Gründe gegen eine Tierhaltung geltend machen kann, weil nach Art des Tieres eine Belästigung oder Gefährdung anderer Hausbewohner nicht eintritt (AG Dortmund v. 22. 09. 1972 – 35 C 73/72).

Der Anspruch auf Erlaubnis der Tierhaltung ist somit einklagbar. Der Mieter muß allerdings mit der Anschaffung des Tieres so lange warten, bis das Urteil rechtskräftig geworden ist (AG Dortmund WM 78, 6).

Der *einseitige Widerruf* einer schon ausdrücklich oder stillschweigend erteilten Zustimmung zur Tierhaltung durch den Vermieter ist unzulässig, wenn hierfür keine besonderen Sachgründe vorliegen. So erlischt die einmal erteilte Genehmigung nicht mit dem Tod des Haustieres; sie gilt für die Anschaffung und Haltung eines neuen, vergleichbaren Tieres (AG Langenfeld/ Rhld. WM 82, 226). Hält sich der Mieter statt des genehmigten Hundes eine Katze, begeht er keine Vertragsverletzung, da eine Katze geringere Belästigungen verursacht als ein Hund (AG Düren WM 83, 59).

Hat der Vermieter generell die Haltung von Haustieren im Mietvertrag *untersagt*, so gilt dieses Verbot regelmäßig für größere Haustiere, insbesondere Hunde und Katzen, nicht jedoch für Kleintiere (AG Hannover WM 81, U 2). Ein solches Verbot ist unbeschränkt zulässig (AG Dortmund WM 81, 13). Das Verbot rechtfertigt allerdings keine fristlose Kündigung, wenn der Mieter seinen anderweitig untergebrachten Hund gelegentlich und nur für einige Stunden mit in seine Wohnung nimmt (AG Waldbroil WM 81, 160).

Bei generellem Haustierverbot kann sich der Mieter nicht darauf berufen, daß er sich in seinem Grundrecht auf freie Entfaltung der Persönlichkeit gemäß Artikel 2 Abs. 1 GG verletzt fühle. Der Anspruch auf Tierhaltung stößt regelmäßig an seine Grenzen, wenn die Rechte Dritter verletzt werden (BVerfG WM 81, 77).

Ein vertraglich angeordnetes Haustierverbot ist dagegen hinfällig, wenn der Mieter nach glaubhafter und durch Zeugen gestützter Darstellung einen Schäferhund zur Bewachung des gemieteten Einfamilienhauses hält. Dasselbe trifft zu, wenn sich der Hausmieter eine Katze zur Bekämpfung der Mäuseplage anschafft (AG Steinfurt WM 81, 230).

Ein konkreter Bedarf des stark sehbehinderten Mieters überwiegt grundsätzlich die mögliche Belästigung oder Gefährdung anderer Hausbewohner, wenn sich der Mieter einen *Blindenhund* zulegt. Der Vermieter ist nach Treu und Glauben stets verpflichtet, die Haltung eines Blindenhundes zu genehmigen (AG Hamburg-Blankenese WM 85, 256; OLG Hamm WM 81, 53 – RE).

Enthält der Mietvertrag keinerlei Vereinbarungen über die Tierhaltung, kann der Mieter regelmäßig darauf vertrauen, daß gegen die Haltung der üblichen Haustiere, auch von Hund und Katze, vom Vermieter keine Einwendungen erhoben werden (LG Hamburg WM 77, 69).

Da jedoch die Rechtslage umstritten ist, ob zumindest die größeren Haustiere zum vertragsmäßigen Gebrauch der Mietsache gehören oder nicht, ist es bei einer Mietwohnung im großstädtischen Mehrfamilienhaus zu empfehlen, den Vermieter in jedem Fall um Genehmigung der Haltung von Hund oder Katze zu ersuchen. Eine solche Genehmigung kann allerdings auch dadurch erteilt werden, daß der Vermieter von der Tierhaltung weiß und diese ohne Widerspruch, also stillschweigend duldet. Das gilt ebenso, wenn im Mietvertrag für die Genehmigung der Tierhaltung ausdrücklich Schriftform vereinbart wurde. Ob eine stillschweigende Zustimmung vorliegt, ist mangels Vertragsabsprachen von Fall zu Fall nach den Gesamtumständen sowie unter Beachtung des Grund-

satzes von Treu und Glauben zu klären, notfalls auch durch das Gericht.
→ Belästigungen; fristlose Kündigung.

Tod des Mieters
Rechtsgrundlagen: §§ 569, 569a, 569b BGB
Für den Fall, daß der Mieter stirbt, gibt § 569 Abs. 1 BGB sowohl dem Vermieter als auch dem Erben des Verstorbenen das Recht, den Wohnungsmietvertrag unter Wahrung der gesetzlichen Kündigungsfrist von § 565 BGB zu beenden. Die *Kündigung* darf jedoch nur zum ersten zulässigen Termin erfolgen, also frühestens nach Ablauf von 3 Monaten. Die Kündigungsfrist beginnt mit dem Bekanntwerden des Todes des Mieters und der Erbrechtsnachfolge. Wird das Mietverhältnis nicht gekündigt, kann es unverändert mit dem Erben des verstorbenen Mieters fortgesetzt werden.
Eine *Sonderregelung* besteht für den Fall, daß der Mieter bis zu seinem Tode mit dem *Ehegatten* oder anderen *Familienangehörigen* einen gemeinsamen Haushalt geführt hatte (§ 569a BGB). Der Ehegatte des Verstorbenen tritt dann kraft Gesetzes in das Mietverhältnis ein, und zwar ohne Rücksicht darauf, ob der Ehegatte Erbe des Mieters geworden war. Voraussetzung ist nur, daß der Mieter zum Zeitpunkt seines Todes mit dem Ehegatten in einer rechtsgültigen Ehe zusammenlebte. Die Sonderregelung des § 569a Abs. 1 Satz 1 BGB gilt also nicht für geschiedene oder getrennt lebende Ehegatten oder für Verlobte.
Der überlebende Ehegatte braucht jedoch das Mietverhältnis nicht in jedem Fall fortzusetzen. Lehnt er die Mietrechtsnachfolge ab, genügt die Abgabe einer entsprechenden Willenserklärung *binnen eines Monats* nach Kenntniserlangung vom Tode des Mieters gegenüber dem Vermieter. Der Eintritt in das Mietverhältnis gilt dann als nicht erfolgt. Für den Fall der Nichteintrittserklärung des überlebenden Ehegatten kann die Sonderrechtsnachfolge auch auf einen Familienangehörigen übergehen, mit dem der Mieter bis zu seinem Tode einen gemeinsamen Haushalt führte (§ 569a Abs. 2 BGB). Zu den *Familienangehörigen* gehören die Eltern oder Geschwister des Ehegatten, die ehelichen Kinder und Pflegekinder sowie verschwägerte Personen, nicht jedoch Verlobte. Sind meh-

rere Familienangehörige anstelle des überlebenden Ehegatten in das Mietverhältnis eingetreten, können sie ihre Rechte als Nachfolgemieter und Gesamtschuldner aus dem Mietvertrag auch nur gemeinsam ausüben.

Hat der verstorbene Mieter aus der Zeit bis zu seinem Tode *Verbindlichkeiten* (z.B. Mietschulden) hinterlassen, so haften neben dem Erben auch der Ehegatte oder die Familienangehörigen gesamtschuldnerisch, wenn sie in das Mietverhältnis eingetreten sind. Im Verhältnis zum Ehegatten und zu den Familienangehörigen muß außerdem der Erbe haften (§ 569a Abs. 3 BGB). Bei *vorausentrichteter Miete* für einen Zeitraum nach dem Tode des Mieters ist der in das Vertragsverhältnis eintretende Mietrechtsnachfolger (Ehegatte, Familienangehöriger) verpflichtet, den vorausbezahlten Mietzins an den Erben herauszugeben (§ 569a Abs. 4 BGB).

Der Vermieter kann eine Fortsetzung des Mietvertrages mit dem Ehegatten oder mit Familienangehörigen des Verstorbenen nach § 569a Abs. 5 BGB nur verhindern, wenn ein *wichtiger Grund* in der Person des Eintretenden vorliegt und der Vermieter ein berechtigtes Interesse gemäß § 564b BGB an der Beendigung des Mietverhältnisses nachweist, so z.B. Zahlungsunfähigkeit des Mietrechtsnachfolgers (OLG Hamburg WM 83, 310 – RE). In diesem Fall hat der Vermieter ein außerordentliches Kündigungsrecht, das er unter Beachtung der gesetzlichen Kündigungsfrist zum ersten zulässigen Termin ausüben darf. Der eintretende Mietrechtsnachfolger unterliegt dabei den *Kündigungsschutzvorschriften* des § 556a BGB, das bedeutet: Er kann sich notfalls auf die *Sozialklausel* berufen und eine Fortsetzung des Mietverhältnisses verlangen (§ 569a Abs. 5 BGB).

Verzichten sowohl der überlebende Ehegatte als auch die sonstigen Familienangehörigen des verstorbenen Mieters auf ihr Eintrittsrecht in den Mietvertrag, so geht die Mietrechtsnachfolge auf den *Erben* über. Erbe und Vermieter sind jedoch berechtigt, das Mietverhältnis unter Einhaltung der gesetzlichen Kündigungsfrist auf den ersten zulässigen Termin zu beenden (§ 569a Abs. 6 BGB). Die gesetzlichen Vorschriften des § 569a Abs. 1, 2 und 5 BGB hinsichtlich des Eintrittsrechts des Ehegatten und der Familienangehörigen sind *unabdingbar;* sie können also weder vertraglich ausgeschlossen noch sonstwie abgeändert werden (§ 569a Abs. 7 BGB). Das gilt auch bezüglich des Kündigungsrechts des Vermieters nach Absatz 5, also bei Vorliegen eines wichtigen Kündigungsgrundes. *Nicht zwingend* sind dagegen die Vorschriften des § 569a Abs. 3, 4 und 6 BGB; sie können durch anderslautende Vertragsvereinbarungen jederzeit abbedungen werden.

Der überlebende Ehegatte genießt nach § 569b BGB ein *verstärktes Kündigungsschutzrecht* insoweit, als mit ihm der Mietvertrag kraft Gesetzes fortgeführt wird; vorausgesetzt, die Eheleute hatten die Wohnung *gemeinschaftlich* angemietet und dort auch einen gemeinsamen Haushalt geführt. Hier entfällt das Kündigungsrecht des Vermieters grundsätzlich. Dagegen kann der überlebende Ehegatte das Nachfolge-Mietverhältnis unter Einhaltung der gesetzlichen Dreimonatsfrist beenden, sofern die Kündigung auf den ersten zulässigen Termin erfolgt. Da der überlebende Ehegatte schon als Mitmieter aus den früheren Verbindlichkeiten des Mietverhältnisses haftet, gelten für ihn dieselben Vorschriften wie bei Eintritt in das Mietverhältnis nach § 569a Abs. 3 und 4 BGB. Im übrigen kann § 569b BGB (verstärktes Kündigungsschutzrecht) durch entsprechende Parteivereinbarungen abbedungen werden.

→ Sozialklausel.

Tod des Vermieters
Für den *Tod des Vermieters* sind im Mietrecht keine besonderen Regelungen getroffen worden. Stirbt der Vermieter, so wird das Mietverhältnis mit seinem Erben unverändert weitergeführt. Es bestehen somit auch keine besonderen Kündigungsvorschriften. Insbesondere kann der Erbe keine Änderung des Mietvertrages verlangen.

Treppenreinigung
→ Hausordnung.

Türspion
Rechtsgrundlagen: §§ 535, 536 BGB
Der Vermieter hat grundsätzlich kein Recht, dem Mieter die Ge-

nehmigung für den Einbau eines *Türspions* in die Wohnungseingangstür zu verweigern. Für den Mieter besteht das schützenswerte Interesse, schon vor einer persönlichen Kontaktaufnahme zu wissen, wer vor der Wohnungstür steht. Die Türschließanlage allein ist nicht geeignet, ungebetene Besucher abzuhalten. Das gilt insbesondere für Hochhäuser, in denen wegen ihrer Unpersönlichkeit Eigentumsdelikte häufiger verübt werden (AG Hamburg WM 85, 256 und WM 80, 197).

Untermiete
Rechtsgrundlagen: §§ 549, 553 BGB
Die *Untermiete* ist ein mit allen Rechten und Pflichten der Wohnungsmiete ausgestattetes Vertragsverhältnis zwischen dem Hauptmieter (= Untervermieter) der Wohnung und dem Untermieter. Vertragsgegenstand ist die Überlassung des gesamten Mietobjekts oder nur einzelner Räume der Wohnung an einen Dritten zum selbständigen Mietgebrauch (§ 549 BGB). Eine Gebrauchsüberlassung im Sinne der Untermiete ist allerdings nicht gegeben, wenn der Dritte vom Hauptmieter abhängig ist, in Hausgemeinschaft mit ihm lebt und daher einen unselbständigen Gebrauch der Mieträume ausübt, so etwa als Ehegatte oder sonstiges Familienmitglied, als Hauspersonal, Gast oder Verlobter des Hauptmieters.
Der Untermieter steht mit dem *Eigentümer der Wohnung* (= Hauptvermieter) in keinerlei unmittelbaren schuldrechtlichen Rechtsbeziehungen. Der Hauptvermieter hat also weder Anspruch auf Mietzahlungen des Untermieters noch kann er ein Pfandrecht an dessen eingebrachten Sachen geltend machen. Wird das Vertragsverhältnis zwischen Hauptvermieter und Hauptmieter durch Kündigung, Zeitablauf oder Aufhebung beendet, so hat dies nicht automatisch das gleichzeitige Ende des Untermietvertrages zur Folge. Bei wirksamer Auflösung des Hauptmietverhältnisses entsteht jedoch für den Hauptmieter ein *berechtigtes Interesse* auch das Untermietverhältnis zu beenden. Da er seinem Mieter den Mietgebrauch nicht länger gewähren kann, hängt das Bestehen des Untermietvertrages letztlich unmittelbar vom Schicksal des Hauptmietvertrages ab (LG Kiel WM 82, 194). Maßgebend sind in jedem Einzelfall die Vertragsvereinbarungen der Mietparteien. Der Wohnungseigentü-

mer hat allerdings das Recht, bei Räumung der Wohnung durch den Hauptmieter auch von dessen Untermieter die Herausgabe der von ihm bewohnten Räume zu verlangen (§ 556 Abs. 3 BGB).

Um einen Untermieter aufnehmen zu können, braucht der Mieter grundsätzlich die *Erlaubnis des Vermieters* (§ 549 Abs. 1 BGB). Verweigert der Vermieter seine Zustimmung, kann der Mieter den Mietvertrag unter Einhaltung der gesetzlichen Frist kündigen, sofern nicht in der Person des aufzunehmenden Untermieters ein wichtiger Hinderungsgrund liegt. Bei der vorgeschriebenen Erlaubnis handelt es sich um eine einseitige Willenserklärung des Vermieters nach § 130 BGB, die dem Mieter zugegangen sein muß. Die Zustimmung bedarf keiner bestimmten Form; sie kann also auch mündlich oder stillschweigend durch schlüssiges Verhalten (längere Duldung der Untervermietung) erteilt werden, sofern die Parteien nicht ausdrücklich Schriftform vereinbart haben.

Hat der Vermieter einer Untervermietung *im allgemeinen Sinne* zugestimmt, braucht der Mieter nicht jedesmal eine neue Genehmigung einzuholen, wenn der Untermieter wechselt. Möchte der Vermieter die allgemeine Zustimmungserklärung widerrufen, ist ein solcher Widerruf nur bei Vorliegen *wichtiger Gründe* zulässig, so beispielsweise, wenn die Wohnung bei Untervermietung – gemessen an der Personenzahl – übermäßig belegt würde oder wenn gegen den künftigen Untermieter persönliche Bedenken bestehen. Tritt entsprechend den Umständen jedoch keine Überbelegung ein, wenn der Untermieter nach Überlassung des gemieteten Raumes geheiratet hat und seinen Ehepartner mit Kind in die Wohnung aufnimmt, so ist eine auf § 549 BGB gestützte Kündigungserklärung des Wohnungseigentümers unwirksam (AG Tiergarten WM 85, 88). Dasselbe trifft zu, wenn der Hauptmieter dem Untermieter die Aufnahme seiner Lebensgefährtin mit deren Sohn in die über 80 m² große 4-Zimmer-Wohnung gestattet hat, da er wirtschaftlich auf die Einnahmen aus der Untervermietung angewiesen ist (AG Hamburg-Blankenese WM 85, 88).

Unter bestimmten Voraussetzungen steht dem Wohnungsmieter das *einklagbare Recht* zu, vom Vermieter für die Untervermietung eines Teils der Miträume an einen Dritten die Zustimmung zu erhalten. Der Mieter muß allerdings ein *berechtigtes Interesse* an der

Untervermietung haben. Auch muß das besondere Interesse erst nach Abschluß des Mietvertrages entstanden sein; ein schon bei Mietbeginn vorhandenes Interesse an der Untervermietung genügt hierfür nicht. So ist die Verweigerung der Erlaubnis unzulässig, wenn der Mieter beispielsweise durch Mieteinnahmen sein gesunkenes Einkommen aufbessern möchte oder sich durch Tod, Heirat oder Wegzug die Zahl der im Haushalt lebenden Familienangehörigen verringert hat. Die *Beweislast* für ein berechtigtes Interesse trägt der Mieter selbst. Als Gründe für eine berechtigte Untervermietung genügen demnach Veränderungen der wirtschaftlichen oder familiären Verhältnisse des Mieters, ohne daß es hierfür einer besonderen Dringlichkeit bedarf. Ein berechtigtes Interesse an der Untervermietung kann auch ein inzwischen ausgezogener *Mitmieter* haben, solange er noch Mietpartei ist und dem Vermieter somit weiterhin den Mietzins schuldet (LG Wiesbaden WM 85, 26).

Bei berechtigtem Interesse des Mieters an der Untervermietung von Wohnraum darf der Vermieter seine Genehmigung nur unter dem Gesichtspunkt der *Unzumutbarkeit* verweigern (§ 549 Abs. 2 BGB). Nicht zumutbar wäre für den Vermieter beispielsweise eine Überbelegung der Wohnung, das Vorliegen wichtiger Ablehnungsgründe in der Person des künftigen Untermieters oder ein Ablauf des Mietverhältnisses in absehbarer Zeit. Ist dem Vermieter die Aufnahme eines Untermieters in der Mieterwohnung nur bei einer angemessenen *Erhöhung der Miete* zumutbar, kann er seine Zustimmung auch von der Zahlung eines *Untermietzuschlags* abhängig machen und vom Mieter verlangen, daß er mit einer solchen Mieterhöhung einverstanden ist. Im übrigen bleibt eine zum Nachteil des Mieters von der gesetzlichen Regelung abweichende Vereinbarung ungültig. Auch sind Verbotsklauseln insbesondere in Formularmietverträgen, die eine Untervermietung von vornherein ausschließen oder das Kündigungsrecht des Mieters nach § 549 Abs. 1 Satz 2 BGB aufheben, rechtlich ohne Wirkung (LG Ellwangen WM 82, 297).

Der Hauptmieter haftet nach § 549 Abs. 3 BGB für alle Handlungen des Untermieters im Rahmen des Untermietverhältnisses. Folglich hat er auch für alle Schäden einzustehen, die sein Untermieter an den Wohnräumen und Gemeinschaftseinrichtungen des Hauses schuldhaft verursacht. Ob der Hauptvermieter die Untermiete erlaubt oder seine Zustimmung versagt hat, bleibt dabei unberücksichtigt.

Bei *unerlaubter Untervermietung* von Wohnraum hat der Vermieter gemäß § 553 BGB das Recht, den Mietvertrag mit dem Hauptmieter wegen *vertragswidrigen Gebrauchs* der Mietsache fristlos zu kündigen. Der Wohnungseigentümer muß jedoch den Hauptmieter zuvor ergebnislos abgemahnt haben. Eine hierbei gesetzte Unterlassungsfrist hat der gesetzlichen Kündigungsfrist zu entsprechen, damit dem Hauptmieter ein angemessener Zeitraum zur Abhilfe verbleibt (LG Mannheim WM 85, 262). Es bedarf dabei keines Nachweises, daß die Rechte des Eigentümers erheblich beeinträchtigt wurden (BGH WM 85, 88).

Das Landgericht Wiesbaden (WM 85, 86) hat einer auf unerlaubte Untervermietung gestützten Mietkündigung stattgegeben. Betroffen von der Räumungsklage waren die restlichen Mitglieder einer studentischen Wohngemeinschaft, nachdem die anderen Mitmieter ohne Hinterlassung ihrer neuen Wohnanschrift ausgezogen waren und der Vermieter seine mietvertraglichen Ansprüche gegenüber der Gesamtheit der Schuldner nicht mehr durchsetzen konnte (LG Wiesbaden WM 85, 86).

Bei den sogenannten *»Bauherrenmodellen«* kommt es gelegentlich vor, daß der Wohnungseigentümer (= Hauptvermieter) seine *Eigentumswohnung* an ein gewerbliches oder gemeinnütziges Vermietungsunternehmen (gegen entsprechende Mietzinsgarantie) vermietet und der Zwischenmieter die Wohnung sodann entsprechend weitervermietet. Der zwischen dem Unternehmen und dem Wohnungsmieter geschlossene Vertrag ist rechtlich nicht als Mietvertrag über Wohnraum, sondern als *Untermietvertrag* gemäß § 549 BGB anzusehen (OLG Karlsruhe WM 84, 10 – RE; OLG Braunschweig WM 84, 237 – RE).

Wußte der Untermieter bei Abschluß des Mietvertrages nicht (oder wurde ihm in unredlicher Weise nicht gesagt), daß die Vermietungsgesellschaft keine Wohnungseigentümerin, sondern nur Hauptmieter war, so steht dem Untermieter gegenüber dem Hauptvermieter der volle *gesetzliche Kündigungsschutz* nach den §§ 556a,

564b BGB zu, falls der Hauptmietvertrag mit der Gesellschaft vom Wohnungseigentümer gekündigt wird (BGH WM 82, 178 – RE). Bei einer solchen Kündigung ist ein Herausgabeverlangen gegen den Untermieter der Wohnung treuwidrig, wenn dieser in Unkenntnis seiner Rechtsposition einen Vertrag über ein befristetes Untermietverhältnis und nicht einen regulären Wohnungsmietvertrag unterschrieben hatte (AG Kempten WM 84, 221).

Wäre jedoch der Wohnungsmieter imstande gewesen, aus den Umständen heraus zu erkennen, daß er ein (nicht gewolltes) Untermietverhältnis abschloß, kann er sich gegenüber dem Räumungsanspruch des Wohnungseigentümers nicht auf Treu und Glauben (§ 242 BGB) berufen und daher auch nicht den Einwand des Rechtsmißbrauchs geltend machen (LG München I WM 84, 246).

Da für einen Untermietvertrag rechtlich dieselben Grundsätze gelten wie für einen Wohnungsmietvertrag zwischen Hauptvermieter und Hauptmieter, kann sich der Untermieter auf den *vollen Kündigungsschutz* (§ 564b BGB) und die *Sozialklausel* (§ 556a BGB) bei Vorliegen eines Härtefalls berufen, wenn der Hauptmieter (= Untervermieter) den Untermietvertrag kündigt. Somit ist eine ordentliche Kündigung des Untermietverhältnisses auch nur dann zulässig, wenn der Hauptmieter ein *berechtigtes Interesse* daran hat. Der gesetzliche Kündigungsschutz steht dem Untermieter jedoch nicht zu, wenn der Hauptmieter den Raum nur zu verübergehendem Gebrauch vermietet oder wenn nur ein Teil der Wohnung untervermietet ist und der Hauptmieter den Raum ganz oder teilweise mit Möbeln ausgestattet und nur an eine Einzelperson (nicht jedoch Familie!) vermietet hat. Bei Teilvermietung gilt also dasselbe wie für sogenannte *Einliegerwohnungen*.

→ Kündigungsfristen; Mieterhöhung; Sozialklausel; Untermietzuschlag.

Untermietzuschlag

Rechtsgrundlage: § 549 Abs. 2 BGB
Der Vermieter kann seine Erlaubnis zur Untervermietung gemäß § 549 Abs. 2 Satz 2 BGB davon abhängig machen, daß der Mieter sich mit einer *angemessenen Erhöhung* des Mietpreises einverstanden

erklärt. Ist der Mieter nicht bereit, den Zuschlag zu bezahlen, gilt die Erlaubnis zur Untervermietung als verweigert. Vertretbar ist ein solcher Zuschlag jedoch nur, wenn der Vermieter keinen allgemeinen Mieterhöhungswunsch durchsetzen will und wenn zu befürchten ist, daß durch die Gebrauchsüberlassung der Wohnung an Dritte die Räumlichkeiten und Gemeinschaftseinrichtungen des Hauses wesentlich stärker als bisher abgenutzt werden. Der Zuschlag muß sich allerdings in einem angemessenen Rahmen halten. Insbesondere darf der Hauptmieter gegenüber der gesetzlichen Regelung des § 549 Abs. 2 BGB nicht benachteiligt werden, die eine angemessene Erhöhung des Mietzinses nur bei anderweitiger Unzumutbarkeit gestattet (LG Hannover WM 83, 236). Der Vermieter muß also darlegen, warum die Untervermietung nur bei angemessener Erhöhung des Mietzinses zumutbar ist (AG Hannover WM 83, 151).

Der Untermietzuschlag kann nicht schon bei Vertragsabschluß in Hinblick auf eine später mögliche Untervermietung vereinbart werden (LG Mainz WM 82, 191; AG Frankfurt WM 81, U 3). Auch wenn die Untermieterin sich nach Einzug in die Wohnung mit dem Hauptmieter verlobt, ist der Untermietzuschlag von monatlich DM 20,- neben dem Mietzins weiterzubezahlen. Die Art der persönlichen Beziehungen zwischen den Mietparteien ändert nicht die tatsächliche Nutzung der Räume (AG Kiel WM 85, 262).

Eine gesetzliche Regelung der *Höhe von Untermietzuschlägen* gibt es nur für *Sozialwohnungen*. Hier bestimmt § 26 Abs. 3 der Neubaumietenverordnung (NMV 1970), daß für einen Untermieter ein Zuschlag von monatlich DM 5,- sowie bei 2 und mehr Untermietern von DM 10,- neben der zulässigen Kostenmiete verlangt werden darf (AG Köln WM 80, 114).

→ Mieterhöhung; Untermiete.

Vergleichsmiete
→ Mietspiegel.

Verteilungsschlüssel
→ Betriebskostenumlage.

Vertragswidriger Gebrauch der Mietsache
Rechtsgrundlagen: §§ 550, 553 BGB
Der Wohnungsmietvertrag gibt dem Mieter nur das Recht, die gemieteten Räume ausschließlich im vertraglich vorgesehenen, üblichen Rahmen zu benutzen. Macht der Mieter von seiner Wohnung jedoch *vertragswidrig* Gebrauch, so etwa für unerlaubte gewerbliche Zwecke, nicht genehmigte Untervermietung, verbotene Haustierhaltung und dergleichen, steht dem Vermieter gemäß § 550 BGB ein *Unterlassungsanspruch* gegen den Mieter zu. Setzt der Mieter nach vergeblicher Abmahnung (§ 284 BGB) den vertragswidrigen Gebrauch der Mietsache fort, kann der Vermieter auf Unterlassung klagen, solange das Mietverhältnis andauert und der vertragswidrige Gebrauch fortgesetzt wird.

Der Mieter ist beispielsweise ohne Erlaubnis des Vermieters nicht berechtigt, seinen Bruder auf Dauer in die Mietwohnung aufzunehmen (BayObLG WM 84, 13). Ob das Zurschaustellen von Plakaten (die inhaltlich weder Vermieterrechte verletzen noch das Anwesen verunstalten) in den Wohnungsfenstern einen vertragswidrigen Gebrauch der Mietsache bedeutet und somit die Kündigung des Mieters rechtfertigt, ist umstritten (BayObLG WM 84, 12). Auf dem »Schwarzen Brett« im Hausflur darf der Mieter jedenfalls keine Aushänge anbringen, die in Verbindung mit dem Mietverhältnis stehen, auch wenn sie etwa zur Information der Mitmieter über eine bestehende Rechtslage im Mietrecht dienen (AG Neukölln WM 83, 257).

Der Mieter handelt nicht vertragswidrig, wenn er auf dem mitgemieteten Einstellplatz in einer Tiefgarage neben seinem Pkw noch ein Motorrad abstellt, vorausgesetzt, der Stellplatz ist dafür geeignet und die übrigen Garagenbenutzer werden dadurch nicht belästigt (LG Düsseldorf WM 82, 170). Zum vertragsmäßigen Gebrauch gehört auch das Anbringen von Dübeln und starkes Rauchen in der Wohnung (LG Stuttgart WM 82, 170), nicht dagegen das Aufstellen eines Schuhregals im Hausgang (AG Köln WM 82, 86). Ist ein Abstellplatz für den Pkw eines Mieters nicht mitvermietet worden, hat der Vermieter ein Klagerecht dahingehend, daß der Mieter sein Fahrzeug nicht länger auf dem Grundstück abstellen darf (AG Köln WM 83, 327).

Ein Unterlassungsanspruch des Vermieters besteht nach § 242 BGB nicht mehr, wenn der Mieter eine Katze hält, die keinen Hausbewohner belästigt und von deren Haltung der Vermieter seit einem dreiviertel Jahr wußte (AG Hamburg-Harburg WM 83, 236). Trotz allgemein verbotener Tierhaltung rechtfertigt die gelegentliche und nur stundenweise Aufnahme eines sonst anderweitig untergebrachten Hundes keine Kündigung des Mietverhältnisses (AG Waldbröl WM 81, 160).

Bei *schwerwiegender Pflichtverletzung* entweder durch vertragswidrigen Gebrauch oder durch Gefährdung der Mieträume infolge Vernachlässigung der dem Mieter obliegenden Sorgfalt kann der Vermieter das Mietverhältnis ohne Einhaltung einer Kündigungsfrist gemäß § 553 BGB sogar *fristlos* kündigen. Das gilt vor allem, wenn der Mieter trotz Abmahnung eine unerlaubte Untervermietung fortsetzt oder die Mieträume durch Versäumnis der Obhutspflichten in ihrem ordnungsgemäßen Zustand oder gar Bestand gefährdet, so beispielsweise durch Unterlassung von Reinigungsarbeiten oder Schönheitsreparaturen über längere Zeiträume hinweg, durch Nichtschließen der Fenster bei einem Wolkenbruch oder mangelhafte Vorkehrungen zum Schutz der Wasserleitung gegen das Einfrieren bei strenger Kälte.

→ Mietvertrag; Tierhaltung; Untermiete.

Vorauszahlung
→ Mietvertrag.

Vorzeitiger Auszug
Rechtsgrundlagen: §§ 535, 552 BGB
Der Mieter ist berechtigt, die Miträume während der Dauer der Mietzeit vertragsgemäß zu benutzen (§ 535 BGB). Dasselbe gilt bei Abschluß eines Mietvertrages auf unbestimmte Zeit bis zum Ablauf der Kündigungsfrist. Da der Mieter den Mietzins nur für die *Gebrauchsüberlassung* der Wohnung schuldet, kommt es nicht darauf an, ob er die Räume während der Vertragslaufzeit auch bewohnt oder nicht (§ 552 BGB). Der Mieter kann sich also von der Mietzahlung nicht dadurch befreien, daß er durch einen in seiner Person liegenden Grund (z. B. Krankheit) an der Ausübung seines

Gebrauchsrechts gehindert wird. Das gilt auch, wenn ihm am Nichtgebrauch kein Verschulden trifft.

Selbst wenn der Mieter die gekündigte Wohnung *vorzeitig* räumt, bleibt er bis zum Ablauf der Kündigungsfrist bzw. des Mietverhältnisses zur Mietzinszahlung verpflichtet. Stellt der Mieter einen dem Vermieter zumutbaren *Ersatzmieter,* der in den Mietvertrag zu den bisherigen Vertragsbedingungen eintritt und gegen den keine persönlichen Einwendungen seitens des Vermieters bestehen, wird der vorzeitig ausgezogene Mieter von seiner restlichen Mietzahlungspflicht befreit. Eine Neuvermietung der Wohnung an den Nachfolgemieter beendet sodann in diesem Zeitpunkt die Verpflichtung des bisherigen Mieters zur Zahlung der noch ausstehenden Miete (AG Osnabrück WM 80, 63). Der Vermieter muß sich in diesem Fall jedoch diejenigen Vorteile (z.B. Mieteinnahmen) anrechnen lassen, welche er aus der Weitervermietung der vorzeitig geräumten Wohnung an einen Dritten erlangt (AG Arnsberg WM 80, 162). Die befreiende Wirkung tritt allerdings nur ein, wenn der Mieter beweisen kann, daß der Wohnungseigentümer anderweitig vermietet, die Wohnräume selbst bezogen oder mit Umbau- und Renovierungsarbeiten begonnen hat (OLG Oldenburg WM 81, 177 - RE).

Wird in einem Vergleich zwischen den Vertragsparteien vereinbart, daß der Mieter bereits vor dem Räumungstermin nach vorheriger Ankündigung mit eingeschriebenem Brief ausziehen darf, so ist eine Nichtbeachtung dieser vereinbarten Schriftform rechtlich unschädlich (AG Köln WM 75, 143). Im übrigen ist der Anspruch auf den restlichen Mietzins *verwirkt,* wenn der Mieter die Wohnung vorzeitig räumt, der Vermieter dem Auszug nicht widerspricht und erst etwa 9 Monate später die ihm bis zur fristgerechten Beendigung des Mietvertrages zustehende Miete nachverlangt. In diesem Fall verstößt das verspätete Geltendmachen der Restmiete gegen Treu und Glauben (LG Weiden WM 76, 71).

Ansonsten bringt die Tatsache eines vorzeitigen Mieterauszugs einen befristeten Mietvertrag nicht zum Erlöschen. Ebensowenig endet das Mietverhältnis durch eine Neuvermietung der vorzeitig geräumten Wohnung. Der Vermieter verliert hierdurch lediglich seinen Mietzinsanspruch gegen den ausgezogenen Mieter. Eine

vorzeitige Auflösung des Mietvertrages durch eine Neuvermietung kommt nur zustande, wenn die Vertragsparteien einen förmlichen *Mietaufhebungsvertrag* abschließen (LG Köln WM 76, 202).
→ Kündigungsfristen; Mietvertrag; Nachmieter; Rückgabe der Mietwohnung.

Wärmemesser
→ Betriebskostenabrechnung.

Warmwasserversorgung
→ Betriebskosten.

Waschküche
Ist im Wohngebäude eine allen Mietparteien zugängige *Waschküche* und ein gemeinsamer *Trockenraum* für die Wäsche vorhanden, hat jeder Mieter auch ohne besondere Vertragsabsprachen das Recht, diese Einrichtungen zu benutzen (AG Friedberg/Hessen WM 81, U 17). Wird einem Mieter die (vertraglich zugesicherte) Benutzung der Waschküche *vorenthalten,* mindert sich der Gebrauchswert der Wohnung nicht unerheblich. Der Mieter ist in diesem Fall berechtigt, den Mietzins um 5% zu kürzen (AG Köln WM 83, 122). In einer anderen Streitsache hatte der Vermieter den Ehefrauen von zwei streitenden Mietparteien die vertraglich zugesicherte Nutzung von Waschküche und Trockenraum untersagt. Hier befand das Gericht eine monatliche Kürzung der Miete um 10% als angemessen (AG Brühl WM 75, 145).
In der Regel bestimmt die *Hausordnung* die dem Mieter zustehenden *Benutzungszeiten* der Waschküche, sofern dies notwendig ist. An den ihm zugeteilten Waschtagen hat der Mieter das alleinige Nutzungsrecht an der Gemeinschaftswaschküche; er darf die Waschküche auch abschließen (LG Kassel WM 53, 81). Eine willkürliche Änderung der Hausordnung durch den Vermieter ist unzulässig, wenn die Mieterrechte dadurch eingeschränkt werden. Der Vermieter kann jedoch eine bestehende Waschordnung insoweit ändern, als die Waschküche an Sonntagen generell und an Wochentagen nach 22.00 Uhr nicht mehr benutzt werden darf (AG Köln WM 83, 122).

Haben die Mieter in einem größeren Siedlungsgebiet das vertraglich zugesicherte Recht, in einem zentralen Waschhaus ihre Wäsche mit Hilfe der dort vorhandenen Einrichtungen zu waschen, zu trocknen und zu bügeln, ist es dem Vermieter grundsätzlich untersagt, diese Einrichtung wegen nicht mehr vorhandener Rentabilität zu schließen. Er schuldet den einzelnen Mietern zumindest die Bereitstellung einer gleichwertigen Waschanlage (LG Mannheim WM 78, 140).
Weiterhin darf der Vermieter den direkten Zugang zum Hof nicht absperren, wenn die Mieter zu Reinigungszwecken und zum Wäschetrocknen dorthin gelangen müssen. Ferner ist das einseitige Verbot unwirksam, Wäsche in der Waschküche zu trocknen, da besondere Trockenräume auf dem Grundstück vorhanden sind. Ist im Mietvertrag ausdrücklich gestattet, den Trockenraum, die Waschküche oder den Hofraum zum Wäschetrocknen zu benutzen, bestehen die Trockenmöglichkeiten gleichwertig nebeneinander. Der Mieter kann sodann frei wählen, ob er seine Wäsche im Trockenraum oder in der Waschküche aufhängen will, sofern die anderen Mieter hierdurch nicht gestört werden (AG Bergisch Gladbach WM 76, 255).
→ Hausordnung; Waschmaschine.

Waschmaschine

Zur Vermeidung von Schadensfällen ist der Mieter innerhalb der Wohnräume (Küche oder Bad) nur zum Waschen und Trocknen der sogenannten *Kleinwäsche* befugt; hierzu gehört vor allem die Leibwäsche und Kinderwäsche. Die Aufstellung und den Betrieb einer *Haushaltswaschmaschine* (Waschautomat) in Küche oder Bad hat der Vermieter jedoch zu dulden, auch wenn damit die sogenannte *große Wäsche* gereinigt wird. Voraussetzung ist die fachgerechte Installation der Waschmaschine. Da moderne vollautomatische Waschmaschinen darauf eingerichtet sind, selbsttätig und zugleich geräuschlos zu arbeiten, ist eine Überwachung des Waschvorgangs unnötig. Somit beruht auch ein *Betriebsschaden* regelmäßig nicht auf schuldhaftem Verhalten des Mieters (AG Kassel WM 83, 27).
Entstehen jedoch Wasserschäden dadurch, daß der Mieter nach

Beendigung des Waschvorgangs den Abstellhahn der Wasserzuleitung nicht schließt, verletzt er die ihm obliegende *Sorgfaltspflicht* gegenüber den Mitbewohnern des Hauses (OLG Karlsruhe VersR 74, 1210).

Derselbe Schuldvorwurf trifft den Mieter, wenn er die in einer Etagenwohnung aufgestellte Waschmaschine nicht derart beaufsichtigt, daß bei Austreten von Wasser aus der Maschine oder bei Platzen bzw. Abgleiten des Zuleitungsschlauches alsbald ein weiterer Wasseraustritt verhindert werden kann. An die Beachtung der Sorgfaltspflicht werden von den Gerichten hohe Anforderungen gestellt, da schon bei geringer Nachlässigkeit die Gefahr erheblicher Sachschäden droht (OLG Hamm WM 85, 253; OLG Düsseldorf VersR 75, 159).

Im übrigen stellt das *Fehlen eines Waschmaschinenanschlusses* keinen Mangel der Mietwohnung im Sinne von § 537 BGB dar, der den Mieter zu einer Mietkürzung berechtigen würde. Das gilt insbesondere für Kleinwohnungen oder auch dann, wenn sich im Gebäude eine *Waschküche* befindet, die mit einer hauseigenen Waschmaschine ausgestattet ist und den Mietparteien gegen ein geringes Nutzungsentgelt zur Verfügung steht (AG Bayreuth WM 85, 260).

Hat der Mieter seine Waschmaschine im Trockenraum des Hauses aufgestellt, und benutzt er sie dort ohne Widerspruch des Vermieters, gilt diese Nutzung als stillschweigend genehmigt und ist dann nur aus triftigen Gründen widerrufbar (AG Köln WM 85, 256).

Stellt der Vermieter in einer vorhandenen Gemeinschaftswaschküche eine Haushaltswaschmaschine für die Mietparteien auf, braucht der Mieter diese nicht in jedem Fall zu benutzen; es sei denn, im Mietvertrag wäre eine solche Nutzung ausdrücklich vereinbart worden. Der Vermieter kann auch vorschreiben, daß die Gemeinschaftswaschküche benutzt wird und der Mieter dort seine eigene Waschmaschine aufzustellen hat (AG Solingen WM 82, 142).

Für eine Benutzung der Gemeinschaftswaschküche wird in der Rechtsprechung eine Gebühr bis zu DM 2,- pro Waschgang für die *Amortisation* und zur *Deckung der Wartungs- sowie Reparaturkosten* als angemessen erachtet (AG Köln WM 85, 255; AG Pinneberg WM 83, 21).

Der Vermieter hat dafür Sorge zu tragen, daß eine von ihm bereitgestellte Wascheinrichtung sich stets in gebrauchsfähigem Zustand befindet, auch wenn nicht alle Mieter die Gemeinschaftswaschküche benutzen. Für Schäden an der Wäsche des Mieters ist der Vermieter haftbar (AG Köln WM 74, 146).
→ Waschküche.

Wassergeld
→ Betriebskosten.

Werkmietwohnungen
Rechtsgrundlagen: §§ 565b bis d BGB
Werkmietwohnungen (auch »Werkdienstwohnungen«) unterliegen nicht dem öffentlich-rechtlichen Benutzungsrecht, wie beispielsweise Dienstwohnungen, sondern sie werden vom *bürgerlichen Mietrecht* bestimmt. Bei Werkmietwohnungen ist das Arbeitsverhältnis des Mieters (Arbeitnehmers) Grundlage für den Abschluß eines Mietvertrages. Es sind demnach zwei selbständige Rechtsverhältnisse für die Werkwohnung maßgebend: zum einen der Dienst- oder Arbeitsvertrag mit einem öffentlichen oder privaten Arbeitgeber, zum anderen der Mietvertrag über die Werkwohnung. So wird auch die Zuweisung einer Werkmietwohnung der Gemeinde an einen ihrer Arbeiter nicht vom öffentlichen Recht, sondern vom Arbeitsrecht und von den mietrechtlichen Vorschriften geregelt (OVerwG Münster ZMR 75, 253).
Die praktische Anwendung des Mietrechts ist jedoch *Einschränkungen* unterworfen. So hat gemäß § 87 Abs. 1 Nr. 9 des Betriebsverfassungsgesetzes der *Betriebsrat* ein Mitspracherecht bei der Zuweisung und Kündigung von Werkwohnungen, der Festlegung der Nutzungsbedingungen sowie der Höhe des Mietzinses, allerdings nicht für jede Einzelfestsetzung oder -änderung der Miete (BAG BB 73, 845). Dagegen bedarf es keiner Zustimmung des Betriebsrats bei der Kündigung einer Werkmietwohnung, wenn das Arbeitsverhältnis mit dem Mieter (Arbeitnehmer) ebenfalls gekündigt wurde (LG Ulm WM 79, 244).
Die Überlassung einer Werkmietwohnung zu einem günstigen Mietpreis ist kein Teil des Arbeitslohnes, der in Sachwerten gelei-

stet wird. Vielmehr gilt die Vermietung der Werkwohnung als eine zusätzlich neben dem Arbeitslohn vereinbarte Sonderleistung des Arbeitgebers. Die Miete kann daher bei der Gehalts- oder Lohnzahlung vom Arbeitgeber einbehalten werden (BAG BB 74, 1121). Bei Mietverhältnissen über Werkwohnungen *auf unbestimmte Zeit* gelten bestimmte, in § 565c BGB enthaltene *Kündigungserleichterungen,* wenn der Vermieter bzw. Arbeitgeber das Mietverhältnis in engem zeitlichen Zusammenhang mit der Beendigung des Arbeitsverhältnisses aufkündigt (LG Aachen WM 85, 149). Es sind *gekürzte Kündigungsfristen* zu beachten. Danach kann der Vermieter nach erfolgter Beendigung des Arbeitsverhältnisses spätestens am 3. Werktag eines Monats für den Ablauf des nächsten Monats kündigen, wenn der Wohnraum weniger als 10 Jahre überlassen war und für einen anderen Arbeitnehmer benötigt wird (§ 565c Nr. 1 BGB).

Noch kürzer ist die Kündigungsfrist bei *funktionsgebundenem* Wohnraum. Hierunter versteht das Gesetz Werkwohnungen, die wegen der Art der Tätigkeit des Arbeitnehmers in unmittelbarer Beziehung oder Nähe zur Arbeitsstätte stehen, so z.B. Hausmeister-, Pförtner- oder Klinikarztwohnungen. In diesem Fall endet die Kündigungsfrist bereits mit Ablauf des Monats, in dem spätestens am 3. Werktag gekündigt wurde, vorausgesetzt, der Wohnraum wird ebenfalls für einen Nachfolger des ausgeschiedenen Arbeitnehmers gebraucht (§ 565c Abs. 1 Nr. 2 BGB).

Das Mietverhältnis braucht nicht gleichzeitig mit dem gekündigten Arbeitsverhältnis zu enden. Insbesondere wäre eine Vereinbarung im Werkmietvertrag, daß das Mietverhältnis spätestens 3 Monate nach Auflösung des Beschäftigungsverhältnisses ablaufen solle, wegen offenkundiger Benachteiligung des Mieters unwirksam (LG Düsseldorf WM 85, 151).

So kann auch bei Auflösung des Dienstverhältnisses mit dem Hausmeister einer Schule die Werkdienstwohnung, die er selbst mit Möbeln usw. ausgestattet hat, nur bei Vorliegen eines konkreten *Betriebsbedarfs an Wohnraum* gekündigt werden (LG Itzehoe WM 85, 152). Ein solcher Betriebsbedarf liegt regelmäßig dann vor, wenn der Vermieter (Arbeitgeber) ein nachweisbares, berechtigtes Interesse am Freiwerden der Wohnung hat, also beispielsweise

Wohnraumbedarf für den Nachfolger des ausscheidenden Arbeitnehmers (Mieters) besteht (AG Wermelskirchen WM 80, 249). Sogenannter Betriebsbedarf als Kündigungsgrund liegt jedoch nicht vor, wenn der Nachfolgemieter kein Betriebsangehöriger des Vermieters ist (AG Miesbach WM 80, 250).

Der Mieter einer Werkmietwohnung hat nicht nur erhebliche Einschränkungen der Kündigungsfristen hinzunehmen, sondern nach § 565d BGB auch eine Minderung seiner *Widerspruchsrechte* gegen die Kündigung. Wegen der kurzen Fristen und des eingeschränkten Kündigungsschutzes kommt dem Widerspruchsrecht mit Hilfe der *Sozialklausel* (§ 556a BGB) besondere Bedeutung zu. Eine Berufung auf die Sozialklausel ist bei Kündigung des Wohnungsmietverhältnisses nach § 565c Abs. 1 Nr. 1 BGB jedoch nur zulässig, wenn der Mieter seinen Widerspruch nicht später als 1 Monat vor Beendigung des Mietverhältnisses erklärt hat (§ 565d Abs. 2 BGB). Dagegen wird das Widerspruchsrecht des Mieters (Arbeitnehmers) gegen die Kündigung ausgeschlossen, wenn eine funktionsgebundene Werkwohnung zugunsten des Nachfolgers am Arbeitsplatz gekündigt wurde oder wenn der Mieter von sich aus gekündigt hat, ohne daß der Arbeitgeber hierzu einen Anlaß gab. Dasselbe gilt, wenn der Mieter (Arbeitnehmer) durch sein Verhalten dem Vermieter (Arbeitgeber) eine gesetzlich begründete Ursache zur Kündigung bot (§ 565d Abs. 3 BGB). In diesen Fällen kann sich der Mieter weder auf die Anwendung der Sozialklausel nach § 556a BGB berufen noch eine Fortsetzung des Mietverhältnisses gemäß § 556b BGB verlangen.

→ Dienstwohnungen; Sozialklausel.

Wohnfläche
→ Mieterhöhung.

Wohngemeinschaft
Rechtsgrundlagen: §§ 535, 549 Abs. 2, 741 ff. BGB
Bewohnen mehrere Einzelpersonen gleichen oder verschiedenen Geschlechts die Mietwohnung, ohne durch Ehe oder Verwandtschaft verbunden zu sein, spricht man von einer *Wohngemeinschaft*. Über die juristisch mitunter recht komplizierte Konstruk-

tion derartiger Gemeinschaften bestehen bei den Gerichten unterschiedliche Rechtsauffassungen. Häufig treffen die Mitglieder von Wohngemeinschaften über die rechtliche Ausgestaltung des sogenannten *Innenverhältnisses* keine schriftlichen Vereinbarungen. Werden die Wohnräume dennoch gemeinschaftlich benutzt, gemeinsam die Mieten bezahlt und die Räume renoviert, kann es sich um eine *Gemeinschaft nach Bruchteilen* im Sinne der §§ 741 ff. BGB handeln. Die Verwaltung des gemeinschaftlichen Besitzgutes (Mietwohnung) obliegt in diesem Fall sämtlichen Mitgliedern gemeinsam. Daraus folgt, daß die Auflösung einer solchen Wohnungsgemeinschaft nicht nach den Vorschriften des Mietrechts, sondern den Bestimmungen des Gemeinschaftsrechts zu erfolgen hat (LG Heidelberg WM 77, 31).

Um Streit und Ärger mit dem Hauswirt zu vermeiden, sollte die Wohngemeinschaft zunächst im *Innenverhältnis,* also untereinander, klären, wie die Rechtsbeziehungen zum Vermieter auszugestalten sind. Dabei gibt es 3 Möglichkeiten. Der Abschluß des Mietvertrages kann in der Weise erfolgen, daß entweder nur ein Mitglied, mehrere Mitglieder oder auch sämtliche Wohngemeinschafter die Räume anmieten. Unterschreibt nur ein Angehöriger der Gemeinschaft den Mietvertrag, so ist dieser als *Hauptmieter* allein für die Mietzahlung verantwortlich. Die übrigen Mitglieder gelten sodann als Untermieter des Hauptmieters. Unterschreiben dagegen alle Wohngemeinschafter den Vertrag, so haftet jeder einzelne dem Vermieter gegenüber für die Mietzinszahlung und für Schäden an der Wohnung.

Bei Vermietung von Wohnraum insbesondere an eine *studentische Wohngemeinschaft* ist stets damit zu rechnen, daß einzelne Mieter aus der Gemeinschaft ausscheiden, da Studenten häufig ihren Studienplatz wechseln oder nach Beendigung des Studiums ausziehen wollen. Außerdem haben Studenten häufig ein zwingendes Interesse daran, für eine relativ teure Wohnung durch Umlage des Mietzinses auf mehrere Personen eine für den einzelnen tragbare Miete zu erzielen. Bei Vorliegen solcher Gründe ist die Wohngemeinschaft regelmäßig darauf angewiesen, die Zahl der Mieter auf gleicher Höhe zu halten. Das Ausscheiden von Wohngemeinschaftsmitgliedern durch Wegzug und das Eintreten neuer Ver-

tragspartner an deren Stelle ist jedoch ohne einverständliche Mitwirkung des Vermieters unzulässig (LG Lübeck WM 85, 83).
Bei Vertragsabschluß sollte daher eine sogenannte *Nachfolge-* bzw. *Optionsklausel* mit dem Vermieter abgesprochen werden, die es bei Auszug einer oder mehrerer Personen den verbleibenden Mitgliedern der Wohngemeinschaft gestattet, Nachfolgemitglieder in die Wohngemeinschaft aufzunehmen (LG München I WM 82, 189).
Von den Vermietern wird dabei in der Regel verlangt, daß ihnen jeder Wechsel von Mitgliedern der Wohngemeinschaft angezeigt und die vertraglich festgelegte Gesamtzahl der Wohngemeinschafter nicht überschritten wird (LG Karlsruhe WM 85, 83). In diesem Fall bildet selbst ein häufiger Mitgliederwechsel keinen Grund für eine außerordentliche Kündigung des Mietvertrags (AG Braunschweig WM 82, 190).
Ferner wird der Vermieter in der Nachfolgeklausel regelmäßig verlangen, daß der Mitgliederwechsel nur erfolgen darf, wenn von ihm *keine Einwendungen* gegen den oder die neuen Mieter erhoben werden. Diese Einwendungen sind allerdings nur stichhaltig, wenn sie auf sachlichen und in der Person des Mietnachfolgers liegenden Gründen beruhen (LG Hannover WM 78, 165). Als sachliche Gründe gelten lediglich Zahlungsunfähigkeit oder Zahlungsunwilligkeit, nicht jedoch die Art der Kleidung, des Auftretens oder die politische Gesinnung des neuen Gemeinschafters.
Die *Bemessung des Mietentgelts* bei Überlassung von Wohnraum an eine Wohngemeinschaft richtet sich nach dem ortsüblichen Mietpreis für vergleichbare Wohnungen innerhalb der Wohnsitzgemeinde. Maßgebende Kriterien sind dabei die Größe, die Ausstattung, die Beschaffenheit und die Lage der Wohnung sowie die vom Vermieter erbrachten Nebenleistungen (§ 5 Abs. 1 WiStG; § 2 Abs. 1 Nr. 2 MHG). Besondere durch den Wohnungsmieter begründete Umstände, wie etwa Überbelegung, stärkere Gebrauchsabnutzung oder ein unverhältnismäßig häufiger Mieterwechsel, dürfen bei der Mietfestlegung im allgemeinen nicht berücksichtigt werden. Insoweit scheidet auch ein *Pauschalzuschlag* auf die ortsübliche Vergleichsmiete aus, wenn an eine Wohngemeinschaft vermietet werden soll. Je nach den Umständen des Einzelfalls kann jedoch

ein Mietzuschlag gerechtfertigt sein, so etwa wegen übermäßiger Abnutzung der Mietsache (OLG Hamm WM 83, 108 - RE).
Wird die Wohnung zunächst nur von einer Person angemietet, die später durch Begründung von *Untermietverhältnissen* eine Wohngemeinschaft einrichten will, so ist § 549 Abs. 2 Satz 1 BGB zu beachten. Diese Vorschrift besagt, daß der Mieter bei Vorliegen eines *berechtigten Interesses* an der Untervermietung eines Teils der Wohnräume vom Vermieter die Erlaubnis hierzu verlangen kann. Die Annahme eines berechtigten Interesses setzt allerdings eine Darlegung und gegebenenfalls auch richterliche Nachprüfung der Gründe voraus (BGH WM 85, 7).
Ein berechtigtes Interesse an der Aufnahme von Dritten in die Mietwohnung wird von der Rechtsprechung schon dann zugestanden, wenn der Mieter im Rahmen seiner Lebensgestaltung aus persönlichen oder wirtschaftlichen Motiven mit dem oder den Dritten eine Wohngemeinschaft gründen will (OLG Hamm WM 82, 318 - RE).
Die Belange des Vermieters sind dabei nur unter dem Gesichtspunkt der *Zumutbarkeit* nach obiger Vorschrift geschützt. Das heißt: Ein berechtigtes Interesse an der Untervermietung wird dem Mieter nur dann nicht zuerkannt, wenn der Vermieter in der Person des oder der aufzunehmenden Dritten wichtige Versagungsgründe geltend machen kann. Dasselbe trifft zu, wenn der angemietete Wohnraum durch eine Aufnahme Dritter übermäßig belegt würde oder dem Vermieter aus sonstigen sachlichen Gründen die Überlassung von Wohnraum nicht zugemutet werden kann (AG Hamburg WM 85, 87).
Will der Vermieter das Mietverhältnis mit einer Wohngemeinschaft aus berechtigten Gründen *aufkündigen,* und besteht die Gemeinschaft nur aus Hauptmietern, so kann auch nur gegenüber allen Wohngemeinschaftsangehörigen wirksam gekündigt werden. Der Vermieter muß also jedem einzelnen Mitglied ein Kündigungsschreiben zustellen (LG Freiburg WM 85, 86). Umgekehrt ist eine Mietvertragskündigung durch die Wohngemeinschaft, wenn auf der Mieterseite mehrere Personen beteiligt sind, nur durch alle Beteiligten (Hauptmieter) gegenüber dem Vermieter zulässig.
Im übrigen haben die Angehörigen einer Wohngemeinschaft

grundsätzlich das Recht, bei Ausscheiden einzelner Mitglieder den dadurch freiwerdenden Wohnraum an Nachfolgepartner unterzuvermieten (AG Freiburg WM 85, 84). *Kündigt* bei Untervermietung an mehrere Personen der einzige Hauptmieter, ohne daß eine Nachfolgeklausel im Mietvertrag vereinbart wurde, sind gleichzeitig auch die Untermietverhältnisse beendet; sie teilen das Schicksal des Hauptmietvertrages. Somit müssen auch die anderen Gemeinschaftsmitglieder ausziehen (AG Hamburg WM 79, 28).
Oft besteht jedoch Interesse daran, das Mietverhältnis mit den übrigen Personen fortzusetzen. Diese Möglichkeit kann entweder durch ein schriftlich vereinbartes Optionsrecht (Nachfolgeklausel) sichergestellt werden, welches dem oder den Untermieter(n) das Recht zur Fortsetzung des Mietverhältnisses einräumt, oder es kommt eine Vereinbarung mit dem Vermieter dahingehend zustande, den Mietvertrag zu gleichen Bedingungen mit einem neuen Hauptmieter weiterzuführen.
→ Untermiete.

Wohnrecht
→ Dingliches Wohnrecht.

Zahlungsverzug
Rechtsgrundlage: § 554 BGB
Der Vermieter kann das Wohnungsmietverhältnis ohne Einhaltung einer Kündigungsfrist – also *fristlos* – aufkündigen, wenn der Mieter mit seinen Zahlungen *erheblich in Rückstand* gerät (§ 554 BGB). Die Ausübung des Kündigungsrechts ist allerdings an bestimmte Voraussetzungen gebunden. So rechtfertigt Absatz 1 des § 554 BGB eine ristlose Kündigung nur dann, wenn der Mieter
1. für *2 aufeinanderfolgende Zahlungstermine* mit der Entrichtung der Miete oder eines erheblichen Anteilbetrages der Miete in Verzug gerät oder
2. in einem Zeitraum von mehr als 2 Zahlungsterminen mit einem Gesamtbetrag in Verzug kommt, der die Summe von *2 Monatsmieten* erreicht.

Bei Wohnraummieten gilt zusätzlich, daß ein teilweiser Mietrückstand im Sinne von Nr. 1 dann erheblich ist, wenn er den Betrag einer Monatsmiete übersteigt. Das gilt allerdings nicht für Wohnräume, die nur zu vorübergehendem Gebrauch vermietet wurden. Hat der Mieter noch *vor Empfang* des Kündigungsschreibens die Vermieterforderungen befriedigt, kommt eine fristlose Kündigung nicht in Betracht. Die Kündigung wird ferner unwirksam, wenn sich der Mieter durch *Aufrechnung* mit berechtigten Gegenforderungen von seiner Mietschuld befreien kann. Die Aufrechnung muß allerdings unverzüglich, das heißt ohne schuldhafte Verzögerung (§ 121 BGB) nach Zugang der Kündigung dem Vermieter gegenüber erklärt werden (§ 554 Abs. 1 Satz 2 BGB). Der Aufrechnungsbetrag hat außerdem den Mietrückstand in voller Höhe auszugleichen; die Aufrechnung eines Teilbetrages der Mietschuld genügt also nicht.

Eine fristlose Wohnraumkündigung wegen Zahlungsverzug kann auch dadurch nichtig werden, daß der Mieter bis zum *Ablauf eines Monats* nach Eintritt der Rechtshängigkeit (Klageerhebung) eines Räumungsanspruchs (§ 261 ZPO) die rückständige Miete oder fällige Nutzungsentschädigung (§ 557 Abs. 1 Satz 1 BGB) in voller Höhe ausgleicht. Anstelle der Mieterleistung kann auch die Erklärung einer *öffentlichen Stelle* (z. B. Sozialhilfeamt) treten, die sich gegenüber dem Vermieter zur Bezahlung der Mietrückstände verpflichtet. Die Möglichkeit einer nachträglichen Beseitigung der Kündigungsfolgen bleibt jedoch dem Schuldner versagt, wenn er innerhalb der letzten 2 Jahre schon einmal eine an sich wirksame Kündigung wegen Zahlungsverzugs nach Klageerhebung abgewehrt hat. Damit soll vermieden werden, daß der Mieter die Schutzvorschrift des § 554 Abs. 2 Nr. 2 BGB zum wiederholten Male für sich ausnützt (KG WM 84, 93 – RE). Im übrigen ist eine zum Nachteil des Mieters abweichende Vereinbarung unwirksam (§ 554 Abs. 2 Nr. 3 BGB).

Zahlungsverzug des Mieters tritt nur dann ein, wenn der Mieter die verspätete Zahlung *verschuldet* hat (§ 285 BGB). *Zahlungsunfähigkeit* schließt den Verzug nicht aus, selbst wenn der Vermieter unverschuldet in eine Notsituation geriet, so z. B. durch Arbeitslosigkeit, Krankheit, Diebstahl und dergleichen (§ 279 BGB). Verzögerungen bei Überweisung oder Abbuchung der Miete von Bank- oder Postgirokonten hat der Mieter nicht zu vertreten, wenn der Zahlungs-,

Überweisungs- oder Abbuchungsauftrag *rechtzeitig* erteilt wurde. Für die Rechtzeitigkeit ist also nicht der Zeitpunkt maßgebend, an dem der gezahlte Betrag auf dem Konto des Vermieters eingeht. Von seiner Zahlungspflicht wird der Mieter allerdings erst dann befreit, wenn die Gutschrift des überwiesenen Geldbetrages auf dem Vermieterkonto tatsächlich erfolgt ist. Der Mieter trägt in jedem Fall Risiko und Kosten der Übermittlung seiner Zahlungen an den Empfänger. Somit ist er auch für die rechtzeitig erfolgte Zahlung oder Erteilung eines Überweisungsauftrages beweispflichtig (§§ 282, 285 BGB).

Befindet sich der Mieter in einem *unverschuldeten Irrtum,* ob er überhaupt noch Miete schuldig ist, bzw. erstreckt sich der entschuldbare Irrtum auf die Höhe oder den Fälligkeitstermin der Miete, so darf der Vermieter den Mietvertrag nicht fristlos kündigen (AG Charlottenburg WM 77, 101).

Hat der Mieter über lange Zeit hinweg seinen Mietzins ordnungsgemäß bezahlt, so muß der Vermieter im Falle eines einmaligen Zahlungsrückstands den Mieter zunächst *abmahnen,* ehe er einen Rechtsanwalt mit der Vertretung seiner Interessen beauftragt. Der Vermieter bekommt ansonsten seine Anwaltskosten nicht ersetzt, wenn der Mieter umgehend nach Erhalt der Mahnung den Zahlungsrückstand ausgleicht (LG Mannheim WM 76, 28).

Eine fristlose Mietkündigung kommt auch dann nicht ohne weiteres in Frage, wenn der Vermieter eine dauernde *Zahlungsunpünktlichkeit* des Mieters längere Zeit widerspruchslos hingenommen hat. Der Vermieter muß nach seiner Willensänderung den säumigen Mieter erst einmal abmahnen und ihm unmißverständlich zu verstehen geben, daß er in Zukunft eine pünktliche Mietzahlung erwarte. Nur wenn der Mieter auf die Abmahnung nicht reagiert und die Miete weiterhin verspätet zahlt, kann ihm fristlos gekündigt werden.

In Rechtsprechung und juristischer Literatur werden nach vorherrschender Meinung die *Nebenkostenvorauszahlungen* des Mieters als Entgelt für die Gebrauchsüberlassung und damit als Bestandteil des Mietzinses angesehen. Die Zulässigkeit fristloser Kündigungen nach § 554 BGB erfaßt somit auch den Zahlungsverzug hinsichtlich der Nebenkostenpauschalen. Dagegen sind die *Nach-*

forderungen aus der jährlichen Nebenkostenabrechnung des Vermieters kein Mietzins im Sinne von § 554 BGB. Kommt der Mieter mit der Begleichung solcher Nachzahlungen in Verzug, kann ihm demzufolge der Vermieter nicht fristlos kündigen (OLG Koblenz WM 84, 269 - RE).

Dagegen vertritt das Landgericht Köln (WM 85, 131) die Auffassung, daß bei erheblichen Nebenkostennachforderungen eine schuldhafte Pflichtverletzung des Mieters vorliege und damit eine fristlose Kündigung nach § 554a BGB gerechtfertigt sei.

→ Betriebskosten; Fristlose Kündigung.

Zeitmietvertrag
Rechtsgrundlagen: §§ 556a, 556b, 564c Abs. 2 BGB

Durch Einführung des neuen § 564c Abs. 2 BGB besteht seit 1. 1. 1983 die Möglichkeit, befristete Mietverhältnisse in der Sonderform eines *Zeitmietvertrages* einzugehen. Dabei ist im wesentlichen folgendes zu beachten: Die vereinbarte Laufzeit des Mietvertrages darf *nicht mehr als 5 Jahre* betragen. Zwar ist der Abschluß befristeter Mietverträge gemäß § 564c Abs. 1 BGB auch nach der Neuregelung des Mietrechts auf einen längeren Zeitraum als 5 Jahre zulässig, doch unterliegt das Mietverhältnis dann nicht mehr der Sonderregelung von Absatz 2 für den Zeitmietvertrag.

In einem Zeitmietvertrag muß weiterhin schriftlich festgelegt werden, daß nach Ablauf der befristeten Vertragsdauer der Vermieter ein *besonderes Interesse* daran hat, über die Wohnung frei verfügen zu können, und zwar aus zwei alternativen Gründen: entweder zur Eigennutzung für sich selbst bzw. für seine Familien- oder sonstige Haushaltsangehörigen oder für eine beabsichtigte Wohnungsmodernisierung. Die jeweils beabsichtigte spätere Verwendung der Mieträume ist dem Mieter schon bei Vertragsschluß im Mietvertrag bekanntzugeben. Außerdem muß der Vermieter dem Mieter *3 Monate* vor Ablauf der vereinbarten Mietzeit schriftlich mitteilen, daß die ursprüngliche Verwendungsabsicht noch besteht. Unterläßt der Vermieter die nochmalige Bestätigung des Verwendungszwecks, so kann der Mieter davon ausgehen, daß die Vorschriften über den Zeitmietvertrag nicht zur Anwendung kommen. Es gelten somit die allgemeinen Regeln über befristete Mietverträge nach § 564c Abs. 1 BGB; sie haben zur Folge, daß die Einschränkungen von Absatz 2 wegfallen und demnach eine unbefristete Fortsetzung des Mietvertrages zulässig ist.

Verzögert sich die vom Vermieter beabsichtigte Verwendung der Mieträume *ohne sein Verschulden,* kann der Mieter verlangen, daß die ursprünglich vorgesehene Mietdauer um einen entsprechenden Zeitraum verlängert wird. Überschreitet das verlängerte Mietverhältnis den Zeitraum von 5 Jahren, ist eine Fortsetzung des Mietverhältnisses auch auf unbestimmte Zeit möglich. Entfällt dagegen die Nutzungsabsicht erst *nach* Bekanntgabe der 2. Bestätigung, muß der Mieter umgehend benachrichtigt werden, ansonsten macht sich der Vermieter schadenersatzpflichtig.

Im Fall der beabsichtigten *Eigennutzung der Wohnung* durch den Vermieter, seine Familienangehörigen oder andere zum Haushalt zählende Personen (§ 564c Abs. 2 Nr. 2a BGB) genügt – im Gegensatz zum Tatbestand des Eigenbedarfs gemäß § 564b Abs. 2 Nr. 2 BGB – der erklärte Wille des Vermieters, die Wohnung im genannten Sinne zu nutzen. Eine Prüfung des wirklichen Nutzungsbedarfs wird nicht vorgenommen. Will der Vermieter die frei gewordene Wohnung nicht persönlich nutzen, so muß das Verwandtschafts- oder Beziehungsverhältnis der künftig nutzungsberechtigten Person in der Mitteilung so genau bezeichnet werden, daß der Mieter nachprüfen kann, ob der Benannte zu der vom Gesetz begünstigten Personengruppe gehört.

Als *Modernisierungsmaßnahme* im Sinne von § 564c Abs. 2 Nr. 2b BGB gelten nur Bauvorhaben größeren Umfangs, wie etwa Abriß, Umbau oder umfangreiche Instandsetzungsarbeiten in der Mietwohnung, also Maßnahmen, die durch eine Fortsetzung des Mietverhältnisses erheblich erschwert würden.

Sind alle Voraussetzungen für eine Anwendung des Zeitmietvertrages in der seit 1. 1. 1983 wirksamen Fassung gegeben, kann der Mieter nach Ablauf der vereinbarten Mietzeit *keine Verlängerung* des Mietverhältnisses im Sinne von Absatz 1 des § 564c BGB verlangen. Er kann sich auch *nicht* auf den *gesetzlichen Kündigungsschutz* der Sozialklausel (§§ 556a, 556b BGB) berufen; kurzum, der Mieter muß spätestens zum Ablauftag des Mietvertrages ausziehen. Bei Zeitmietverträgen ist den Gerichten außerdem versagt,

die übliche *Räumungsfrist* zu gewähren (§§ 721, 794a ZPO). Nur in besonderen Härtefällen kann dem Mieter hinsichtlich der Räumung *Vollstreckungsschutz* (§ 765a ZPO) eingeräumt werden.
→ Mietvertrag; Räumungsfrist; Sozialklausel.

Zentralheizung
→ Betriebskosten.

Zinserhöhungen, Zinssenkungen
→ Kapitalkostenerhöhung.

Zweckentfremdung von Wohnraum
Rechtsgrundlagen: § 12 WoBindG; Artikel 6 §§ 1 und 2 MietR VerbG
Eine für Wohnzwecke angemietete Wohnung wird ihrem Zweck entfremdet, wenn der Mieter die Art der Nutzung ändert und die Räume ausschließlich für *gewerbliche Zwecke* verwendet, so etwa als Geschäfts- oder Büroräume, zur dauernden gewerblichen Zimmervermietung, zur Fremdenbeherbergung, zur Einrichtung von Schlafstellen für Gastarbeiter, als Bordell und dergleichen (Art. 6 § 1 MietRVerbG). Auch die Umwandlung von Appartementwohnungen eines Wohnheims in ein Hotel ist der Zweckentfremdung von Wohnraum gleichzusetzen (OVG Bremen WM 83, 172).
Begrifflich gelten Räume nur dann als Wohnraum, wenn sie nach den mietvertraglichen Vereinbarungen zum Wohnen bestimmt sind; auf die konkrete Eignung für Wohnzwecke kommt es dabei nicht an.
Das *Zweckentfremdungsverbot* des Mietrechtsverbesserungsgesetzes (MietRVerbG) greift jedoch nicht, wenn Wohnräume in Nebenräume umgewandelt werden, so etwa in Badezimmer. Dasselbe gilt bei privater Nutzung von Wohnräumen für kulturelle, wissenschaftliche oder handwerkliche Zwecke. So kann der Mieter z. B. einzelne Wohnräume zur Durchführung wissenschaftlicher Arbeiten für seine Habilitation benutzen, ohne gegen Artikel 6 MietRVerbG zu verstoßen (BayObLG WM 82, 142). Ferner liegt eine Zweckentfremdung von Wohnraum nicht vor, wenn zwar die gewerbliche Nutzung des Raumes überwiegt, dieser aber nach wie

vor gleichzeitig bewohnt wird (BayObLG WM 82, 219). Es kommt also nicht auf den Umfang der gewerblichen Nutzung an, sondern darauf, daß die Wohnung *ausschließlich* für fremde Zwecke verwendet wird.

Ist die Versorgung der Bevölkerung mit ausreichendem Wohnraum zu angemessenen Bedingungen in bestimmten Gebieten besonders gefährdet, so etwa in den Ballungszentren der Großstädte, können die Landesregierungen durch *Rechtsverordnung* bestimmen, daß eine Zweckumwandlung von Wohnraum genehmigungspflichtig wird. Eine besondere Gefährdung der Wohnraumversorgung ist beispielsweise dann anzunehmen, wenn ein durch Bestandszählung ermittelter Wohnungsbedarf besteht, der aus dem vorhandenen Bestand heraus selbst nicht mehr gedeckt werden kann. Es muß also ein Ungleichgewicht zwischen Angebot und Nachfrage auf dem örtlichen Wohnungsmarkt bestehen (Hessischer VGH WM 81, 157).

Die *Genehmigung* der Verwaltungsbehörde kann auch befristet, bedingt oder unter bestimmten Auflagen erteilt werden, so insbesondere mit der Verpflichtung zu Ausgleichszahlungen in angemessener Höhe. Erlischt die Genehmigung, so muß der Raum wieder Wohnzwecken zugeführt werden (Akt. 6 § 1 Abs. 1 und 2 MietRVerbG).

Wer ohne die erforderliche Genehmigung Wohnräume zweckentfremdend benutzt, handelt *ordnungswidrig*. Nach Artikel 6 § 2 des Gesetzes kann die Ordnungswidrigkeit mit einer *Geldbuße* bis zu DM 20 000,- geahndet werden.

Auf die Genehmigung der Wohnraumzweckentfremdung besteht im übrigen kein *Rechtsanspruch*. Die behördliche Erlaubnis kann also auch versagt werden. Das ist regelmäßig der Fall, wenn die öffentlichen Interessen an einer Erhaltung der vorhandenen Wohnungsbestände auf dem Spiel stehen bzw. überwiegen. Andererseits wäre die Verweigerung etwa einer *Abrißgenehmigung* von Wohnraum dann unzumutbar, wenn der Wohnungseigentümer erhebliche Kosten investieren müßte, um das abbruchreife Gebäude zu erhalten. Eine Abrißgenehmigung ist vor allem zu gewähren, wenn der Eigentümer sich verpflichtet, an Stelle des abzubrechenden Gebäudes einen qualitativ und quantitativ mindestens

218 Zweckentfremdung von Wohnraum

gleichwertige Wohnungsneubau zu errichten (BVerwG WM 85, 378).
Bauliche Veränderungen und Modernisierungen gelten nicht als Zweckentfremdung, sofern die Wohnungen keine derartigen Veränderungen erleiden, daß sie zum Bewohnen nicht mehr geeignet sind. Eine Zweckentfremdung kann jedoch angenommen werden, falls das Wohngebäude absichtlich über längere Zeit *leer stehen* bleibt oder wenn es abgerissen wird, ohne daß der Grundstückseigentümer einen Neubau errichtet (BVerwG WM 80, 151).
Hat die Verwaltungsbehörde die vom Vermieter beantragte Nutzungsänderung der Mietwohnung genehmigt oder einem Abbruch des Wohngebäudes zugestimmt, hat der Vermieter das Recht, auch das bestehende Wohnungsmietverhältnis zu *kündigen*. Der Mieter kann wiederum verlangen, daß ihm der Genehmigungsbescheid der Behörde vorgelegt wird. Bei Fehlen der Genehmigung ist der Vermieter nicht befugt, sich wegen der beabsichtigten Nutzungsänderung auf ein berechtigtes Kündigungsinteresse zu berufen.
→ Abbruch; Gewerbliche (berufliche) Nutzung von Wohnraum.

Sachregister

Abfindung, angemessene 19
Abflußrohrverstopfung 16f.
Abgase 92
Ablösung 19
Abmahnung 213
Abnutzung, außergewöhnliche 63
Abnutzung, normale 18
Abnutzung, übermäßige 177, 210
Abnutzung der Wohnräume 17f.
Abnutzungsschäden 17, 35
Abrechnungen, computergefertigte 49
Abrechnungszeiträume 49
Abriß 215
Abrißgenehmigung 217
Absperrungsmaßnahmen 59
Abstandssumme 178
Abstandszahlungen 18f.
Abtretung von Gehaltsansprüchen 81
Abwesenheit des Mieters 20f., 171
allgemeine Verkehrssicherungspflicht 29
Allgemeinzustand des Hauses 141
Alltagsgeräusche 118
Alter des Mieters 182
Anbringen von Dübeln 199
Änderung des Mietvertrages 21f.
Änderungsvertrag 131
Anfechtung des Mietvertrages 22ff.
Annahmeverzug 172
Anpassung von Mietspiegeln 141
Anpassungsvorbehalt 51
Anschrift, neue 32
Antennenanlagen 25f.
Antennenvertrag 25
Anzeigepflicht des Mieters 27ff.
Arbeitsgeräte zur Schneeräumung 173
Arbeitsleistung des Mieters 151
Arbeitszimmer, Nutzung als 70
Architektenhonorar 148
arglistige Täuschung 22ff.
Aufnahmerecht 61

Sachregister

Aufrechnung mit Gegenforderungen 212
Aufschubfrist 31
Aufwandersatz 83
Aufzug 29 f.
Ausländer 155
Außenanlagen, Pflege der 89
Außenjalousien 125
Außentüren 148
Ausstattung 157
Ausstattung der Wohnung 22, 137
Auszug, vorzeitiger 19
Auszug des Mieters 25, 30–34, 54, 63, 177
Auszugstermin 31
Autowaschen 34

Bad 35, 125, 178
Baden, Duschen 35 f.
Bagatellschäden 36 f., 101
Balkon 37, 121
Barkaution 106, 108
Bauarbeiten 64, 98, 146
Bauherrenmodell 196
Baulärm 120
Bauleitung 148
bauliche Mängel 176
bauliche Veränderung 33
bauliche Veränderungen 37 ff.
Baumaßnahmen 16, 133, 152
Bausparvertrag 124
Bausubstanz, mangelhafte 78
Bauzustand, schlechter 15
Beendigung des Mietverhältnisses 109

befristetes Mietverhältnis 39 f.
Beherbergung 20, 43
Belästigung durch Schmutz und Lärm 64, 149
Belästigungen 35, 40 f., 95
Bellen eines Hundes 118
Belüftung 77 f., 91, 122
Bemessung des Mietentgelts 209
Berechnungsverordnung 44, 46
Berufsmusiker 153
Beschaffenheit der Wohnung 137, 157
Besetzung eines Hauses 95
Besichtigung der Wohnräume 111
Besichtigungsrecht des Vermieters 41 f.
Besitzräumung 62
Besucher des Mieters 43 f.
Besuchsbeschränkungen 43
Besuchszeiten 42
Betreuung der Wohnung 20
Betriebsbedarf an Wohnraum 206
Betriebskosten 62, 104
Betriebskosten, erhöhte 129
Betriebskosten, verbrauchsbezogene 45
Betriebskosten – Vereinbarung und Umlage 45–48
Betriebskostenabrechnung 48–51

Betriebskostenpauschale 51f.
Betriebskostenumlage 30
Betriebskostenumlage –
  Verteilungsschlüssel 52f.
Betriebskostenvorauszahlung
  54–57
Betriebsrat 205
Beweissicherung 57f.
bezugsfertiger Zustand 34
Blindenhund 189
Blumengießen 37
Breitbandkabelnetz 26
Briefgeheimnis 59
Briefkasten 58f.
Büroarbeiten 92

computergefertigte Abrechnungen 49

Dachantenne 26, 124
Dachlawinen 59f.
Damenbesuch 43
Dekorationsschäden 79
Dienstwohnung 60
Dienstwohnungsvergütung
  60
dingliches Wohnrecht 61f.
Diskothek 117
Doppelvermietung 62f.
Drohung 22
Dübellöcher 63
Duldungspflicht des Mieters
  64f., 149
Dunstabzugshaube 124
Durchlauferhitzer 99, 101
Duschen, Baden 35f.
Duschkabine 124

Effektivzins 105
Ehegatten 129, 144, 190
Ehekrach 85, 94, 118
eidesstattliche Versicherung
  23, 143
Eigenbedarf 39, 66–71, 73f.,
  76
Eigenbedarfskündigung 68
Eigennutzung 216
Eigentumswohnanlage 103
Eigentumswohnung 71–74,
  196
Einfamilienhaus 189
Einkommens- und Vermögens-
  verhältnisse 24, 143
Einliegerwohnung 115, 197
Einrichtungen des Mieters
  33, 166
Einrichtungsgegenstände 100
Einrichtungsgegenstände des
  Vormieters 18
Einsichtnahme in die Neben-
  kostenunterlagen 50
Einsparung von Heiz-
  energie 64, 147
einstweilige Verfügung 42,
  161
Elektroinstallation, vorschrifts-
  widrige 38
Energiesparmaßnahme 135
Entschädigungsleistung f.
  Mieterinvestitionen 125
Erbbauzinsen 48
Erdgeschoßmieter 29
Erdgeschoßwohnung 174
Erhaltung der Mietsache 98
Erhöhungserklärung 56

Ersatzmieter 114, 201
Ersatzmieterklausel 153ff.
Ersatzwohnraum, angemessener 181
Ersatzwohnung 63
Erschließungsaufwand 135

Fachmann oder Fachbetrieb 179
Fahrstuhlkosten 82
Familienangehörige 74ff., 190
Familienangehörige des Vermieters 66, 76
Familienzusammenführung 44
Fenster, undichte 127
Fenstermodernisierung 57
Fernsehempfang 103
Fernsprechanschluß 76f.
Feuchtigkeit 77ff., 86, 91, 127
Finanzierungshilfen 146
Flächenmaßstab 53
Fluglärm 119
Formularmietvertrag 16f., 46, 79–84, 176f., 187, 195
formularvertragliche Abwälzung 175
Fortsetzung des Mietverhältnisses 16
Fremdkapitalkosten 104
fristlose Kündigung des Vermieters 145
Funksprechanlage 26

Garage 87f.
Garagenmiete, Erhöhung der 88
Garagenschlüssel 170
Gartenanlagen 88ff.
Gartenanlagen, Pflege der 90
Gartenbenutzung 89
Gartenpflege 45, 47
Gastherme 148
Gaststätte 117
Gebrauchswert, Verbesserung des 102
Gebrechlichkeit des Mieters 174
Gefahr, nicht vorhersehbare 27
Gefahrenabwehr 41, 94
Gefahrengemeinschaft 16f.
Gefahrenzustand 27
Geldabfindung 18
Gemeinschaftsantenne 25, 81, 100, 102f.
Gemeinschaftseinrichtungen 95, 198
Gemeinschaftsordnung 71
Gemeinschaftswaschküche 202, 204
Geräusche 35
Gerichtsvollzieher 161
Gerüche 92
Gesundheitsgefährdung 86, 90ff.
Gesundheitszustand des Mieters 22
Gewerbezuschlag 92
gewerbliche Nutzung 70, 92f., 199, 216
Grillen 37
Grundbuch 61, 73

Grundbuch, Einsicht in das 105
Grundmiete 129
Grundsteuer 44, 48
Gutachterkosten 126

Haftpflichtversicherungen 45
Härte 68, 82, 156, 181
Hauptmietverhältnis 72, 208
Hausbeleuchtung 45
Hausbesetzer 95
Hausfrieden, Störung des 85
Hausfriedensbruch 41, 44, 93ff., 170
Haushaltgeräte 124
Haushaltsangehörige 40
Hausmeistertätigkeit 48
Hausmeisterwohnung 206
Hausmüllschlucker 127
Hausmusik 152
Hausordnung 84, 95ff., 122, 171, 173f., 202
Hauspersonal 61
Hausrecht 43
Hausstandsangehörige 66
Haustierverbot, generelles 189
Hausverbot 44, 62, 94
Hausverwaltungskosten 48
Heimarbeit 92
Heirat 194f.
Heizkostenabrechnung 22, 48, 88, 110
Heizölabrechnung 32
Heizung 44, 65, 92, 168
Heizung, Ausfall der 128

Herausgabeanspruch 31
Hinweisschild 93
Hochhaus 193
Hofbefestigung 148
Hotelunterkunft 63, 151, 169
Hund 187

Individualvereinbarung 84
Informationspflicht des Vermieters 150
Inklusivmiete 131
Installationsmängel 17
Instandhaltung, (Instandsetzung) 15, 36, 98–101, 147
Instandhaltungsarbeiten 101, 134, 175
Instandhaltungspauschale 100f.
Instandsetzungsarbeiten 25, 134, 215
Instandsetzungskosten 99f.
Intimsphäre des Mieters 24
Irrtum 22f.
Isolierung der Außenwände 79
Isolierverglasung 79, 119, 125, 127, 135

Kabelfernsehen 26, 102ff.
Kaltmiete 45
Kanalbenutzung 45
Kapitalkostenerhöhung 104ff., 132
Katze 187
Kaution 106–111, 145
Keller 86

Kenntnis von Mängeln der Mietsache 111 ff.
Kindergeschrei 119
Klageänderung 140
Klauseln, mißbilligte 144
Klauseln zum Nachteil des Mieters 151
Klavierspiel 153
Kleingewerbebetrieb 92
Kleinreparaturen 36
Kleintiere 186, 188
Klingelknopf, zweiter 38
Kosten der Hausverwaltung 74
Kostenabrechnung, prüfungsgeeignete 50
Kostenquotelung 177
Kostenübernahme 36
Kostenumlage 150
Kostenumlage, erhöhte 52
Krankheit 200
Kreditkosten 106
Küchenmöbel 112
Kundenbesuche 93
Kundenparkplatz 60
Kündigung 75, 142, 145, 193, 209 ff., 218
Kündigung, außerordentliche 39
Kündigung, fristlose 38, 43, 84 ff., 94, 96, 117, 121, 145, 170, 183, 200, 212
Kündigung, vorzeitige 40
Kündigungsfristen 84, 113–116, 183, 186, 190, 206
Kündigungsgrund 15, 192

Kündigungsinteresse, berechtigtes 67
Kündigungsrecht, außerordentliches 35, 65, 136, 150 f.
Kündigungsrecht, Beschränkung des 185
Kündigungsschreiben 66, 115
Kündigungsschutz 60, 72, 87, 145, 191 f., 196 f., 207, 215
Kündigungsschutzprozeß 181
Kündigungsschutzrechte 72
Kündigungssperre 186

Lage der Wohnung 137, 157
Lärm 30, 91, 116–120, 127, 152
Lärmschutzeinrichtungen 119
Lastentransport 30
Laufzeit der Staffelmiete 185
Lebensgefährte 58, 75, 171, 194
Lebensgemeinschaft, nichteheliche 61
leerstehende Zimmer 70
Leuchtreklame 120
Luxusmodernisierung 149

Makler 24, 154
Maklergebühren 63
Malerarbeiten 148
Mängel der Mietsache 121 ff.
Mängelanzeige 27, 41
Mängelzustand 27
Mansardenwohnung 58
Mäuseplage 189

Mehrfamilienhaus 115
Mietaufhebungsvertrag 165, 202
Mietausfall 23
Miete, vorausentrichtete 191
Mieter, schwerkranker 182
Mieterdarlehen 134
Mieterhöhung 115, 131, 144, 184
Mieterkündigung 15
Mietermodernisierung 123 ff.
Miethöhengesetz 145
Mietkaution, s. Kaution
Mietkürzung,
  s. Mietminderung
Mietminderung 79, 112, 126 ff., 145, 202
Mietnachfolger 209
Mietpreiserhöhung 197
Mietpreiserhöhung nach Modernisierung 133-137
Mietpreiserhöhung n. d. Vergleichsmietensystem 128-132
Mietpreistabellen,
  s. Mietspiegel
Mietpreisüberhöhung 137 f.
Mieträume 168
Mietrechtsnachfolge 190
Mietrückstand 132, 211
Mietsachenmangel 28
Mietsachenmängel 57
Mietspiegel 129, 134, 138-142, 140, 177
Mietvertrag 128, 142-146, 173, 192
Mietvorauszahlung 134

Mietwerttabelle 138
Mietwucher,
  s. Mietpreisüberhöhung
Minderungsansprüche 113
Mischmietverhältnis 87
Miteigentümerschaft 74
Mittagsruhezeit 118
Möbelübernahmevertrag 19
Möbelunterstellung 63, 169
möbliertes Zimmer,
  s. a. Untermiete
Modernisierungsmaßnahmen 64, 86, 115, 126, 129, 132, 145-152, 215, 218
Modernisierungszuschlag 133
Müllabfuhr 45
Müllbox 148
mündliche Vertrags-
  änderung 21
Musikausübung 96, 152 f.
Mustermietvertrag 80

Nachfolge- bzw. Options-
  klausel 209
Nachfolgeklausel 211
Nachfolgemieter 19, 153-156, 176
Nachfolgemieterin 155
Nachschlüssel 94
Nachtruhe 117 f.
Nachzahlung 51, 54
Nachzahlungen 55 f.
Namensschild 58, 165
Nässe, s. a. Feuchtigkeit
Naturgarten 90

Nebenkosten 44–47, 54, 62, 110, 131
Nebenkosten, Aufschlüsselung von 55
Nebenkosten, verbrauchsabhängige 53
Nebenkostenabrechnung 49f.
Nebenkostennachforderung 214
Nebenkostenpauschale 51, 213
Nebenkostenvorauszahlung 52, 55, 213
Nebenpflichten des Mieters 96
Neubau 15
Neubau als Kündigungsgrund 15
Neubauwohnung 77, 79
nichteheliche Lebensgemeinschaft 61, 155
Notfall 20
Nutzung, gewerbliche 199, 216
Nutzungsentschädigung 31, 157f., 167, 172
Nutzungsvergütung 83
Nutzungsverhältnis 166

Obdachlosigkeit, drohende 162
Obhutspflichten des Mieters 17, 20, 27
Offenbarungseid 23
Offenbarungspflicht des Mieters 143

öffentliche Förderung 147
Öltankreinigung 100
ortsübliche Vergleichsmiete, s. Mietspiegel

Partys, s. Lärm
Personen- oder Lastenaufzug 45
Personenaufzug 29
persönliche Härte 162
Pfandrecht des Vermieters 159
Pflege der Gartenanlage 90
Pflegebedürftigkeit 68
Pflichtverletzung, schwerwiegende 200
Pflichtverletzung des Mieters 84f.
Plakate 199
Praxisschilder 33
Publikumsverkehr 93

Randalieren 94
Rasenfläche, Betreten der 89
Rauchen 199
Rauhfasertapete 33
Raumnutzungsverhältnis 157
Räumung, vorzeitige 201
Räumung der Wohnung 194
Räumungsanspruch 197
Räumungsaufschub 31, 162
Räumungsfrist 158, 167, 182, 216
Räumungsprozeß 184
Räumungsschutz 162
Räumungsverfahren 71
Reinigungsarbeiten 200

Reinigungskosten 16
Reinigungskosten der Räume vom Bauschmutz 151
Renovierung 18, 201
Reparaturen 99
Reparaturen, kleine 100
Reparaturkosten 16, 26, 37
Restmietzeit 156
Rohrleitungsverstopfung 17
Rolläden 148
Rückgabe der Mietwohnung 32, 164-167
Rückzahlung von Miete 145
Ruhestörung 117
Ruhezeiten 96, 152
Rundfunk- und Fernsehprogramme 25

Sachverständigengutachten 141
Sauna 125
Schadenersatzpflicht des Mieters 18, 23, 28, 167, 187
Schadenersatzpflicht des Vermieters 161, 167ff.
Schadenminderungspflicht 160
Schadensersatzansprüche 158
Schalldämmfenster 119
Schallschutzisolierung 117
Schimmelbefall 77, 91, 127
Schlußabrechnung 54
Schlüssel 165, 169-172
Schlüsselübergabe 169
Schlußrenovierung 32, 179
Schneebeseitigung 172ff.
Schneefanggitter 59

Schneeräumarbeiten 21, 96
Schönheitsreparaturen 18, 33, 62f., 82, 99, 101, 106, 109f., 166, 174-180, 200
Schornsteinfegergebühren 45
Schwitzwasser 121
Selbstauskunft des Mieters 24, 143
Selbsthilferecht des Mieters 168f.
Selbsthilferecht des Vermieters 160
Sicherheitsleistung 161
sittliche Bedenken 43
Sonderkündigungsrecht 158, 186
Sorgfaltspflicht 204
sozialer Härtefall, s.a. Härtefall
sozialer Wohnungsbau 19
Sozialhilfeamt 212
Sozialklausel 68, 163, 180-184, 191, 197, 207, 215
Sozialwohnung 19, 30, 56, 73, 93, 100f., 109, 175, 198
Sparverträge, prämienbegünstigte 124
Sperrvermerk 107
Staffelmiete 184ff.
Steckschloß 170
Stockflecken 79, 122
Straßen- und Hausreinigung 45
Straßenreinigung, s. Betriebskosten
Straßensperre, behördliche 60

Straßenverkehrslärm 119
Streumaterial 173
Streupflicht 172
Stromkosten 45
Studenten- und Jugendwohnheim 109
Studentenwohnheim 157
Studentenzimmer, s. Untermiete

Tanzbar 117
Teilkündigung 87
Telefon 76, 166
Teppichboden 178
Tierhaltung 96, 186-190
Tilgungsleistungen 104
Tod des Mieters 75, 190 ff.
Treppenhausreinigung 21, 96
Treppenhausrenovierung 81
Trockenheizen 79
Trockenraum 122, 202 f.
Türdrückeranlagen 148
Türdurchbruch 38
Türspion 192 f.

Überbelegung 75 f., 85, 144, 194 f., 209
Übernahmeverpflichtung 33
Überprüfung der Mieträume 112
Überschwemmungsschäden 128
Umbau 25, 126, 215
Umlage 34

Umlagemaßstab 52
Umlageschlüssel 49
Umwandlung in Eigentumswohnung 73
Umzug 30
Unbewohnbarkeit der Räume 149
Ungeziefer 45, 82, 91, 121, 168
Universalschlüssel 170
Unklarheiten im Mietvertrag 81
Unterbeheizung 81
Unterkunftsgewährung, vorübergehende 76
Unterlassungsanspruch gegen den Mieter 35, 199
Untermieter 31, 59, 165, 169, 193-197, 208
Untermietverhältnis 20, 43, 72, 210
Untermietvertrag 72
Untermietzuschlag 195, 197 f.
Untervermietung 145, 156, 199 f.
Untervermietung, berechtigte 195
Untervermietung, unerlaubte 196
unzumutbare Härte 146, 149 f.
Unzumutbarkeit 195
Urlaub 20

Verbesserung der Mietsache 65

Verbesserung der Mietwohnung 64
Verbindlichkeiten 191
verborgene Mängel 168
verbotene Eigenmacht 160
Verdienstausfall 169
Verfügung, einstweilige 42
Vergleichsmietensystem 129
Vergleichsmiete, ortsübliche 22, 35, 106, 129f., 134, 138, 140, 157f., 184f.
Verhalten, treuwidriges 70
Verheiratung 23
Verjährung von Nebenkostenforderungen 51
Verkehrssicherungspflicht 29, 41, 59, 75, 98, 173
Verlust eines Schlüssels 171
Verlust eines Wohnraums 149
Vermieterpfandrecht 18, 159, 161
Vermieterwechsel 23
Vermietungsgesellschaft 72
Vermögensverhältnisse 24
Vermögensverwaltungskosten 48
Versammlungen 44
Verteilungsschlüssel 52f.
Vertragsabreden, individuelle 81
Vertragsänderung, mündliche 21
Vertragsende als Kündigungsgrund 15
Vertragsklausel, mehrdeutige 81
Vertragsklausel, überraschende und versteckte 80, 83
vertragswidriger Gebrauch der Mietsache 199
Vertrauenswürdigkeit 22
Verwahrlosung 179
Verwertung, angemessene wirtschaftliche 15
Verzugszinsen 132
Vogelgezwitscher 118
Vollstreckungsschutz 164, 216
Vorauszahlung, s. Mietvertrag
Vorauszahlungen, Angemessenheit der 55
Vorschußzahlung 54, 56
vorzeitiger Auszug 200ff.

Wandfliesen, Anbohren der 63
Wärmebedarfsrechnung 65
Wärmemeßdienstfirma 49
Wärmemesser, s. Betriebskostenabrechnung
Wärmemeßgeräte 48
Warmwasserversorgung 44, 127
Wartungsvertrag 26
Waschen von Wäsche 36
Wäschetrockenplan 97
Wäschetrocknen 89
Waschküche 202f.
Waschküchenbenutzung 97, 127
Waschmaschine 203ff.
Waschmaschinenanschluß, Fehlen des 204
Wasser im Keller 78

Wassergeld, s. Betriebskosten
Wasserkosten 34, 44f.
Wasserschaden 127, 203
Wasserverbrauchskosten 53
Wechsel des Vermieters 110
Wegereinigungspflicht 172
Werkmietwohnung 60, 205ff.
Wesentlichkeitsgrenze 106
widerrechtliche Drohung 23
Widerruf, einseitig 188
Widerspruchsrecht 183
Wohnbedarf, erhöhter 15
Wohnberechtigung 46
Wohnbesichtigung 41
Wohndauer 182
Wohnfläche 123
Wohngeld 150
Wohngeldstatistik 138
Wohngemeinschaft 31, 40, 73, 75, 196, 207–211
Wohnlage 141
Wohnraum, funktionsgebundener 206
Wohnraum, öffentlich geförderter 47
Wohnrecht
s. dingliches Wohnrecht
Wohnungen, leerstehende 53
Wohnungsbau, sozialer 19
Wohnungsschlüssel 114
Wohnungseigentümer 71
Wohnungseigentümerversammlung 71
Wohnungsfürsorgemittel 109
Wohnungsmangel 123, 168
Wohnungsmodernisierung 214
Wohnungsschlüssel 20
Wohnungstausch 115
Wohnungszustand 57
Wohnwert 139
Wohnwertverbesserung 102, 148f.
Wohnungsausstattung 141
Wohnungsbesichtigung 74
Wohnungsreallast 61
Wohnungsrecht,
s. dingliches Wohnrecht
Wuchergrenze 134, 137

Zählermiete 44, 48
Zahlungsfähigkeit 22
Zahlungsfähigkeit des Mietrechtsnachfolgers 191
Zahlungsrückstand, einmaliger 213
Zahlungsunfähigkeit 209, 213
Zahlungsunwilligkeit 209
Zahlungsverzug 132, 211–214
Zeitmietvertrag 15, 183, 214ff.
Zentralheizung,
s. Betriebskosten
Zentralheizungsanlage 148
Zentralschlüsselanlage 171
Ziergärten 89
Zimmer, möbliertes 183
Zinserhöhung, -senkung
s. Kapitalkosten
Zinspflicht 109
Zinsverbilligung 106
Zugangsfiktion 83

Sachregister 231

Zumutbarkeit 210
Zurückbehaltungsrecht 50
Zustand, ordnungsgemäßer 166, 200
Zustimmungsklausel 187
Zutrittsrecht 41f.
Zwangsvollstreckung 162
Zweckentfremdungsgenehmigung 15
Zweckentfremdungsverbot 93, 216
Zweitschlüssel 170
Zwischenmieter 72
Zwischenumzug 182
Zwischenwand 38

Starkes Selbstvertrauen für eine erfolgreiche Bewerbung.	Was meint der Arbeitgeber wirklich?	Der Selbständige ist sein eigener Herr.	Partner gewinnen. Partner überzeugen.
Heiner Kurt Wülfrath **Sich erfolgreich bewerben und vorstellen** Ein praktischer Ratgeber für Stellensuchende ECON Praxis	**Manfred Lucas** **Arbeitszeugnisse richtig deuten**  ECON Praxis	**Edgar Forster** **Sich selbständig machen – gewußt wie**  ECON Praxis	**Harry Holzheu** **Gesprächspartner bewußt für sich gewinnen**  Psychologie und Technik des partnerorientierten Verhaltens ECON Praxis

Wülfrath, Heiner Kurt
Sich erfolgreich bewerben und vorstellen
– Ein praktischer Ratgeber für Stellensuchende –
Originalausgabe, 90 S.
5,80 DM
ISBN 3-612-21004-1
ETB 21004

Lucas, Manfred
Arbeitszeugnisse richtig deuten
Originalausgabe
128 Seiten
8,80 DM
ISBN 3-612-21016-5
ETB 21016

Forster, Edgar A.
Sich selbständig machen – gewußt wie
Originalausgabe
192 Seiten
9,80 DM
ISBN 3-612-21001-7
ETB 21001

Holzheu, Harry
Gesprächspartner bewußt für sich gewinnen.
– Psychologie und Technik des partnerorientierten Verhaltens
Originalausgabe
192 Seiten
8,80 DM
ISBN 3-612-21003-3
ETB 21003

Das Buch
Mit steigender Zahl der Arbeitslosen wird auch die Konkurrenz unter den Stellensuchenden größer. Die Chancen des einzelnen nehmen mit der effizienten schriftlichen und mündlichen Form einer Bewerbung zu. In systematischer Abfolge erfährt der Leser, wo er die meisten Stellenanzeigen findet, wie er Anzeigen analysiert, welche Bewerbungsformen es gibt, welche am vorteilhaftesten sind, welches Bewerbungsmaterial er benötigt, wie er die schriftliche Bewerbung aufbaut und formuliert, wie man sich auf ein Vorstellungsgespräch vorbereitet, wie man Gehaltsverhandlungen führt und was man beim Vertragsabschluß berücksichtigen muß.

Der Autor
Heiner K. Wülfrath ist Exportleiter. Er hat sich viele Jahre intensiv mit der Auswertung von Bewerbungen und der Personalauswahl beschäftigt.

Das Buch
Man erhält ein Zeugnis, aber was bedeuten eigentlich die verschiedenen Formulierungen? Was heißt „Zu unserer vollsten Zufriedenheit" oder „Der Mitarbeiter hat sich um den Betrieb verdient gemacht"? Dieses Buch gibt auf alle Fragen ausführliche Antwort.

Aus dem Inhalt
Rechtliche Grundlagen · Bedeutung des Zeugnisses · Haftung des Arbeitgebers · Zeugnisse bei der Vorstellung · Zeugnisse während des Arbeitsverhältnisses · Zeugnisse bei Beendigung des Arbeitsverhältnisses · Einfaches Zeugnis · Qualifiziertes Zeugnis · Ersatzzeugnis.

Der Autor
Manfred Lucas ist Dozent in der Erwachsenenbildung mit Schwerpunkt Bewerbung.

Das Buch
Das Risiko, seinen Arbeitsplatz zu verlieren, nimmt in Zeiten wirtschaftlicher Sparmaßnahmen ständig zu. Der Trend zum selbständigen Arbeiten, zum eigenständigen Tragen der beruflichen Verantwortung, zur Unabhängigkeit, ist verbreitet. Von der Idee und den Voraussetzungen, über die Konzeption, mit und ohne Hilfe von Unternehmensberatungen, über Finanzierungsmöglichkeiten, rechtliche, steuerliche und versicherungstechnische Richtlinien bis hin zu Pressearbeit, Werbung, Absatz und Vertrieb werden alle wesentlichen Fragen beantwortet. Praktische Beispiele veranschaulichen den Text.

Der Herausgeber
Dr. Edgar A. Forster ist Volkswirt und arbeitet als Unternehmensberater und Repräsentant des Bundesverbandes für Selbständige in München.

Das Buch
Momentane Verhandlungsergebnisse werden hinterher wieder in Frage gestellt, Vereinbarungen angezweifelt, Zugeständnisse rückgängig gemacht. Partnerorientiertes Verhalten – eine neue Methode der Gesprächsführung – soll langfristig Erfolge bringen und eine dauerhafte Partnerschaft mit den Verhandlungspartnern sichern. Der Autor zeigt, wie man seinen eigenen Standpunkt verteidigt, ohne den Partner zu verletzen, wie man Partner gewinnt, wie man Partner überzeugt, ohne daß sie ihr Selbstwertgefühl verlieren, wie Ich-Aussagen als Ausdruck der eigenen Meinung ohne Vorwürfe und Anklagen formuliert und wie Du-Aussagen im Sinne des aktiven Zuhörens umgesetzt werden.

Der Autor
Harry Holzheu ist Psychologe und Verkaufstrainer. Er war 17 Jahre in Großkonzernen tätig und ist heute anerkannter Spitzentrainer.

Autogenes Training zum Wohl der Gesundheit.

Gisela Eberlein
Gesund durch Autogenes Training

ECON Ratgeber

Eberlein, Gisela
Gesund durch Autogenes Training
132 Seiten
6 Zeichnungen
7,80 DM
ISBN 3-612-20141-7
ETB 20141

Das Buch
Alltagsstreß, nervöse Störungen an Herz, Kreislauf, Magen und Darm können durch Autogenes Training behoben werden.
Auch bei Schlafstörungen, depressiven Verstimmungen und Angstzuständen hilft Autogenes Training.
Die Autorin zeigt anhand von eindrucksvollen Beispielen aus ihrer Praxis, welche Erfolge sie mit Autogenem Training erzielte, und sie gibt konkrete Anleitungen, wie das Autogene Training von jedermann angewandt werden kann.
Dies ist ein Ratgeber für alle, die sich geistig und körperlich fit halten wollen.

Die Autorin
Dr. med. Gisela Eberlein unterrichtet in eigener Praxis Autogenes Training und leitet außerdem Kurse und Seminare an einer Volkshochschule sowie in Arbeitsgemeinschaften.

Die Wechseljahre: Keine Krankheit, sondern eine Lebensstufe.

P. van Keep/L. Jaszmann
Die Wechseljahre der Frau

ECON Ratgeber

van Keep, Pieter A./Jaszmann, Laszlo
Die Wechseljahre der Frau
139 Seiten
6 Zeichnungen
6,80 DM
ISBN 3-612-20013-5
ETB 20013

Das Buch
Der Übergang von der fruchtbaren in die nächste Lebensperiode ist für Körper und Psyche der Frau mit einschneidenden Veränderungen verbunden. Neben den rein hormonellen Umstellungen des Körpers und Nebenerscheinungen, wie Hitzewallungen, verbunden mit akuten Schweißausbrüchen, Schilddrüsenstörungen, rheumatischen Gelenkveränderungen, hat die Frau häufig mit psychischen Beschwerden, wie Depressionen und starken Schwankungen im Gefühlsleben, zu kämpfen. Dieses Buch zeigt, wie jede Frau diese Beschwerden erfolgreich durch die bewußte Auseinandersetzung mit dieser Lebensphase angehen kann.

Die Autoren
P. A. van Keep und L. Jaszmann, Gynäkologen, haben in diesem Buch wissenschaftlich fundierte Erfahrungen aus der klinischen Arbeit mit Frauen im Klimakterium zusammengestellt.

Sich selbst massieren – kein Problem.

Chris Stadtlaender
Selbstmassage

Gesund und schön durch eigene Kraft

ECON Ratgeber

Stadtlaender, Chris
Selbstmassage
– Gesund und schön durch eigene Kraft –
Originalausgabe
160 Seiten
29 Zeichnungen
8,80 DM
ISBN 3-612-20067-4
ETB 20067

Das Buch
Schon die alten Griechen und Römer wußten um den gesundheits- und schönheitsfördernden Wert der Massage, der bis heute feststeht. Massagen sind teuer, auf Krankenschein kann man sich nur bei Krankheit und bei degenerativen Leiden massieren lassen. Um gesund und schön zu bleiben, kann man sich aber auch selbst massieren, wie, das zeigt die Autorin. Nach einer Einführung in die Geschichte der Massage, einer Erläuterung der Heil-, Sport- und Schönheitsmassagen, der Vorsichtsmaßnahmen bei Schmerzen, Entzündungen und Krampfadern beschreibt sie, wie man sich von Kopf bis Fuß selbst massieren kann, welche Griffe man kennen muß und welche selbst hergestellten Kräuteröle man verwenden kann.

Die Autorin
Chris Stadtlaender ist Fachjournalistin für Medizin und Kosmetik. Sie lebt in Wien.

Box dich fit!

Cornelia Dunkel
H. Schulz
Boxgymnastik für Frauen

Das neue Fitneßprogramm für den ganzen Körper

ECON Ratgeber

Dunkel, C./Schulz, H.
Boxgymnastik für Frauen
Das neue Fitneßprogramm für den ganzen Körper
Originalausgabe
112 Seiten, 102 Fotos
8,80 DM
ISBN 3-612-20149-2
ETB 20149

Das Buch
Bei dieser neuen Gymnastikart kämpfen nicht Frauen gegen Frauen, sondern es ist eine Sportart, die den Körper besser trainiert als Aerobic und Jogging zusammen. Es ist außerdem ein Anti-Aggressions-Programm, das Streß und Ärger abbaut. Die Autorin beschreibt, welche Geräte und Kleidung benötigt werden, wie hoch der finanzielle Aufwand ist und gibt in ausführlichen Schritt-für-Schritt-Übungen zahlreiche Hinweise für richtiges Training, damit die ideale Figur erreicht werden kann.

Die Autorin
Cornelia Dunkel ist seit vielen Jahren Gymnastik- und Sportlehrerin und hat das Box-Training in ihr Lehrprogramm aufgenommen.

Erste Hilfe für Kinder.

Diagram
Soforthilfe für mein Kind
Bei Unfällen und Krankheiten
128 Seiten
200 Zeichnungen
7,80 DM
ISBN 3-612-20115-8
ETB 20115

Das Buch
Wie wäscht man eine Wunde aus? Wie behandelt man Verbrennungen? Wie wird ein Finger verbunden? Was macht man bei Knochenbrüchen? Wie entfernt man einen Splitter? Was gehört in den Erste-Hilfe-Schrank? Was macht man bei Hautinfektionen?
Auf diese und viele andere Fragen gibt das Buch klare Antworten, erklärt durch über 200 Zeichnungen. Es sagt den Eltern, wie sie sich bei Kinderkrankheiten und anderen kindlichen Problemen verhalten sollen, bei Blinddarmreizung und Ohrinfektionen, bei Schock und in vielen anderen Fällen. Dieses Buch wurde in Zusammenarbeit mit dem Deutschen Roten Kreuz erstellt und ist Begleitbuch in einer ZDF-Fernsehreihe.

Mehr Spaß am Lernen – Mehr Zeit zum Spielen.

Günther Beyer
So lernen Schüler leichter
– Gedächtnis- und Konzentrationstraining –
128 Seiten, 92 Zeichnungen, 49 Übungen
6,80 DM
ISBN 3-612-20001-1
ETB 20001

Das Buch
Mangelhafte Konzentrationsfähigkeit und schlechtes Gedächtnis sind oft die Ursachen für ungenügende Leistungen in der Schule. Dieses Buch schafft Abhilfe: Kinder zwischen 8 und 15 Jahren erfahren, wie sie mit einfachen Lerntechniken ihr Gedächtnis schulen und ihre Konzentrationsfähigkeit erhöhen können, um besser zu werden, Spaß am schnellen Lernen zu finden und damit mehr Zeit zum Spielen zu haben.
Übungen und Kontrolltests helfen, Können und Leistungen zu steigern.

Der Autor
Günther Beyer ist Gründer des Eltern-Schüler-Förderkreises Nordrhein-Westfalen. Er leitet ein eigenes Institut für Creatives Lernen.
Im ECON-Verlag erschienen seine Ratgeber „Creatives Lernen", „Gedächtnis- und Konzentrationstraining" und „Superwissen durch Alpha-Training".

Die Ängste unserer Kinder.

Gisela Eberlein
Ängste gesunder Kinder
– Praktische Hilfe bei Lernstörungen –
158 Seiten
7,80 DM
ISBN 3-612-20010-0
ETB 20010

Das Buch
Jedes Kind kämpft mit unbewußten Ängsten, die es in irgendeiner Form hindern, zwanglos fröhlich, aktiv und spontan zu sein. Nervosität, Schlafstörungen, Kontaktschwierigkeiten, ja sogar Asthma, Stottern, Bettnässen sind Folgen dieser Ängste, die durch gezielt angewendete psychologische und pädagogische Entspannungsübungen behoben werden können. Wie, das zeigt dies Buch.

Die Autorin
Dr. med. Gisela Eberlein lehrt in eigener Praxis, in Seminaren und Arbeitsgemeinschaften autogenes Training. Besonders bei Kindern erzielte sie über psychologisch und pädagogisch fundierte Entspannungsmethoden große Erfolge.

Damit der Kindergeburtstag wirklich gelingt.

Isolde Kiskalt
Wir feiern eine Kinderparty
Spiele, Rezepte, Zaubereien für 4- bis 10jährige
Originalausgabe
128 Seiten
86 Zeichnungen
7,80 DM
ISBN 3-612-20102-6
ETB 20102

Das Buch
Wichtig für eine Kinderparty ist die richtige Vorbereitung. Essen und Trinken, Spiele und Gewinne müssen geplant werden. Dazu findet man in diesem Buch zahlreiche Anregungen und Vorschläge.

Aus dem Inhalt
Vorbereitungen zur Party · Rezepte für Kindergetränke, Gebäck und kleines kaltes Büfett · Bekannte und weniger bekannte Spiele (mit Altersangabe) · Kleine Zaubereien für die Erwachsenen · Zum Ausklang des Festes: eine Tombola.

Die Autorin
Isolde Kiskalt ist Schriftstellerin und bringt hier ihre Erfahrungen, die sie bei Festen für ihre Tochter gewonnen hat.

Naturheilmethoden und heimliche Krankmacher.

Maximilian Alexander
Die (un)heimlichen Krankmacher
Vorbeugen, erkennen, heilen

ECON Ratgeber

Alexander, Maximilian
Die (un)heimlichen Krankmacher
– Erkennen, Heilen, Vorbeugen –
Originalausgabe
144 Seiten
9,80 DM
ISBN 3-612-20039-9
ETB 20039

Das Buch
Die verborgenen Krankheitsursachen sind das große Handicap der konservativen Schulmedizin, die Krankheitssymptome werden mit höchst bedenklichen Mitteln der Chemie unterdrückt.
Die moderne Naturmedizin aber geht auf den Menschen als Ganzes ein und hilft, Störfelder, vergiftete Stoffwechsellagen, Wirbelsäulenveränderungen, nervale Blockaden, Lymphstauungen, Psychotoxine, Blutdruck, Durchblutungsstörungen, Sauerstoffmangel, Allergien, Wetterfühligkeit und Therapieschäden zu normalisieren. Ein Krankheits- und Heilmittelregister schließt das Buch ab.

Der Autor
Maximilian Alexander arbeitet seit vielen Jahren als freier Journalist und Schriftsteller. Seine Spezialgebiete sind Medizin und Naturheilkunde.

Biomedizin – die natürliche Alternative.

Maximilian Alexander
Eugen Zoubek
Schmerzfrei durch Biomedizin
Neue Naturheilmethoden

ECON Ratgeber

Alexander, Maximilian/Zoubek, Eugen
Schmerzfrei durch Biomedizin
– Neue Naturheilmethoden –
143 Seiten
6,80 DM
ISBN 3-612-20000-3
ETB 20000

Das Buch
Akute und chronische Schmerzzustände sind das Schicksal vieler Menschen und können oft einen Lebensweg beeinflussen und prägen. Die Biomedizin bietet eine natürliche Alternative zu den herkömmlichen Schmerzmitteln.
Wirksame Präparate, auf rein biologischer Basis hergestellt, helfen Schmerzen ohne schädliche Nebenwirkungen überwinden, mobilisieren Eigenkräfte und setzen einen natürlichen Heilungsprozeß in Gang. Anhand zahlreicher Praxisbeispiele zeigen die Autoren, mit welchen Mitteln der modernen Naturmedizin der Mensch Krankheiten und Schmerzen vorbeugen und sich selbst erfolgreich behandeln kann.

Die Autoren
Maximilian Alexander arbeitet seit vielen Jahren als freier Journalist und Schriftsteller. Seine Spezialgebiete sind Medizin und Naturheilkunde. Eugen Zoubek ist Homöopath und Arzt.

Nie mehr Verstopfung.

Gerhard Leibold
Gesund und fit durch Ballaststoffe

ECON Ratgeber

Leibold, Gerhard
Gesund und fit durch Ballaststoffe
Originalausgabe
140 Seiten
5 Zeichnungen
7,80 DM
ISBN 3-612-20082-8
ETB 20082

Das Buch
Ballaststoffe sind wichtige Bestandteile der menschlichen Nahrung. Der Autor schildert die Notwendigkeit der Verwendung und die Gefahren für die Gesundheit bei Mangel an Ballaststoffen.

Aus dem Inhalt
Was sind Ballaststoffe? · Natürliche Ballaststoffquellen · Stuhlgang ohne Probleme · Regulierung der Blutfett- und Blutzuckerwerte · Vorbeugung von Krebskrankheiten · Krank durch Ballaststoffmangel · Richtige Ernährung · Rezepte für ballaststoffreiche Ernährung.

Der Autor
Gerhard Leibold ist erfahrener Heilpraktiker und Autor zahlreicher Sachbücher.

Krankheiten erkennen und selbst behandeln.

Alfred Bierach
Reflexzonentherapie
Krankheiten erkennen und selbst behandeln

ECON Ratgeber

Bierach, Alfred
Reflexzonentherapie
– Krankheiten erkennen und selbst behandeln –
123 Seiten
89 Zeichnungen
46 Fotos
6,80 DM
ISBN 3-612-20002-X
ETB 20002

Das Buch
Geistige Anspannung und körperliche Verkrampfung führen oft zu Verhärtung oder Knötchen, die von den inneren Organen Reflexbahnen zur Körperdecke laufen, die diese verändern. Durch Reflexzonenmassage kann man über bestimmte Gebiete der Körperdecke auf innere Organe einwirken, Schmerz lindern oder heilen.
Die exakte Bebilderung in diesem Buch zeigt, welche Körperzonen bei welchen Erkrankungen behandelt werden sollen.

Der Autor
Alfred Bierach leitet eine eigene Praxis für Psychotherapie und Naturheilkunde am Bodensee. Seit Jahren wendet er Reflexzonenmassage erfolgreich an.

Primadonna, die man lieben muß.

Brigitte Eilert-Overbeck
Meine Katze
Verhalten, Ernährung, Pflege
Begleitbuch zur ZDF-Serie »Mit Tieren leben«

ECON Ratgeber

Eilert-Overbeck, B.
Meine Katze
Verhalten, Ernährung, Pflege
Originalausgabe
140 Seiten
24 Zeichnungen
8,80 DM
ISBN 3-612-20151-4
ETB 20151

Das Buch
Katzen wollen den Familienanschluß, ja sogar die „Gleichberechtigung" von ihrem menschlichen Wohngenossen. Sie können zärtliche Schmusetiere sein, aber sie können auch das Erbe ihrer wilden Verwandten nicht leugnen. In diesem Buch erfährt man alles, was für das Zusammenleben und Verständnis notwendig ist.

Aus dem Inhalt
Die Katze – ein Tier mit Persönlichkeit · Grundvoraussetzungen für die Katzenhaltung · Eine Katze kommt in die Familie · Wohnungskatze oder „Freiläufer" · Ernährung und Pflege · Gesundheits- und Geburtenkontrolle · Welche Katze soll es sein?

Die Autorin
Brigitte Eilert-Overbeck ist Journalistin und Autorin mehrerer Katzenbücher.

Das Buch erscheint als Begleitbuch zur ZDF-Serie „Mit Tieren leben".

Das Rauhbein mit der zarten Seele.

Arnt-Günter Nimz
Mein Hund
Verhalten, Erziehung, Pflege
Begleitbuch zur ZDF-Serie »Mit Tieren leben«

ECON Ratgeber

Nimz, Arnt-Günter
Mein Hund
Verhalten, Erziehung, Pflege
Originalausgabe
128 Seiten
ca. 30 Zeichnungen
8,80 DM
ISBN 3-612-20150-6
ETB 20150

Das Buch
Hunde sind die treuesten Haustiere, ob es nun Rassehunde oder Mischlinge sind. In diesem Buch wird von einem kompetenten Autor alles das beschrieben, was wichtig ist für das Zusammenleben von Hund und Mensch, sowohl in der Stadt als auch auf dem Land.

Aus dem Inhalt
Welcher Hund ist der richtige? · Kleine Hundepsychologie · Erziehung des Hundes · Richtige Ernährung · Hund und Kind · Der vierbeinige Patient · Mit Hund auf Reisen · Leben mit Hunden.

Der Autor
Dr. med. vet. A.-G. Nimz ist Kleintierarzt mit eigener Praxis und hat jahrelange Erfahrung im Umgang mit Hunden.

Das Buch erscheint als Begleitbuch zur ZDF-Serie „Mit Tieren leben".

Mischlinge haben die besten Charaktere.

Rolf Spangenberg
Klassehunde ohne Rasse
Freundschaft, die nie enttäuscht

ECON Ratgeber

Spangenberg, Rolf
Klassehunde ohne Rasse
Freundschaft, die nie enttäuscht
224 Seiten
30 Fotos
9,80 DM
ISBN 3-612-20109-3
ETB 20109

Das Buch
Eine „Promenadenmischung" werden sie oft abfällig genannt, die liebenswerten Hunde, die auf keinen makellosen Stammbaum zurückblicken können. Dabei sind sie besonders kraftvoll, widerstandsfähig und anhänglich.

Aus dem Inhalt
Erwerb · Rassenstolz · Hundeknigge · Körpersignale kultivieren · Stimmklang modulieren · Soziale Stellung betonen · Hundestrafen · Haltung und Pflege · Der erste Tag · Der Alltag · Hundeliebe · Tierquälerei · Tierschutzvereine und Tierheime

Der Autor
Dr. Rolf Spangenberg ist Tierarzt und Sachbuchautor.

Meine ersten eigenen Fische.

Hans J. Mayland
Aquarium für Anfänger
Beckenarten, Aquarientechnik, Bepflanzung, Fische

ECON Ratgeber

Mayland, Hans J.
Aquarium für Anfänger
Beckenarten, Aquarientechnik, Bepflanzung, Fische
Originalausgabe
144 Seiten, 30 Farbfotos, 60 Zeichnungen
9,80 DM
ISBN 3-612-20100-X
ETB 20100

Das Buch
Fische sind nicht nur schön, sie stellen auch ein wahres Nervenelixier dar. Das Aquarium und seine Pflege sind ein Hobby für die ganze Familie. Kinder lernen das Wunder der Fortpflanzung sowie die Liebe zur Kreatur.

Aus dem Inhalt
Welchen Aquarientyp brauchen wir? · Wohin mit dem Aquarium? · Größe und Gewicht eines Aquariums · Keine Angst vor der Technik! · Einrichtung des Beckens · Das Wasser · Über die Bepflanzung · Die Fische · Fütterung · Aquarienmedizin

Der Autor
Hans J. Mayland ist der bekannteste deutsche Aquaristik-Autor.

AIDS wurde zum Schrecken der Welt.

**Karl Heinz Reger
Petra Haimhausen**

AIDS

Die neue Seuche des 20. Jahrhunderts

ECON Ratgeber

Reger, Karl Heinz/
Haimhausen, Petra
AIDS
– Die neue Seuche des 20. Jahrhunderts –
134 Seiten
8,80 DM
ISBN 3-612-20084-4
ETB 20084

Das Buch
Dieses Buch soll Aufklärung schaffen, es offenbart alles, was heute über diese verhängnisvolle Krankheit und ihre Entstehung bekannt ist.

Aus dem Inhalt
Fünf Schicksale, die am Beginn einer neuen Epidemie stehen · So kann AIDS entstehen · Wie AIDS in den Körper gelangt · Krankheitserreger, die für AIDS-Kranke tödlich sein können · Was Ärzte heute gegen AIDS tun können · Wie AIDS-Gefährdete sich schützen können.

Die Autoren
Karl Heinz Reger ist Journalist und Sachbuchautor medizinischer Themen.
Dr. med. Petra Haimhausen ist Ärztin.

Jeder 5. Deutsche reagiert allergisch.

Wolf Ulrich
Allergien sind heilbar
Hilfe bei Heuschnupfen und anderen allergischen Krankheiten

ECON Ratgeber

Ulrich, Wolf
Allergien sind heilbar
– Hilfe bei Heuschnupfen und anderen allergischen Krankheiten –
159 Seiten
14 Zeichnungen
8,80 DM
ISBN 3-612-20023-2
ETB 20023

Das Buch
Tränende Augen, Schnupfnase, geschwollene Schleimhäute oder absinkender Blutdruck sind typische Symptome für Allergien, die ausgelöst werden können durch Pilzsporen oder Pollen, durch Medikamente, Mehl, verschiedene Fasern, Milch, Obst, Fisch oder Eier. Beschrieben wird, welche Krankheitsbilder mit welchen Symptomen allergisch bedingt sind, welche Diagnosemethoden es gibt, welche Vor- und Nachteile sie haben und wie Allergien behandelt werden können.

Der Autor
Dr. med. Wolf Ulrich ist Medizinjournalist und Verfasser anderer Bücher. Im ECON-Verlag erschienen seine Ratgeber „Schmerzfrei durch Akupressur und Akupunktur", „Zellulitis ist heilbar" und „Haare pflegen und erhalten".

Rheuma: Die Geißel Nummer 1.

Maximilian Alexander
Rheuma ist heilbar
Neueste Naturheilmethoden

ECON Ratgeber

Alexander, Maximilian
Rheuma ist heilbar
– Neueste Naturheilmethoden –
142 Seiten
7,80 DM
ISBN 3-612-20017-8
ETB 20017

Das Buch
Mindestens vier Prozent der Menschheit ist an Rheuma erkrankt. Die herkömmliche Medizin hat diese Krankheit mit ihren verheerenden Folgen für Patient, Staat und Volkswirtschaft nicht in den Griff bekommen können.
In diesem Buch werden hochwirksame Naturheilmethoden gegen den gesamten Rheumakomplex dargestellt. Bei konsequenter Anwendung kann mit Naturheilmitteln dieses Leiden gelindert werden, eine neue Hoffnung besteht zurecht.

Der Autor
Maximilian Alexander arbeitet seit vielen Jahren als Medizin-Journalist.

Jede dritte Frau leidet unter Orangenhaut.

Wolf Ulrich
Zellulitis ist heilbar
Orangenhaut – vorbeugen und selbst behandeln

ECON Ratgeber

Ulrich, Wolf
Zellulitis ist heilbar
– Orangenhaut vorbeugen und selbst behandeln –
128 Seiten
51 Fotos
6,80 DM
ISBN 3-612-20012-7
ETB 20012

Das Buch
Zellulitis ist heilbar! Der Autor erklärt, wie Zellulitis entsteht, und schildert, wie man Zellulitis erfolgreich vorbeugen kann und sie heilt. Er entwickelte ein mehrstufiges Anti-Zellulitis-Programm, mit dem er durch Lebensführung, richtige Ernährung, Sport und Gymnastik, Massage, Medikamente und viel Geduld in zehn Wochen diese häßliche Krankheit heilen kann. 51 Fotos erläutern sein Programm und erleichtern dem Leser, es alleine durchzuführen.

Der Autor
Dr. med. Wolf Ulrich ist Facharzt für Hautkrankheiten.

Bewußter leben und erleben.

Stangl, Marie-Luise
Jede Minute sinnvoll leben
– Vertrauen zu sich selbst gewinnen –
123 Seiten
5,80 DM
ISBN 3-612-20015-1
ETB 20015

Das Buch
Eine der besten Kennerinnen der alten chinesisch-japanischen Weisheiten des Zen-Buddhismus verhilft dem Leser – von der Hausfrau bis hin zum Top-Manager – zu einem neuen Verständnis seiner selbst. Sie beschreibt, wie man durch Bewußtwerdung ganz alltäglicher Tätigkeiten und Verrichtungen – wie Gehen, Stehen, Laufen, Essen, Arbeiten – sein Leben und seine Persönlichkeit eindringlicher und bejahender erlebt und erfaßt, wie man sich von Angst, Zerrissenheit, Selbstentfremdung und aus innerer Einsamkeit löst und dadurch neue Lebenskraft schöpft.

Die Autorin
Marie-Luise Stangl leitet im Odenwald, zusammen mit ihrem Mann Dr. Anton Stangl, seit vielen Jahren Seminare zur Persönlichkeitsbildung durch Entspannungstechniken.

Der Weg zum inneren Reich.

Müller-Elmau, Bernhard
Kräfte aus der Stille
– Die transzendentale Meditation –
191 Seiten
7,80 DM
ISBN 3-612-20021-6
ETB 20021

Das Buch
Ohne Bewußtsein könnten wir nichts von unserem Dasein als Mensch wissen. Transzendentale Meditation führt den Menschen wieder in die Bereiche des Seelisch-Geistigen zurück und erschließt ihm sein inneres Reich und ein Bewußtsein, in dem Liebe, Glück und Würde ihren angestammten Platz einnehmen können.

Der Autor
Bernhard Müller-Elmau leitet Schloß Elmau am Wetterstein, das sein Vater als Stätte geistiger Erholung geschaffen hat. Er beschäftigt sich seit vielen Jahren mit Transzendentaler Meditation. Während eines Studienaufenthaltes in Indien traf er Maharishi Mahesh Yogi, der dies erste deutsche Buch über Transzendentale Meditation gut geheißen hat.

Wir sind alle auf demselben Weg.

Stangl, Marie-Luise
Die Welt der Chakren
– Praktische Übungen zur Seins-Erfahrung –
Originalausgabe
107 Seiten
49 Zeichnungen
5,80 DM
ISBN 3-612-20022-4
ETB 20022

Das Buch
Die Lehre von den Chakren – eine indische Lehre – handelt von den menschlichen Kraftzentren, den Zentren, in denen der Mensch seine Schwingungen seiner Lebensenergie oder Lebenskraft aus dem Kosmos, der unmerklichen Quelle seines Seins aufnimmt. Dieses Buch soll dem Leser helfen, bewußter zu leben, sein Denken und Fühlen im Hier und Jetzt zu zentrieren, sich zu entspannen, Zuversicht, Vertrauen, Frieden und Liebe zu finden.

Die Autorin
Marie-Luise Stangl ist Entspannungspädagogin. Sie leitet seit vielen Jahren, zusammen mit ihrem Mann Dr. Anton Stangl, Seminare zur Selbsterfahrung und Selbstverwirklichung durch Eutonie und Zen.

Schlank im Schlaf.

Bierach, Alfred
Schlank im Schlaf durch vertiefte Entspannung
– Die SIS-Methode –
144 Seiten, 1 Grafik
6,80 DM
ISBN 3-612-20008-9
ETB 20008

Das Buch
Durch vertiefte Entspannung im Schlaf schlank werden, dies ist eine neue Methode, die all jenen zu empfehlen ist, die ohne Mühe schlank werden und endlich wieder ihr Normalgewicht erreichen wollen. Im Zustand tiefster Entspannung suggeriert der Mensch seinem Unterbewußtsein ein verändertes Ernährungsprinzip und kann so bei Bewußtsein mühelos den neuen Weg einhalten. Eine wissenschaftliche und praxiserprobte Methode, die in psychosomatischen Kliniken angewandt wird.

Der Autor
Dr. Alfred Bierach, Psychotherapeut und Naturheilkundler, ist in eigener Praxis am Bodensee tätig. Mit der SIS-Methode hat er vielen Patienten geholfen, schlank zu werden.

| *Das Standardwerk der biologischen Küche.* | *Gesunde Ernährung für körperliches und seelisches Wohl.* | *Endlich! Diät, die Spaß macht.* | *Schnäpse und Liköre – Auch ein Stück Gesundheit?* |

Helma Danner
Biologisch kochen und backen
Das Rezeptbuch der natürlichen Ernährung

ECON Ratgeber

Ilse Sibylle Dörner
Das grüne Kochbuch
Handbuch der naturbelassenen Küche

ECON Ratgeber

Ilse Sibylle Dörner
Diät mit Bio-Kost
Schlank, gesund und fit

ECON Ratgeber

Katharina Buss
Leib- und Magenelixiere
Selbstgemachte Liköre und Schnäpse

ECON Ratgeber

Danner, Helma
Biologisch kochen und backen
– Das Rezeptbuch der natürlichen Ernährung –
288 Seiten, 8 Farbtafeln, 425 Rezepte
14,80 DM
ISBN 3-612-20003-8
ETB 20003

Das Buch
Natürliche Ernährung ist nicht nur gesund, sondern auch wohlschmeckend, durch sie können Krankheiten geheilt, gelindert und verhindert werden: Karies, Paradontose, Erkrankung des Bewegungsapparates, Zuckerkrankheit, Leber-, Gallen-, Nierenerkrankungen, Beschwerden der Verdauungsorgane, Gefäßerkrankungen u. v. a. m. Naturbelassene Ernährung bringt dem Menschen neuen Schwung, Elastizität, Ausdauer und hohe Konzentrationsfähigkeit, sie erhält ihn gesund und schlank.
Die Rezepte in diesem Buch sind praxiserprobt.

Die Autorin
Helma Danner ist Gesundheitsberaterin. Sie beschäftigt sich seit vielen Jahren mit der wissenschaftlichen und Laienliteratur auf dem Ernährungssektor, mit neuesten und alten Gesundheits- und Kochbüchern.

Dörner, Ilse Sibylle
Das grüne Kochbuch
– Handbuch der naturbelassenen Küche –
270 Seiten
20 Zeichnungen
382 Rezepte
12,80 DM
ISBN 3-612-20026-7
ETB 20026

Das Buch
Das Handbuch der naturbelassenen Küche beweist mit über 380 Rezepten, daß man gesund leben und trotzdem köstlich essen kann.
Modernes Kochen mit frischen und gesunden Lebensmitteln, die schonend, selbst für schmackhafte Speisen, verarbeitet werden – unter dieser Maxime steht das grüne Kochbuch mit seinen vielen praxiserprobten Rezepten, Anleitungen, Tips und Ratschlägen zur naturbelassenen Küche. Es zeigt aber auch, daß Kochen nicht erst am Herd beginnt: Joghurt und Käse, Gemüse und Kräuter aus eigener Produktion bereichern jeden Tisch.

Die Autorin
Ilse Sibylle Dörner schreibt als freie Journalistin u. a. für die Zeitschrift „Feinschmecker". Sie ist Autorin mehrerer Kochbücher.

Dörner, Ilse Sibylle
Diät mit Bio-Kost
– Schlank, gesund und fit –
Originalausgabe
189 Seiten
16 Zeichnungen
232 Rezepte
9,80 DM
ISBN 3-612-20019-4
ETB 20019

Das Buch
Bio-Diät ist eine neue, gesunde Möglichkeit, schlank zu werden und schlank zu bleiben. Köstliche Rezepte, eine Einführung in die Kräuter- und Keimlingszucht, Bio-Kosmetik und Bio-Medizin verleiten den Leser, sofort anzufangen und ohne Qual und zeitliche Begrenzung seinem Körper etwas Gutes zu tun, ihn schlank und fit zu halten.

Die Autorin
Ilse Sibylle Dörner schreibt als freie Journalistin u. a. für die Zeitschrift „Feinschmecker". Sie ist Autorin mehrerer Kochbücher, u.a. „Das grüne Kochbuch", ein Standardwerk für die alternative Küche.

Buss, Katharina
Leib- u. Magenelixiere
– Selbstgemachte Liköre u. Schnäpse –
Originalausgabe
144 Seiten
30 Zeichnungen
4 Farbtaf., 167 Rezepte
8,80 DM
ISBN 3-612-20018-6
ETB 20018

Das Buch
Äbte, Padres und Nonnen durften keinen Alkohol zu sich nehmen, und doch haben sie die besten Rezepte für die Zubereitung von Kräuterlikören und Schnäpsen zusammengestellt.
Viele der alten Klostertränke sind hier in etwa 200 Rezepten aufgenommen. Für jeden Geschmack und für die Gesundheit obendrein ist etwas dabei. Eine Tabelle über die Reifezeiten von Früchten und Kräutern erleichtern die jährliche Planung der eigenen Herstellung.

Die Autorin
Katharina Buss ist Lebensmitteljournalistin, sie schreibt u. a. für den „Feinschmecker". Die Rezepte hat sie selbst ausprobiert.